韓国の現代学校改革研究

1990年代後半の教師たちを中心とした新しい学校づくり

申 智媛

東信堂

まえがき

　韓国や日本を含む東アジアの国々では、高度に産業化された学校教育を、グローバル化し情報化してゆく今後の社会に向けてどのように再構築するのかという課題の下で、新しい学校教育に向けた教育改革が進められている。本書では東アジアの国々の学校改革の一例として、韓国の学校改革の事例を取り上げた。特に2003年から2015年まで、韓国における教師が中心となった学校改革を実践する学校及び教師に対して筆者が行った調査に基づき、次の3つの課題について論じた。

　第一の課題は、1990年代後半以降韓国における学校教育に対する改革要請はどのような社会的な文脈の中で起こったのかを明らかにすることである。第二の課題は教師を始めとする学校教育の当事者が中心となった学校改革が具体的にどのように展開したのかについて検討することである。そして第三の課題は、学校改革の個別事例の内部構造に注目し、教師がどのような学校の変化を必要とし、学校や授業を変える実践の中でどのような困難と可能性を経験しているのかを明らかにすることである。本書では全体で5部9章の構成で上記3つの課題を究明した。その内容を俯瞰すると次のようになる。

　第1部では、アジアのグローバル化と教育改革というマクロな背景の中に韓国の学校改革を俯瞰的に位置づけ、韓国の学校改革の近年の特徴を確認した上で、先行研究の検討を行い（第1章）、研究の課題と方法を示した（第2章）。

　第2部では公教育に対する市民の失望が表出され、新しい学校教育が積極的に模索された1997年から2009年を時代的な背景として行われた、教師を中心とした学校を変えるための教育運動について検討した。新しい公教育モデルを提示するために生まれた代案学校の実践（第3章）や廃校の危機に直面した小さな公立学校から始まり全国的な改革実践となった「新しい学校づくり」（第4章）、また日本の学校から発信された「学びの共同体」としての学校改革の全国的な展開（第5章）といった教師を中心としたそれぞれの学校改革

を取り上げ、それぞれの実践の中で教師たちがどのような学校を求め、学校の内と外において変化のためにどのような具体的な取り組みを行っているのか描出した。

第2部まで（2003-2009年）取り上げた事例が、新しい学校づくりに向けたヴィジョンがそれぞれの場で萌芽する様子を表しているというなら、第3部が対象としている2009年から現在は、比較的小規模のネットワークにおいて温められてきた学校改革のヴィジョンが作用し始め、教育行政に影響を及ぼし、教育行政と学校の連携というよりダイナミックな学校改革が展開した時期である。韓国の学校改革に重要な転機をもたらした、自治体の教育委員会と学校が連携した学校改革事業である「革新学校」の始動について述べた。第2部で取り上げた代案教育運動、新しい学校運動、「学びの共同体」としての学校改革など教育の民主化に向けた教育運動及び教育実践の積み重ねを基盤として開始された「革新学校」は、京畿道の教育監選挙の公約として初めて登場した。全国で最も「革新学校」の規模が大きい京畿道では、教育庁による上意下達式の教育改革から抜け出し、教育庁が教師の教育実践を支援する形の学校改革へ転換するための努力が教育庁と学校においてなされていた（第6章）。

そして第4部では、韓国の教師を中心とした学校改革の具体的な実践例として、2010年から現在における「革新学校」の実践学校と教師の事例を取り上げ、学校内部における改革の取り組みを、学校単位（第7章）と教師単位（第8章）に分けて詳細に描いた。

最後に第5部で、3つの課題を中心に総括的な考察を行った（第9章）。

本書は現代韓国の教師たちによる民主主義的で質の高い学校を求める改革の実践を10年以上にわたって追究したものであり、学校改革を、社会的な要請を中心とした国家レベルの教育改革（マクロ）と、教師のネットワークによる改革の実践（メゾ）、そして個々の学校と教室で起こっている改革実践の内部の構造（マイクロ）といった3つの層で描くことで、韓国における民主主義的な学校づくりの様子を立体的に示すことを目的としている。現在、グロー

バリズムや国際的な緊張関係の中で学校の民主主義的なあり方や意味の問い直しが求められている日本の教育界と共通の課題も多く含まれている。

　特に近年学校改革研究においては、社会的な要請により国家が主導的に行うマクロレベルにおける改革と、個々の学校や教師が個別に行う草の根のマイクロな実践だけではなく、その中間に値する、地域内あるいは地域を超えた学校や教師のネットワークを築き、学校改革を進めることの重要性が認識され始めている。本書にはマクロレベル、マイクロレベルの学校改革とともに、メゾレベルにおける学校改革の豊かな実践事例が含まれており、学校を変えることにおける行政と学校の連携や学校間、教師間の協力の重要性が示されている。このような複層的な視点による学校改革研究は、日本国内においても十分遂行されてはいないため、日本の学校改革研究に示唆を与え得ると考えている。

　また、日本でも韓国の教育改革を主題とした研究は行われているが、現代の教育改革を長期にわたって、学校内部の様子や教師の声に注目して行われた研究は管見の限り見当たらない。学校改革の要請を共通的に抱えている他国の事例、特に学校改革の最も重要な主体である教師による具体的な学校改革の事例を参照することの意味は大きいのではないだろうか。

　さまざまな価値が揺れ動き、リスクが存在する現代においてどのような学校教育を構想し実践していくべきなのか、また、教師の役割は何であるのかという課題は、日本と韓国を含め、現代の世界中の学校が共通的に抱えている課題である。このような時代の教育研究においては、他国の教育政策や制度をマクロレベルで参照することにも意味があるが、他の地域の具体名を持った学校、教師、子どもたちが直面している現実に目を向け、他者の実践から学び、共通した課題の解決のために共に知恵を出し合っていくことが重要であると考える。たとえば、本書では、日本と韓国の公立学校で広く実践されている「学びの共同体」としての学校改革の韓国の事例が紹介されているが、日本と韓国両方における実践学校の事例を、長期間つぶさに観察してみると、学校改革の理念や哲学は共通している一方で、両国の社会的、文化

的な文脈や教師たちの個性の相違によりそれぞれ独特な展開の様相を示しており、それぞれ独特な方法で学校が変化していく様子が興味深い。このような日本と韓国における学校改革の国際的な展開については学校での実践の進展が先行しており、教育学研究は未だ追いついていないのが現状である。さらに2000年代以降、「学びの共同体」としての学校改革は日本と韓国だけではなく、中国、台湾、シンガポールなど東アジア諸国において広く活発に展開されており、民主主義的で質の高い学校づくりを中心とした国際的な学術的、実践的対話が促進される可能性を秘めている。

　2000年代初めから現在に至るまで、筆者は多くの日本と韓国の学校改革の主人公、特に教師たちの実践を参観する機会に恵まれ、その中で、日本と韓国の教師が、学校、教育、子ども、教師のあり方をめぐって驚くほど多くの「共通的な」課題に直面していることと、両国の教師がお互いから学ぶことができる、豊富な「違い」を持っていることを目の当たりにしてきた。
　そのような日本と韓国の教師の「共通点」と「差異」を探り、発見する過程から多くのことを学ぶことができた。筆者にとって特に印象的な日本の教師の姿は、自身の教育の方法や哲学を追究し、1人も残らず子どもを学びに参加させるために謙虚に過去と現在の事実から、また他者から学び、長期間にわたって諦めずに黙々と研究と実践を積み重ね、深める真摯な姿である。
　そして、本書の主人公となっている韓国の教師たちは、一人ひとり輝く才能と個性を持ち、教育に関する明確な自身の声と主張を持ち、また理想の実現のために連帯して行動できるパワーとエネルギーに満ちている。
　このような両国の教師たちの生きた経験と声を媒介とした学校教育、また、教育学をめぐる対話がより活発になる契機を、本書が少しでも提供できると幸いである。

推薦の言葉

佐藤　学

　本研究は、1990年代後半以降の韓国社会における学校像の模索過程に注目し、教師を中心とする学校改革の展開の特質と構造を探究している。本書が対象としている1990年代後半から2015年までの韓国は、政治的にも社会的にも文化的にも激変の時代であった。この時期の大統領は、金大中（キムデジュン 1997-2002）、廬武鉉（ノムヒョン 2002-2007）、李明博（イミョンパク 2007-2012）、朴槿恵（パククネ 2012-2017）であり、それぞれの政権の特徴から変化の激しさを伺うことができる。しかし、政権の変化はむしろ表層的な変動と言えよう。より大きな変化は、政治の変化以上に社会と文化の変化において進行した。その特徴は「市民」概念の成熟と「人権」意識の高まりにある。本書が対象としている1990年代の後半まで、韓国において「市民」の概念は学術用語の一部でしかなかった。それが昨年（2018年）の憲法改正の議論では「国民の権利」を「市民」の権利の立場で拡張する動きに至っている。本書が対象とする20年間に、韓国社会の民主主義は市民生活に着実に根をおろし、社会全体を動かす力へと成熟してきた。その象徴的事件が、この博士論文が提出された1年後、朴大統領を退陣へと追い込んだ2016年11月26日の150万人のデモによる「ローソク革命」であった。本書は、そのような激変の時代の韓国における学校改革のリアルな実相を描き出している。

　本書の第1部は、韓国社会の変化と学校改革の背景を叙述し、グローバル化時代のアジアにおいて韓国の学校改革を研究対象とする意義と教師と市民によって学校改革のダイナミズムが形成された背景が述べられている。特に着目したいのは、改革のマクロな社会的文脈と改革のミクロな事実を媒介する教師の自律性による改革のネットワークというメゾレベルが対象化されていることであり、改革の複層性や教師の改革をヴァージョンとして捉える視

点と総合的長期的視点を結合している点である。

　第2部（1997-2009年）は、民主化の高揚と経済危機のはざまで代案学校運動が成立し、その代表校であるE学校に「学びの共同体」が導入され、「民間教育と公教育の接続」と「公教育の革新モデル」が示された意義が考察されている。民主化運動によって「理想の学校」が可視化されたこと、「学びの共同体」の受容によって学校と教師の自律性が喚起され、受験学力の問い直しから真正の学びが希求された経緯が、改革の当事者の語りの分析によって提示されている。

　第3部と第4部は「革新学校」を中心とする公教育改革の始動と実践、および「革新学校」以降の「学びの共同体」の改革の進展が叙述されている。2009年に分権改革のもとで京機道で最初の「進歩的教育監」が選出されて以降、「革新学校」が「学びの共同体」の改革を中心に拡大した。その普及は爆発的であり、2015年3月には13道市（全道市の8割）の1835校へと広がりを示している。本書は改革の一例としてF高校の「学びの共同体」の改革における校長と教師の語りを分析し、「韓国の常識を覆す教育革新モデル」を探求する校長の熱意と教室の学びの改革を探求する教師の創意によって推進される改革の様相が示して、教師文化の変化が専門家共同体の同僚性を基盤として成立した事情を開示している。

　総括と考察を行った第5部では、20年間の「民主主義的な学校改革」の基盤に、地域市民社会と教育行政と個別の学校教師の連携が機能していること、そして旧来のトップダウンかボトムアップかの二項対立を超える連携の構造が生み出されていることに注目している。そして「連携的学校改革」の課題として「教師の自律性」と「持続可能な改革」の2つの戦略的な課題の重要性が提起されている。

　本書で精緻に叙述された韓国の学校改革の状況は、私自身の韓国における改革への参画の体験とぴったり符合している。改革への参画という点では、申さん以上に私の方が広く深く関与してきたと思うのだが、本書の提示した改革の様相は私の体験的な認識の域をはるかに越えて論理的で構造的であり、説得力をもっている。その力業を讃えたい。

著者の申智媛さんについても言及しておこう。申さんは、幼稚園を東京、小学校を東京と韓国、中学校を韓国と大阪、高校を大阪と韓国で過ごし、梨花女子大学校の英語教育科を卒業した後に、東京大学大学院教育学研究科に進学し修士号と博士号の学位を取得、現在は帝京大学短期大学に勤務している。韓国と日本の両方の教育と社会と文化を身をもって体験する貴重な経験を重ねてきた。私は申さんが東京大学の大学院に進学して以来、彼女の研究を支援してきた。彼女は日本文化と韓国文化の双方の良さを併せ持ち、真摯な研究姿勢を貫いてきた。その卓越した資質と能力は、二つの文化を往還して学び続けた彼女の体験に深く根をおろしている。その意味で、韓国の学校改革を日本の学校改革と重ね合わせて考察する本書の研究において、申さんほど適切な人はいない。本書はその特質をフルに活かし、その期待に十二分に応えた労作である。

　本書は、複雑な政治的文脈と社会の複合的変化のなかで展開した韓国の学校改革のダイナミズムを俯瞰的に構造化しつつ、詳細な事例研究にもとづいて個別の学校改革の内部構造を描出して、学校改革という難解な対象を年代史的かつ構造的に描出することに成功している。学校改革の現代史を学術論文として執筆することは難業中の難業であるが、その厚い壁に挑戦し、これだけの論述にまとめあげた功績を高く評価したい。本書の知見は日本を含むアジア諸国の学校改革研究の今後の進展に確かな道しるべを与えている。今後、申さんが日韓の教育研究の交流にいっそう貢献されることを期待したい。

目次／韓国の現代学校改革研究―1990年代後半の教師たちを中心とした新しい学校づくり

まえがき ………………………………………………………………… i
推薦の言葉 ………………………………………………… 佐藤 学 v

第1部 主題と方法　　　　　　　　　　　　　　　　　　　　3

第1章 1990年代後半以降の韓国における学校改革研究の視座 … 5
第1節 グローバル化時代のアジアの学校改革と韓国の事例 ……… 5
　　　―本書全体の背景
第2節 韓国の教室の風景と改革の必要性 …………………………… 11
　　　―教師の統制と管理を中心とした授業
第3節 研究の主題 ………………………………………………………… 17
第4節 先行研究の検討 …………………………………………………… 22
　(1) 日本における学校改革と教師に関する研究　22
　(2) 韓国における学校改革と教師の研究　34
　(3) 韓国以外の国々における韓国の学校改革に関する研究　48
　注　52

第2章 研究の課題と方法 ……………………………………………… 54
第1節 研究の課題と方法 ………………………………………………… 54
　(1) 研究の課題　54
　(2) 方法と理論的枠組み　54
第2節 調査の対象と方法 ………………………………………………… 62
　(1) 調査の対象　62
　(2) 調査の方法　63
第3節 本書の構成 ………………………………………………………… 66
　注　67

第2部　代案教育運動を中心とした新しい学校教育の模索（1997年－2009年）　69

第2部の背景—1997年から2009年における韓国の教育改革の動向 ……… 70
　　第2部の時代設定の理由　70
　　初の民主政権による学校の構想　73
　　　—金泳三政府の教育改革（1993年－1998年）
　　民主化と競争主義を同時に加速したアイロニカルな教育改革　76
　　　—金大中政権による教育改革（1998年－2003年）
　　「平等」、「参加」、「自治」の理念の登場と議論に終始した教育改革　77
　　　—盧武鉉政権の教育改革（2003年－2008年）
　　学校と子どもの病理現象の社会問題化　78
　　1980年代以降の韓国社会における市民運動の高揚と教育民主化運動　80
　　　—近年の民主主義的な学校づくりの背景として
　　注　88

第3章　新しい学校教育のあり方を追求する代案教育運動 …… 89
　　　—E学校を事例として
　第1節　課題設定 ……………………………………………………………… 89
　第2節　代案学校登場の社会的な背景 …………………………………… 90
　　（1）代案教育運動の系譜—韓国における学校と教師による主体的な
　　　　学校改革の歴史的、社会的な文脈　90
　　（2）代案教育運動の概要　92
　第3節　E学校の設立経緯と特徴 …………………………………………… 95
　第4節　E学校における新しい学校教育を創造するための試み …… 100
　　　—挑戦と停滞を経て
　　（1）E学校の「学びの共同体」との出会い　101
　　（2）E学校の「学びの共同体」としての学校改革に向けた挑戦　104
　　（3）教師たちが直面した困難と学校改革実践の揺らぎ　107
　第5節　E学校が公教育改革に与えたインパクト …………………… 112
　　　—「革新学校」の拠点校として
　　注　120

第4章 韓国の公立学校における「理想の学校」の可視化と教師の経験……………122

第1節 課題設定……………………………………………………122
第2節 2000年代以降韓国における学校改革の物語……………124
　　　　―草の根の教育運動から官と民の協同による教育改革へ
　(1)「新しい学校運動」の背景―教師が中心となった学校づくりの前史 124
　(2) 公教育体制内の学校改革の具体的な契機 127
　(3) 韓国の公教育における「理想の学校」の可視化 128
　　　　―N初等学校と小さな学校教育連帯
第3節 教師歴を持つある行政官の学校改革の物語………………131
　(1) 教師が感じた韓国の学校教育の問題点 131
　(2) 学校の変化と再生のための方略 134
　注 138

第5章 韓国における「学びの共同体」の受容と展開………140

第1節 課題設定……………………………………………………140
第2節 日本における「学びの共同体」としての学校改革………141
第3節 「学びの共同体」受容に関する韓国の社会的な背景……143
　(1) 教師の自律的な学校づくり、授業づくりが制限されてきた
　　　歴史的背景 143
　(2) 学習者の文化の特徴 146
　(3) 教師文化の特徴 150
第4節 「学びの共同体」としての学校改革の韓国での受容過程…153
　(1) 受容と実践の第一段階 154
　　　　―大学研究チームの形成と研究指定校における実践(2000年-2006年)
　(2) 受容と実践の第二段階 157
　　　　―代案学校における実践(2006年-2009年)
　注 159

第3部 「革新学校」を中心とした公教育改革の始動と実践 (2009年－2015年) 163

第3部と第4部の背景─2009年から2015年における韓国の教育改革の動向と学校の現状 ……… 164
   第3部と第4部の時代設定の理由 164
   政府による教育改革の動向 (2009年－2015年) 165
   近年の学校と子どもの学びをめぐる問題状況 169
   2009年からの韓国における「学びの共同体」としての学校改革の展開について 173
   注 177

第6章 「革新学校」を拠点とした教育改革 …………… 180
─教育行政と学校現場の協力による学校改革の始動

  第1節 課題設定 ……………………………………… 180
  第2節 「革新学校」導入と支援の方略─京畿道教育庁の例 ……… 181
   (1)「革新学校」の導入と概要 181
   (2) 京畿道教育庁の「革新学校」への支援の方略─教育実践への支援 183
  第3節 教師の学習と成長が中心となった学校改革─京畿道始興市
     J中学校の事例 ……………………………………… 187
   (1) 教師の変化に対する意志を汲み取った学校改革 188
   (2) 学校改革の方略─生徒の学習と教師の専門性の発達を中心に据える 189
  第4節 「革新学校」の全国的拡散と革新教育の地域単位での
     定着の試み ……………………………………… 192
   (1)「革新学校」の全国的拡散 192
   (2) 革新教育を地域に定着させるための試み─「革新学校」を越えて 196
  注 199

第4部 「革新学校」以降の「学びの共同体」としての学校改革 (2010年－2015年) 203

第7章 「革新学校」における校長と教師の学校文化の革新への追求─F高等学校の事例 …………… 205

  第1節 課題設定 ……………………………………… 205
  第2節 F高等学校の学校改革の背景 ……………………… 206

第3節　校長の学校改革の物語……………………………………207
第4節　学校像の実現のための実践…………………………………211
第5節　教師の「学び」をめぐる教師たちの挑戦と葛藤　…………219
　　　─F高等学校内「学びの共同体」勉強会における教師たちの語りから
第6節　F高等学校の学校改革の課題と成果………………………227
　注　230

第8章　学校改革における教師の経験………………………………232
　　　─「学び合い」を中心とした授業への転換
第1節　課題設定…………………………………………………………232
第2節　授業と学校の改革に取り組むようになった背景……………233
第3節　授業の改革のきっかけと授業観と子ども観の変化…………236
　　　─F高等学校における「学びの共同体」としての授業改革の始動
　（1）授業と子どもへのまなざしの変化と葛藤　236
　（2）F高等学校への異動　238
　　　─「学びの共同体」の構築に困難を覚えた1年目
第4節　「学び合い」へと向かう子どもと教師の変化　………………241
　　　─F高等学校での実践2年目
　（1）子どもたちの「学び合い」への道のり─葛藤と変化　241
　（2）教師の視点の変化と子どもを中心とした教師の協力の芽生え　245
　注　247

第5部　総括と考察　249

第9章　教育行政と学校による連携的学校改革の可能性と学校改革における教師の自律性………………………………251
第1節　総括と考察………………………………………………………251
　（1）教育行政と学校の連携的学校改革　252
　（2）韓国における「学びの共同体」としての学校改革の特徴と焦点の推移　257
　（3）韓国の教師たちが学校改革を持続する上で遭遇する壁　266
第2節　残された課題……………………………………………………272
　注　276

参考文献・引用文献 …………………………………… 279
あとがき ………………………………………………… 301
初出一覧 ………………………………………………… 306
事項索引 ………………………………………………… 307
人名索引 ………………………………………………… 309

韓国の現代学校改革研究
―1990年代後半の教師たちを中心とした新しい学校づくり

第 1 部　主題と方法

第 1 章 1990 年代後半以降の韓国における学校改革研究の視座

第 1 節　グローバル化時代のアジアの学校改革と韓国の事例
―本書全体の背景

　グローバル化[1]の進行や産業構造の変化、またそれに伴う知識基盤社会の到来に直面し、世界の国々は教育改革という名の下で新しい学校教育の未来像を模索している。産業主義社会からポスト産業主義社会への移行という世界的な動きの中で、最も劇的な変化に直面している機関の1つは学校であると言える。高度な産業化社会に適した学校の仕組みは、社会の経済発展に貢献する人材の輩出の為に効果的に働いてきた。しかし、ポスト産業主義社会及びグローバル社会、情報化社会への移行に伴って、産業主義時代における学校の役割や存在意義はこれ以上通用しなくなってきている。変動する社会と変わらない学校の間で生じる齟齬は、日本では80年代、韓国では90年代から現在にかけて表れているさまざまな形での暴力や子どもの学校離れ、または学習離れなど学校空間における病理的な問題と無関係ではないだろう。そして学校の機能と役割をどのように転換させるのかといったテーマはローカルな問題を越え、現在では教育改革のグローバルな論題となっている。

　アジアにおいて産業化された学校の崩壊と改革は、より一層激しいスピードで進んでいる。その背景には、欧米諸国が2世紀ないし3世紀をかけてゆるやかに達成した教育の近代化を、日本や韓国を始めとする東アジアの国々(台湾、香港、シンガポール、北朝鮮、中国)はわずか1世紀たらずで達成した事実がある(佐藤、2000b: 26)。このような東アジアにおける「圧縮された近代化」

は、この地域の社会的流動性を背景とし、戦後の経済発展によって急速に進展した。急速な産業化を基礎とする教育の「圧縮された近代化」は、東アジアの国々の学校教育に高い生産性と効率性をもたらしたが、同時に教育が競争を主要な動機として動くという風土をも形成した。こうして大量の知識を画一的効率的に伝達し、個人間の競争を組織して習得させる教育は東アジア地域の学校教育の特徴となった（佐藤、2000b: 27-30）。東アジアの学校教育は高度に産業化されている一方で、国家の強い統制が機能しているという特徴も持っている。それは、やはり「圧縮された近代化」の過程で、学校教育が国家統合や国民づくりのための主要な役割を果たしたことと関係がある。

　このような東アジア型教育の「圧縮された近代化」はしかし、教育の急速な近代化の停滞とともに、破綻の兆しを露にしてきた。日本では1980年代前後、韓国では1990年代中盤以降のことである。日本と韓国の二国だけを取ってみても、これまでにない経済的な発展を経験した後に、学校においては校内暴力、いじめ、子どもたちの学習意欲の低下、学校からの離脱といった学校病理現象が共通的にみられるのである。このような学校から表出される病理的な現象は、社会の急激な変化を前にして、「詰め込み型」、「競争」、「効率性重視」、「勉強」などをキーワードとしてきた高度に産業化された学校のあり方が問われていることを物語っていると考えられる。

　上述した通り、東アジアの国々は驚くべきスピードで近代化を達成したが、アジアの急激な変化は現在も進行中であり、今後も大きく変化することが予想されている。1990年から2005年の間に、アジアの経済成長は世界経済成長の44%を占めるようになり（Dollar, 2007: 2）、2050年にはアジアのGDPが世界の51%を占め、148兆ドルに達し、1人当たりのGDPも6倍となり、現在のヨーロッパに並ぶと予測している（上野、2014: 258；Asian Development Bank, 2011: 3）。このようなアジアの今後のさらなる発展の可能性から、「21世紀はアジアの世紀」とも言われている。しかし世界におけるアジアの影響力の大きさと今後の変化の幅を考えたとき、アジアの教育は、かつてない大きな挑戦に直面している（Kennedy, 2010）。今後の教育が人々に与える影響はさらに大きくなる。高度に知識化、情報化、流動化された社会に備え、未来に

役立つ人材を輩出できるかどうか、もっと言えば、より自立的で、創造的で、より良い技術を持ってチームワークができる、知識経済を支える人材づくりができるかどうか (Kennedy, 2014: 31) は、もはや、その国の将来と直結する程重要な問題となっているのである。世界のあらゆる国や共同体が、そこに住む人々を繁栄させ、成功させるには、学校の質が主要な要因の1つであり、おそらく最大の要因だと認めている。したがって、学校は、急変する社会の状況に対応することにとどまるのではなく、現在の社会の変化に先立って、未来社会におけるニーズを展望し、子どもたちに必要な知識や資質を身につけさせるといった、積極的で未来志向的なヴィジョンを持つことが要求されている。

　しかしアジアの学校が産業化された学校文化から脱却し、未来社会に備えた人材要請に向けてその役割や機能を転換させる上で、大きな障壁が立ちはだかっているのも事実である。アジアの教育が、伝統的にエリートのためのものであり、大衆のための教育というアイデアが西洋より遅く発展した点、教育において試験の文化や伝達による学習の文化といった伝統が強い点、また「師」としての教師観が強い点など (Kennedy, 2014: 21, 31)、この地域に伝統的に形成されてきた学校教育の文化の中には、現在直面している新たな課題に向けての変化を困難にする要因も存在している。それにもかかわらず、近年アジアの国々では、国家レベルのみならず、教師や市民が積極的な主体となって、教室の中の実践レベルにおいて変化を追求する動きが出現している。アジアの学校教育システムが直面している課題や挑戦は、学校をめぐる政策や制度など、システムのハードウェア的な側面を変更することでは対応できず、日々の教室における実践を変化させることと緊密に関連している (Kennedy, 2010: 30)。というのは、現在のアジアの学校が直面している問題は、グローバル化され知識化された社会における創造的で革新的な市民をいかに養成するかという、学校教育の内容や質と関連するものであるからである。

　こうしたアジアが経験しているグローバルな変化と学校改革の要請に鑑みたとき、韓国の学校教育の領域では、近年興味深い動向を確認することができる。韓国は2014年現在人口約49,040,000人、GDPは14,495億ドルで世界

13位であるが、少子高齢化が確実に進んでいる。韓国の教育改革は、大統領府の主導の下で「実験的」手法による改革を果敢に行ってきたことが特徴とされるが、文民政府が発足した1990年代とその後半以降は、グローバリゼーションを掲げ、改革のスピードは一段と増した(馬越、大塚、2013: 4)。文民政府による教育改革により1990年代後半以降、国家主義的で画一的だった教育は、「国際化」、「民主化」、「多様化」を目指すようになり、学校教育全体における質的な転換を図ってきた。学校教育をめぐる制度や政策の改革は国際的にも評価され、OECDの教育委員会による「韓国教育政策審査」(OECD, 1998)や近年ではOECDのPISAで実施された、教育政策や教師の質を含む教育全般における審査において、高い評価を得ている(OECD, 2013)。

　一方で学校教育の現場では、韓国政府がグローバル化、民主化、多様化を掲げた新たな教育改革を意欲的に推進する1990年代中盤から後半にかけて、子どもたちの学習意欲の低下、子どもたちの学校からの離脱、早期海外留学の増加、教師による学校教育の暴力性の暴露を始めとした学校崩壊や教室崩壊議論など、公教育の危機を訴える論調が、メディアや学界を中心に提起されるようになる。同時期に、教師や市民教育団体は、大学受験を中心とした競争的で非民主的な現在の公教育を批判しながら、新しい学校づくりのムーブメントを起こしていく。そのような動きは公教育制度外における代案学校(alternative school)の設立や代案教育の研究と実践へとつながり、革新的で進歩的な教育を求める草の根の教育実践の基盤を形成することになった。韓国の一般市民によって大規模で強力に表現される新たな学校への希求は、学校を取り巻く社会的、政治的環境をも変化させている。韓国の教育庁の教育監[2]は住民の直接選挙によって選ばれている。2009年京畿道における初の住民直接投票による教育監は、大学受験に偏重した競争主義的な学校教育の克服を謳い、共同体、子どもと教師を中心とした教育やケアなどの価値を掲げた公立学校(「革新学校」)の創造という公約が評価された。それ以降、「革新学校」は学校教育に不満と不安を抱く多くの教師、親、地域住民にとって「新しい学校」、「学校教育の希望」の象徴として浮上した。2010年の地方選挙では、全国17の自治体のうち6の自治体で「革新学校」を推進する教育監が当選し

たが、2014年6月4日に行われた地方同時選挙においては、13の自治体で「革新学校」を推進する革新的、進歩的な教育監が当選した。全国の13の自治体で革新派の教育監が当選したことは、韓国国内では大きな話題となった。というのも、伝統的に政治的保守派を支持する市民が多い地域であっても、教育の領域に限っては、多くの市民が進歩的な学校改革による新しい学校の建設に希望を託している事実が明らかになったからである。こういった韓国の学校教育をめぐる動きは、その間学校教育の過度な競争や私教育への負担などによる、市民の学校教育に対する不満と不安の大きさを物語るものであると同時に、新しい教育への期待が市民の行動へとつながり、学校をめぐる政治的な環境を変化させたものでもある。

　このような韓国の学校改革をめぐる事例は、学校を革新することを願う教師と市民たちの行動と実践の積み重ねが、学校を取り巻く社会的、政治的な環境を大規模で強力に動かしていく様子を伝えてくれるとともに、国家が主導する教育改革と、教師と市民が中心となった学校改革、また具体名を持った個別の学校と教師の学校を変えるための試みが、ときには連動し、ときには衝突しながら学校革新のうねりを創り出している様子を示してくれるものである。東アジアの国々の教育改革及び学校改革が、グローバル競争やポスト産業主義社会への対応、そして民主主義的な学校の再構築という大きな共通課題を背景として進められている現在において、韓国の学校改革の事例は、東アジア地域の教育改革の多様性を示すと同時に、共通課題を抱えている同地域の他国の教育改革への示唆をも与えるものになるのではないだろうか。

　ところで、近年韓国で起きている教師と市民を中心とした活発な学校改革について論じる上で、現在の学校改革を牽引している世代の特徴に言及しなければならない。本書が対象としている韓国90年代中盤以降における学校改革運動の中心的な役割を果たしてきた主な世代は、現在は40代後半から50代後半の年齢層を成す、韓国では「386世代」と呼ばれる世代の人々である。彼、彼女らの多くは、1990年代に入ってから学校教育の問題点を社会問題として議論の俎上に載せることに寄与しただけではなく、学校改革と関連する法律及び制度の整備や実際的な学校改革の実践において、管理職、行政官、

研究者、学校の熟練教師などさまざまな立場から中心的な役割を果たしつつ、若い世代の支援を行ってきた。

　韓国の民主化においてこの「386世代」の存在は、特別な意味を持っている。まず「386世代」とは、この用語が形成された当時(1990年代)に30代で、80年代に大学で学生運動を経験し、60年代生まれの人を指している(オ・セジェ、2014: 4)。しばしば「386世代」は多くの韓国の研究者によって他の世代とは区別される特徴的な世代として語られる[3]。その理由は、韓国の民主化の激動期を経験し、「韓国の代表的な進歩的世代(パク、2003)」と呼ばれるこの「386世代」を基準として、人々の社会政治的な理念や行動に差異が見られるからである。この世代が大学生[4]であった1980年代には軍事政権に抵抗する学生運動を含む民主化運動が大衆的に拡散し、「386世代」の人々はその只中にいたという意味で、「社会運動世代」(ジョ、2002)とも呼ばれている。学生運動と労働運動を中心に1980年代に激烈に起こった民主化運動は1987年6月の民主化抗争[5]のときその頂点を迎え、同年6月29日の民主化宣言[6]以降民主化が実現した。このような民衆の運動により民主化が開かれたという意味で韓国の民主化は「運動による民主化」であるとも評価されている(チェ、2002)。

　「386世代」は(1)1980年代の学生運動を含む民主化運動の主役として歴史の舞台に登場し、(2)批判的な政治社会的な意識を学習と議論を通して集団的に共有し、(3)進歩的な特徴が彼、彼女らが40代になってからも世代効果として持続されており、(4)政治的な特性において以前の世代である「産業化世代」と区別され、民衆志向的で共同体中心的である(オ・セジェ、2014: 6)。このように「386世代」における1980年代の歴史的な事件の共有と政治的社会的進歩性の共同的な形成は彼、彼女らを政治、経済を始めとする現実の諸問題に積極的、能動的に関与することへとつながり、現代の韓国の民主主義を牽引する勢力となっている。本書の第3章から第7章の各事例に登場する教師、管理職、研究者、行政官の大部分はまさにこの「386世代」の人々であり、彼、彼女らの学校改革に向けた努力と挑戦の背後には、上記のような背景があることを確認しておきたい。

第2節　韓国の教室の風景と改革の必要性
―教師の統制と管理を中心とした授業

　ここでは韓国の学校内部に焦点を当て、授業のあり方、教師の役割、教師－子ども間の関係性などの一般的な特徴について検討することで、学校のよりマイクロな側面における改革の必要性を示したい。

　韓国において管理、統制、個人主義、競争、受験対策をキーワードとする学校文化は長い間自明なものとして受け入れられてきた。しかし管理と統制の役割に徹してきた教師たちの中には、このような学校文化と自身の役割について違和感を覚えてきた者もある。競争的で個人主義的な学校教育への批判が爆発的に起きた1990年代後半から、教師たちの中にあった違和感や、新しい役割の追求は、同時期から活発化した学校改革の動きにつながったのではないかと考える。

　韓国では80年代後半に入って初めて研究者による学校の参与観察研究が発表され（イ、1988）、以降1990年代に教育社会学の分野で、初等、中等学校における学校文化及び教師文化のあり様を、参与観察を通して描写する研究が活発に行われた。1980年代後半から1990年代中盤にかけて行われた学校文化及び教師文化の質的研究の大部分は、学校内部の生活のありのままを子細に記述し、その特徴を示すことに焦点が置かれていた（イ、1990；ファン、1990；キム、1995）。1990年代の終盤からは、学校や教室、教師と子どもの行為をありのまま充実に描くことからさらに発展し、学校や教師のあり方について批判的に論じ、改善または改革の素地を準備する研究、また、現状の学校文化や教師文化が教師だけではなく、子どもたちに与える影響について論じる研究が登場し始めた。これまでの一斉型の授業への改善策として「討議式授業」を導入した教師の経験を取り上げた研究（ソ、1997）や教師が授業中に経験するジレンマに関する研究（カン、2003）、教師と子どもが授業の中で経験する疎外の問題を扱った研究（ソ、2007）などがそれに該当する。以下では、韓国の教師の伝統的で一般的なあり方が比較的充実に記述されている1990年代の研究を中心に、授業における教師の役割の特徴がどのように描かれて

いるのかを検討する。

　ファン(1992)は、初等学校の参与観察と教師の教育行為の分析を通して教師文化の特徴を明らかにしている。教師が最も多い時間を過ごす授業については、その進め方が学級間、教科間で似通った様相が確認された。すなわち、教師はその日の教材について説明を行い、それについて生徒に質問をし、確認をするといった流れである。教師の質問は、1つの答え（正解）が出るか、両者択一をするように仕向けられた形で発せられることが多かった。そして教師の質問は教科書や教師用指導書に提示されている内容を確認するためのものが多かったため、生徒たちの答えには多様性を見つけることができなかったという。このように教科書の内容に囚われた授業の中で、教師は絶えず子どもたちの注意を教師の方に向けさせ、統制する必要があった。ファンが観察した、子どもの注意を喚起するための教師の行為には、「怒る」、「顔を顰める」、「子どもを睨む」、「手で指示する」、「子どもの発言を制止する」、「子どもを叩く」、「子どもに叱る」、「持ち物検査をする」、「チョークや物を投げる」、「子どもの手を握ったり背中をポンとたたく」、「ジョークを言う」などがあった。

　ところでファン(1992)の研究で興味深い点は、このように教科書の内容に規定され、生徒たちを物理的、言語的、社会的に管理し統制する教師たちの授業観は、教師の現実の授業観とは異なっているということである。研究対象校の教師たちは、教師中心の詰め込み型の授業には「うんざりしている」と言い、子どもたちが積極的に参加できるように組織する授業を好んでいると話していた。しかし、理想的な授業を展開するには、現実の制約が多すぎる、と話している。時間の不足、進度を他のクラスと合わせなければならない点、多すぎる生徒数、学校行事の負担、雑務の負担、親の受験成績中心の教育観などが、教師たちが挙げた制約である。したがって教師たちは自らの授業観を持たずに機械的に授業を行っているのではなく、理想の授業観は持っているが、現実の制約の中での妥協案として日々の授業の方法を編み出しているのだとファンは指摘している。授業や子どもたちとの関係における変化の必要性を認識はしているが、保守的な環境、個人主義、現在主義、保身主義と

いった教師文化の特徴が、変化に対する具体的な行動を起こすことを阻んでいると分析している。

　キム（1997）はより具体的に、初等学校における教師の管理と統制の方略について述べている。キムは韓国の初等学校の教師が教室の中で駆使している管理の方略を以下のようにまとめている。すなわち、(1) 教師の肯定的な報償（称賛など言語的な報償、シールなどのご褒美、発表のチャンスなどの付与）、(2) 叱咤、(3) 脅かし、(4) 権利の剥奪、(5) 物理的、社会的な隔離、(6) 連帯責任、(7) 自分（子ども）の間違いを大勢の前で公開、(8) 体罰、(9) 仲間による叱責である。教室の中でも、特に授業の中で用いる統制と管理の方略としては、子どもたちの達成水準を可視化する資料を掲示板などに公開することで成功のイデオロギーを強調し、失敗しないように励ますといった「成功と失敗の明示的可視化」、また、「○○の言っていることは正しいか」とクラス全員に聞き、「はい」、「いいえ」と答えさせることで、「社会的認定と汚名」を経験させること、そして班や集団を活用し、個人を集団の一員を認識させることで、自分の成功と失敗が集団に影響する経験をさせる「自我の喪失と集合」を挙げている。

　初等学校の教師の教室生活と授業における統制と管理の役割は、高等学校段階においても継続される。ただ、高等学校では大学受験が顕著に意識された統制方略が展開される。イ（1997）は『人文系高等学校教職文化研究』で、韓国の高等学校の授業の民俗的な原理は「（受験）学力伸長式授業」だとし、教師が授業において生徒に対応する際に最も力を注ぐのは、「生徒を教師の方に引き付ける」ことであり、「教師が生徒に振り回され」ないようにすることである、としている。教師は生徒を自分の方に引き付けるために、強引に統制したり、生徒に厳しい態度を取ったり、生徒の同意を導き出したり、生徒が自発的に従うようにしたり、集団を分割して統制するといった方略を用いていた。これは、なるべく多くの生徒をネームバリューのある大学に進学させることが至上の目標である高等学校の授業において、「勉強をしようとしない生徒たちが騒がないように」統制し、「勉強をする」雰囲気をつくり、試験で高い点数を得られる方向で教科を教えることが暗黙のルールとなっている

ことを示すとイは分析する。以上の研究を通しては、韓国の教師は教室において統制と管理を特徴とした役割を遂行しているが、それは必ずしも教師自身が理想的と考える役割と一致する訳ではないということが明らかになった。

　筆者が2004年にソウル市と釜山市の公立初等学校で行った教室のフィールドワークからも、授業における教師の強い統制と管理の役割が浮き彫りになった。筆者は韓国の2つの初等学校における2人の教師の統制行為から読み取れる教師の役割について、「授業の構成方式」と「教師が統制を働きかける関係の領域」という2つの側面から検討した。その結果、「授業の構成方式」からは、授業の流れや展開において、教師が強力な主導権を持っていることが見て取れた。また、授業の各フェーズの構成やその展開は、教師と子どもの関係や、子ども間の関係などを軸としているというよりは、教科書に示された学習目標や進度など、学業に関する課題を中心として行われていた。また、教師は統制を加える際に、教師－子ども、教師－集団、子ども－子どもなど、関係の中において統制を働きかけ、その関係性を有効に活用していた。

　また、「教師が統制を働きかける関係の領域」という側面からは、教師は統制を加える際に、教師－子ども、教師－集団、子ども－子どもなど、関係の中において統制を働きかけていた。教師の授業における主な役割は、子ども一人ひとりを管理し、主導することであり、したがって教師は教室内で絶対的な権威を持つ存在であった。しかし、授業の観察から明らかになった権威的で管理的な役割とは違い、教師たちの語りからは、子どもへの温情を持った教師の姿も確認することができた。調査の対象であった公立学初等校教師の1人であるリ先生（調査当時教職15年目、40代女性）は、さまざまな統制と管理の方略を駆使して授業や学級運営を行っていた。授業の中で教師と子ども一人ひとりの間、または子どもと子どもの間で教材をめぐって深度のある対話をする場面はほとんど確認することができず、教師が強い主導権を握り、教師の意図に従った授業と学級運営をする姿からは、強圧的で権威的な教師像が浮かび上がった。しかし、授業を終え、インタビューに応じる際の教師の語りからは、授業の表層からは読み取ることができない、教師独自の授業

に関する物語があることを窺うことができた。

　リ先生は高等学校や大学時代に困難な経験をしているときに恩師に励ましてもらった経験や、教育実習で出会った子どもたちとの関係などに影響を受けて教師になることを決めた。彼女は教師という職業において最も重要な仕事は教科指導であると考えており、現在自身が教師としてもっと開発するべき領域も、教科の知識や内容を子どもたちにより良く教えることであると考えている[7]。また、リ先生は教職の最も大きい魅力は「教師が子どもに愛情を注ぐ分だけ成長すること」であると語り、子どもとの相互作用の中でやりがいを感じる職業であると認識していた。また、自身が考える最も有能な教師は「子どもたちの心を理解しようとする教師」であり、同僚教師の中でも、「笑顔で子どもたちに接し、子どもの人性教育に真摯に取り組む教師」が印象的であると語る。「子ども一人ひとりの特性や個性を把握し、それを認めてあげること」は教師としての大切な資質と考えており、リ先生が考える最も良い一日は、「一度も子どもを叱らなかった日[8]」である (申、2004)。

　上記の語りに基づく、リ先生の考える望ましい教師像は、「教科の知識や内容をしっかり伝える一方で、子どもたちに愛情を注ぎ、一人ひとりの個性や可能性を認め、伸ばしてあげる」ものであると言えよう。ところが、現実の授業を観察、分析してみると、教師と子どもが最も多くの時間を費やしている授業においては、リ先生は、教師としての権威、子どもたちの競争心理や感情などさまざまな方略を駆使しながら子どもたちを管理、統制することで教科内容を伝達しようと努めており、教師が教材を媒介して子ども一人ひとりを見つめ、支えている様子は見つけることが難しかった。むしろ教科内容を扱う場面以外の、学習や生活の態度を指導する際は、親が子にするような叱責や、強い個人的な感情の結びつきが読み取れる場面があり、リ先生が言っているように、「子どもに愛情を注ぐ」、「子どもの心を理解しようとする」姿勢が表れていた。同じ授業でも教科指導の際は、教師と子どもとの関係は、教師1人に対して、「みんな」と呼べる、個々人の名前はかき消された集団としての子どもという図式である傾向があり、生活指導の際は、個々の子どもに対して感情的に強い結びつきを持って接している傾向があった。

リ先生は教科の内容や知識については、「より多くを知り、より良く伝えたい」という思いがあり、子どもたちに対しては、「個々の子どもをより理解する愛情深い教師」でありたいと願っている。一方で子ども間の関係性については、授業中に関しては、班長、リーダーなど、子どもの間のヒエラルヒーを利用して秩序を守ろうとし、競争意識を利用して学習意欲を持たせようとしていた。子どもと教材の関係については、一人ひとりの子どもが教材をどのように理解し、意味づけたのかを読み取ろうという努力よりは、子どもたちの問題行動や雑談などを統制し、教師が準備した教科内容を最大限多く伝達することが目指されていた。

　韓国の公立初等学校のリ先生の授業における教師のあり方を、佐藤(1996a)の「対話的関係の実践としての授業」という観点、つまり、教育の実践（授業と学習）を「認知内容の編み直し＝対象との対話」、「対人関係の編み直し＝他者との対話」、「自己概念の編み直し＝自己との対話」の3つが総合された複合的な営みなのであるという観点から見つめると、教師、子ども、教材は、伝達、統制、管理を特徴とする時間と空間の中で絶えず互いに断絶していることがわかる。「対話」が「モノローグ」とは違って、対等な相手との関係性の中で相互の声に「耳を傾ける」ことから始まるものであるとするなら、リ先生の授業で、教師は子どもを管理の対象と捉え、子どもたちは相互を競争の相手と捉えることで、相手へのメッセージは多く語られても、相手に「耳を傾ける」という行為が生まれる素地が奪われている。デューイは、民主主義とは他者と「共に生きる方法」(a way of associated living)であり、「つながり、コミュニケーションする経験」であると言った上で(Dewey, 1916: 87)、「目は観客をつくり、耳は参加者をつくる」とし(Dewey, 1927: 219)、共に生き、対話する上での「聴くこと」の大切さを強調した。子どもへの愛情を伴いつつも、教師と子ども、また子ども間の共生とコミュニケーションが管理、統制、競争によって遮られている韓国の教室の現実から、どのようにすれば相互に耳を傾け、対話のある空間へと再編成できるのかという問いが浮かび上がってくる。

　韓国の先行研究でも指摘されているように、韓国の教室において教師は、

権力の行使を通して子どもの声と行動を抑制し、教師一人ひとりの独特の声ではなく、教科書の情報や学校の立場を代弁する声を効果的に届けようとする。それゆえ、多くの韓国の教室は個性豊かな教師と子どもの声が響く空間であるよりは、教科書に提示されている正解が重んじられ、教師に従順な子どもが認められ、正解以外の声は掻き消されるといった、画一的で無機質な空間となっている傾向がある。教師たちもこのような状況に満足している訳ではない。前述したファン（1992）の研究で、教師たちは教師が主導する授業の方法に問題を感じており、子どもたちの参加を導くことができる授業をしたいと願うにもかかわらず、現実の制約のために困難を経験していると語っていた。教師自身も子どもの関係性、また授業のあり方の問題に気づき、悩むが、多くの教師たちは「どうしてよいかわからない」という戸惑いを持ち、やがて「どうにもならない」と諦め、日常として受け入れてしまう。本章の研究対象のリ先生も、一人ひとりの子どもをより深く理解し、彼らとコミュニケーションすることを希望していた。このように教師たちは現実と希望の狭間で葛藤を覚えながらも、日々の実践に臨んでいることが明らかになった。本書はこのような韓国の学校と教師の現実が物語るような、対話的な関係性が奪われた学校空間の再生に向けた学校改革の試みに着目するものである。

第3節 研究の主題

上述の韓国の学校改革をめぐる動向と、学校内部における変化の必要性からは、韓国の人々の学校教育への失望の蓄積と、新しい学校への希求を読み取ることができる。このような背景を持つ1990年代以降活発化した学校改革の動きは、当初公教育の周辺から始まったが、近年では公教育の政策として学校教育の質的な転換が追求されている現実がある。

本書は、韓国において文民政権が発足した1990年代中盤以降、それまでの画一的、入試中心的な学校教育からの脱却と学校構成員が中心になった学校教育の再編成への試みが社会的になされてきたことに注目し、その中で国内の社会的、政治的な動き、海外の学校改革の影響、個別の学校と教師の実

践が連動しながら新しい学校づくりの波が創られていく様子を、教師の経験を中心に据えながら検討することを目的とする。

　教育改革を国際的に概観すると、1980年代以降、グローバル化や産業構造の変化、さらに国際的な経済競争を背景に、世界各国では人材育成や教育の質の向上が重要な関心事となってきたことがわかる（藤田・大桃、2010: 5）。特に教育の量的な拡張においてピークを迎えた先進諸国では、「当たり前」と思われてきた学校教育の枠組みが揺らぎ、学校の存在意義、教師のあり方、生涯にわたる学習、学校内外の人々やコミュニティとの関係の結び方など、学校教育の根本的な意味や価値を問い直す作業を含む教育改革が行われているようにみえる。環境、設備の拡充や制度の見直しなどの学校教育のハードウェアの改善を目的としていたかつての教育改革とは違い、1980年代以降の各国における教育改革は、教師の役割の転換、授業のスタイル捉え直し、教師－子ども間の関係性の変化など、学校の内側における質的な転換を要求している。学校のハードウェア面―制度、環境、設備など―の改革にも増して、学校のソフトウェア面―学校内の人間関係、子どもと教師の学習の質、学校、教師、子どもの文化など―の転換においては、学校構成員、特に教師の役割は決定的に重要なものとなる。一人ひとりの教師が追究する学びの質や同僚教師、子ども、親、地域住民との関係性のあり方が、教師と子どもの具体的な学習と成長の現実として、また、学校内外の人々との関係性として具現化するからである。

　さらに、近年教師が経験している変化において見過ごせない点は、その転換に教師自身の役割やあり方が含まれているということである。たとえば、教師の役割は、知識や情報を伝達し、教えることから、「学びのデザイナーとファシリテーター（佐藤、2006: 20）」へと変化し、授業や教材の研究に関しては、1人で「教職や授業方法に関して書かれたテキストを読む」ことだけで十分ではなく、同僚教師の「授業の場に立ち合い協働で対話することを通して知識を共有する方法」が求められている（秋田、2006: 194）。

　学校改革については、同僚教師と子どもだけではなく、地域住民や大学などの関係機関とも効果的に協力しながら働けるかどうかも問われている

(Liberman, 1995: 1)。したがって学校改革の研究では、このように幾重にも複雑な変化を経験している教師を中心に据える必要があると考える。近年の学校改革に関する研究では、教師の役割の重要性を指摘した研究(Fullan, 2001; McLaughlin, 1991)や、学校改革の方略における教師の専門性向上への支援を強調する研究(Datnow, Hubbard & Mehan, 2002)が見受けられ、教師への焦点化が図られている。一方で、教師への焦点化は進んでいるものの、変化を積極的に主導する者として教師を位置づけ、教師の経験という観点から改革を理解しようとする姿勢が未だに不足していると指摘する先行研究も存在する(Craig, 2009)。今後の研究では、学校改革の中心に教師を据えることに加え、教師がさまざまな環境や関係をつなぐ結び目(nexus)にあることを確認し、教師がどのように変化を追究しているかという視点から学校改革の実際を描く作業が求められるだろう。

　本書では教育改革の中でも学校改革という事象に注目する。学校改革とは、一般的には、教育改革や教育制度改革の一部を成すものとして、特に実際にある経営組織、教授法、教育内容、学校施設などの学校教育を成り立たせている具体的要素を改革することを意味している(教育学大辞典、1978 : 359-363)。しかし、近年語られる「学校改革」は、国家や地方自治体など学校の外部機関が主導権を握る「上からの改革」のみに限られない。学校内部から改革の必要性が提起されて改革が遂行されるケースや、学校、大学、地域が対等な立場から協力することで学校を再生する取り組みなど、その形態は多様化している。

　また、本書で使用する「学校改革」や「授業改革」という用語について説明を加えておきたい。「学校改革」は「教育の見直しと改善」という意味では広義における「教育改革」の範疇に属するという見方もできる。しかし「教育改革」が「社会制度としての教育に改革を加えること」を指し、特に近代国家においては「政治、経済、社会の発展に教育の普及向上が不可欠(安彦、2002: 160)」といった観点から中央政府により主導される側面が強いことを勘案し、本書では「教育改革」とは区別された意味で「学校改革」という語を用いる。本書での「学校改革」は、もちろん政治、経済、社会との緊密な関わり

の中で語られる教育改革と無関係ではないが、学校外で考案されたアイデアを学校現場に適用する方向性における改革ではなく、教師、管理職、子どもを含む学校の当事者たちが変化の必要性に基づき、学校構成員自身が積極的に学校教育の変化の実現に関わる取り組みを指している。また本書では、「学校改革」の一環として、教職の中核とも言える授業を変えるための努力を「授業改革」と表現する。授業を含め学校を変える取り組みなら、どの時代のどの学校、また教師もが日々改善するための工夫をしているというかもしれない。本書で扱う「学校改革」の事例は、社会制度としての教育を改革することとも、普段教師が教育実践のために不断の工夫をしていることとも区別され、教師、また教師の集団が学校教育の問題を意識し、変化のための具体的な方略を用いて教育実践を行っているものである。教師を含む学校構成員が具体的で統一的な教育観を持ち、改革に取り組むことについて東洋らは次のように述べている。

　「いわば政治と密接なかかわりをもつ授業改革と、授業そのものへの絶えざる工夫による授業改革とのほかに、さらに対照的な両者の中間に位置する教育学的ともいうべき改革が存在している。その場合は大げさにいえば、教育運動のかたちをとることさえ少なくないのだが、現に授業改革の具体的な流れとなって浮かんでいるのは、多くこの類なのである。改革という概念は、単なる修正という程度のものをこえているから、当然明確な主張を前提とするというべきであろう。そのことは同時にまた、一応のスケールが求められるということでもあると思う。すなわち指導法だけでなく、カリキュラムについても評価についても、さらに教材や子どもの把握についても、統一ある考え方が必要とされるということである。したがって一層大げさな言い方をすれば、そこには一つの哲学が存在しなくてはならないということである。もし授業改革の底になんら人間観・教育観の変化がにじんでいないとすれば、それは改革の名に値しないのだと私は思う (東・中島・梶田、1982:1)。」

東らが上記で指摘しているように、教師を含む学校構成員が授業を意識的に変化させていくためには、学校、教育、人間を捉える上での哲学が必要であり、そのような哲学を共有した人々による実践が伴うべきであると考える。本書では、このような考え方に立って、学校と授業の変化への具体的なニーズを持ち、そのために共有されたヴィジョンと哲学に基づいた改革実践を行っている教師と学校に注目する。

　一方韓国においては、「教育改革」は「時代的、社会的要請に応え、急変する社会に適応するために教育制度、内容、方法及び行政、財政など教育運営のすべての局面を変革すること（ソウル大学校教育研究所、1995）」と、広い範囲での改革を指す言葉となっており、教育実践の具体的な変化を含む視点は弱く、学校単位の実際的で具体的な変化のための努力を語る言葉として「学校改革」が用いられている（キム・ジョンヒョン、2011: 26-27）。なお、韓国における教育改革及び学校改革の語られ方については、次節において詳述する。

　以上を踏まえ、本書では、韓国において、特に1990年代に文民政権が発足してからこれまでの学校教育への反省と新しい学校を求める要求が社会的に高まるにつれ、学校教育の当事者である教師が積極的に関与した学校改革が活発化したことに注目している。権威的で競争的な学校文化を変化させるための教師と親、市民の活発な取り組みは約20年が経過した現在、公教育体制の内外における学校、教育行政の諸領域で実を結びつつある。

　以上のような問題意識に従って、本書では次の3つの主題について論じる。第一に、1990年代後半以降の韓国のどのような社会的な文脈の中で教師を中心とした学校改革が活発化したのかという点である。第二に、教師を中心とした学校改革にはどのようなものがあり、具体的にどのように展開したのかについて検討することである。最後に、教育実践の変化を追求する教師の経験に迫ることで、変化への動機の所在、方向性、変化を導き出すための方略、直面している困難の具体を明らかにする。

第4節　先行研究の検討

(1) 日本における学校改革と教師に関する研究
①学校外部の機関が主導権を持つ教育改革における教師の経験に関する研究
A. 学校の外側から開始された教育改革における教師の経験

　最初に扱う先行研究は、「教育改革と教師」をテーマに主に教育社会学の分野で行われてきた研究である。これらの研究は、世界的な潮流とも呼べる新自由主義的な教育政策、2000年代に入って特に激化した教員制度改革など、学校の外側から開始された教育改革の中で、教師がどのように位置づけられ、どのような経験をしているのかに焦点を当てている。

　まず、教育改革における教師の位置についての知見を提示しているものとして久冨(2003)を挙げることができる。この研究は「教育改革」の下に置かれている教師の位置づけを、教員文化とのつながりの中で考察するものとして、教師の位置づけの特徴を以下の4点に見出している。まず、あらゆる教育改革—カリキュラム改革、授業や評価規準・評価方法に関する改革、学校運営のあり方の改革、入試制度や学校体系の改革など—は、「必ず教師のところに降りて来て、彼らの仕事のあり方に具体的に作用し、『学校の担い手主体』であるところの教師たちによる毎日の仕事を通じて、結局そうした改革は現実化して行く（久冨、2003: 137）」とし、教師を〈あらゆる教育改革現実化の担い手〉と位置づけた。2点目には、現在進行中の日本の教育改革の対象が教師自身であることから、〈「改革」の主要な対象の位置〉にもあると指摘する。3点目に、どのような教育改革でも、教師は自身の実践的取り組みやあり方を通して、子どもの学習や生活に影響を及ぼしていくという面で、学校教育の〈結果がいつも試される焦点・前線のポジション〉にもいる。最後に実践の結果がいつも試されることとも関連して、教師は常に〈批判の対象の位置〉も占めている。

　久冨(2003)は、これら教師の位置づけの特徴を「教師文化」との関連の中で捉えている。特に「教師文化」は時代の流れの中で不動のものではなく、社会的な変化に応じて教師文化そのものも変動を経験していると指摘してい

る。また、教師の位置の基底に教職独特の文化があるとして、近代学校の教師という存在とその仕事の性格についても考察を展開している。特に、社会的な変化の中で教師の地位や性格が変化しつつあると述べている。その変化は、①情報化社会の進展の中で、学校・教師の「新しい文化・知識を伝達・普及する者」という魅力が下がったこと、②国民全体の高学歴化が進み、「地域の知識人」としての教師の位置が相対的に低下したこと、③情報公開の施行など、教師たちの内向きにまとまった学校運営が通用しない時代になったこと、④戦後日本の教職の安定性を支えた枠組みが崩壊しようとしている点にまとめられている。特に③と関連して、「生真面目」「熱心」「子ども思い」「制度主義」を特徴とし、日本の教師の教職倫理を支えてきたといってもよい「求心的教員文化」は、「開かれた学校」の傾向の中で揺るがされ、変更を迫られていると指摘している（久冨、2003: 184）。しかしこうした変化は、「すでにそのままでは通用しなくなったものについて、今後も生かすべき諸要素を明らかにし、編入すべき質を加え、全体を組み替えていくこと（久冨、2003: 187）」を可能にするとし、教員社会・教員文化の内側からの変革を提案している。久冨の研究は、「学校経営の効率化」や「地域の説明責任」といった一見ポジティブに見えるスローガンを持った「教育改革」が、これまで教師たちが育んできた「学校教育らしい慣行」を押し潰し、代わりに膨大な非効率と官僚統制を生み出し、その中で教師たちが呻吟しているさまを叙述した（高井良、2007: 254）として、教育社会学の領域で評価されている。

　油布（2009）、油布ら（2010）及び油布ら（2011）は、「新自由主義的改革」など、教育改革を含む、世界のマクロの流れの下での教師の意識や行動様式の変容に着目した研究を展開している。特に規制緩和、市場化、競争を特徴とする新自由主義的な特徴を呈する一連の教員政策の改革を、教師自身がどのように認識しているかに関する研究では、成果主義の嵐に巻き込まれているイギリスの教師の中に「成果主義の中での生き残り」と「改革への嫌気」という2つのタイプが見られることに対し、日本の教師は改革には概して肯定的であり、改革に肯定的な新自由主義的改革に親和的な教師程「やる気」のある教師であるということ、しかしながら、英国で見られた同僚間競争に勝ち、改

革の中での生き残りを図るというような状況にはないことが明らかにされている (油布、2009: 79)。

　さらに油布ら (2010) は、教育改革下における教師の経験の縦断的研究を行っている。今世紀に入って特に急激に進められている教職に対する制度的改革、たとえば「教職大学院制度」、「免許更新講習制」などは、教師の質の向上を謳っているが、これらの改革の下で教職の専門職化は進んでいるのか、それとも後退しているのかという問いがある。油布ら (2010) は、過去十数年間を通して、日本の教職への制度的改革の方向性が明確になったと判断し、1995 年、1999 年、2009 年の 3 時点において教師の仕事や役割に関するアンケートを実施した。その結果明らかになったこの 15 年間の教職の変容と教育改革の教職への影響としては、教師の「組織へのスペシャリスト」化という教職観の変化が強まっている点、多忙で疲弊しているのにやりがいが高まっている点、同僚の変質が観察され、組織の一員としての相互交流が支配的になっている点が提示されている。また、油布ら (2011) は、教育改革の結果学校現場に表れている「管理職の役割の拡大」と「教員の雇用の多様化」という事象に注目し、教師の反応を調査している。調査からは、学校が教育の「経営体」として変容を遂げている様子が描かれていると同時に、雇用形態が多様化した学校という職場において、従来の責任や権限の付与、同僚性のあり方は転換を迫られていることが示された。

　以上の研究群からは、学校の外部機関が主導権を握って進められている教育改革の中で、教育改革の本来の意図や趣旨とは関係なく、学校における非効率や官僚統制が進み、教師が多忙化するなどといった、教師の仕事や教師を取り巻く環境における変化が起きていることが明らかになった。しかし、学校外部から開始された教育改革における教師の経験という視点では、教師は、教育改革に対しては受動的な存在として位置づけられる傾向がある。したがってこれらの先行研究の検討結果、変化の必要性を見出し、変化を自ら生み出す存在として、教育改革の中に教師を積極的な存在として位置づける必要性が浮かび上がってきた。

B. 地域と連動した学校改革における教師の経験

　学校改革における教師の経験に関する2つ目の研究領域は、地方自治体を主体とした教育改革の中で学校の実践が質的な変化を遂げているか否かという視点に立った研究である。前項では、国家が主導するより広い文脈の教育改革における教師の経験に関する研究を検討したとすれば、ここでは地方自治体という、学校と教師により身近な行政主体による学校改革を対象とした研究に注目する。地方分権化の流れに相まって、地方自治体を中心として学校改革は、改革の主人公である学校や教師たちをより身近なところからサポートするものとして期待されており、その成果と課題に関する研究が進められている。

　地方自治体による学校改革の強みの1つは、学校、教師そして子どもの現状やニーズを学校改革のプロセスにより密着した形で、現実的に反映できることにあるだろう。それでは現在日本において盛んに進行している地方自治体を主体とした学校改革は、果たして教室レベルの教育実践の質に好ましい影響を与えているだろうか。また、教育実践レベルに焦点を当てたとき、実践の主体である教師は一連の改革をどのように捉えているのか。このような「教育行政改革」と「教育実践改革」のつながりを捉える視点を提案したのが、乾ら (2004) の研究である。乾らは、1997年から教育改革に NPM (New Public Management) 方式を取り入れた東京都の事例と対置し得る「教育実践改革への接合可能性をはらみながら進行している」事例として、高知県と犬山市の教育改革を取り上げている。教育実践の改革として両自治体の事例を見た場合、まず高知県の事例では、必ずしも画期的な変化が生まれている訳ではないとしつつも、「教師による児童・生徒への伝達と啓蒙を主とした実践から、児童・生徒の参加や提案を主とした実践への進化が図られ」ていることが見受けられ、「新しい質の実践が胚乳しつつある」と指摘している。一方犬山市の事例については、「従来の教師をめぐる諸問題を改革するという教育行政面からの外在的事項への取り組みと、より質の高い教育実践を創出するための授業改革の観点からの内在的な事項への取り組みとがセットとなって進行している」点に特徴を見出し、この改革において、教師に外在的事項と内在的事

項の「接点」という位置が与えられていることを示唆した。犬山市小学校教職員へのアンケートによると、「教師の力量形成に資する改革である」と考える教師は58.8％とやや高く表れた一方で、82.9％の教師たちが犬山の教育改革を教育委員会主導の改革だと考えていると答え、教師の多くが現行の改革を「トップダウン」として捉えている様子が窺われた。また、「教師を信頼していない改革である(中略)現場には押し付けられるさまざまな取り組みに対する不満がつのっている」という教師の自由記述があるなど、「教育改革の主体としての教師といっても、改革に対する温度差は異なっている」現状が報告されている(乾、2004)。

　同じ犬山市の教育改革に着眼した研究として苅谷ら(2006)の研究も注目に値する。苅谷らは犬山の教育改革を「現行制度の枠組みの中でも義務教育として果たすべき学校の役割を、市内すべての学校で、教師の専門性を高めることを通して、最大限、実直に発揮する方向へと教育現場を支援し、方向付ける—このあたりまでまっとうな姿へと公立小中学校の教育を引き戻すことが、『改革』の名のもとに行われ、実をあげている」と評価した上で、これまでシステムとしての「地方から教育改革」を地方自身がどう評価するかに関する研究は皆無であるとし、市教委と研究者の共同作業による「教育改革の評価」を試みた。この研究において興味深いのは、教育改革の評価を行う際の基準の１つとして、学校において「学び合い」の授業が如何に実現しているかという問題を設定した点である。犬山市が学校改革で掲げているのは「学びの学校づくり」であり、そこで教師は「『指導』から『学び』への学習指導観の転換」を求められている。苅谷らの研究は、市の改革目標が教師と子どもの具体的な姿を通して具現化する場である教室において、「学び合い」がどの程度実現しているのかという点に注目した。「学び合い」が子どもの学力格差や教師の同僚性にどのような影響を与えているかという視点から、同市の学校改革を評価したのである。管理職や教員へのインタビューと統計的調査を通して明らかになったのは、同市の学校が実践している「学び合い」型の授業が、教育格差を縮小する上での一定の効果を持っていることである。また、教師間の同僚性が改革への取り組みを支えていることも明らかになっ

た。しかし教師の受け止め方に焦点を当てた調査の結果を見ると、教師は総体としては改革に肯定的であるものの、改革の速さやそれに伴う負担感を感じている教師も少なくない。この点は先に挙げた乾ら(2004)の研究の中の犬山調査とも通じるものである。改革に対して疲労感を募らせたり、否定的な教師を抱えている現実を認めつつ、この研究では、犬山の教育改革が教育の専門性の再編に直接焦点を当てている点と、市教委が文科省や県教委の統制を極力排除した「教育地方自治」を創り上げようとしている点を評価している。

　一方、教育改革の地方分権化の動向の中で、教師がどのような位置に置かれてきたのか、そしてどのように対処しているのかという問題意識による研究もある。諸田ら(2009)は、教育改革の進行そのものを対象とした研究は十分である一方で、教育改革によって学校現場に何が起きているのかという検討は不足しているとした上で、教育改革の最前線にある学校現場で働く教師が、改革のプロセスでどのような位置に置かれ、如何に対処しているのかをインタビュー調査及び質問紙調査を通して明らかにしている。結論として、「国→県から方針が降りてきて、実施しようと思うが新しいことを始めるための準備時間が足りなかったり、せっかく実施しても軌道に乗らないうちに方針が変わってしまったりということが多く、いろいろなことが中途半端になっているように感じる。」(20代中学校教師)といった教師の言葉が代弁しているように、上からの改革のベクトルや指示事項が揺れたり、変更しているため、教師は混乱を経験していることが示された。また、独自の教育施策を取り組もうとしている市区町村程、学校に対する指導行政は項目が多く細やかであり、教師は授業時数、評価規準、評定結果などの面で以前より詳細なチェックに晒されていることも指摘されている(諸田ら、2009: 538-539)。

　地域行政との連携で行われる学校改革は、教師にとってはより身近な教育改革ではないかという常識とは裏腹に、教師の言葉からは「上からの改革」、「指示」という言葉が散見される。地方分権化における学校改革においても、その主導権や過程における積極性という面では、行政が教師を圧倒している場面が少なくないのであろう。しかし、教師たちがいわゆる「上からの改革」と感じる場面の中であっても、単に困難や混乱を経験しているだけではなく、

改革の課題を「現場の文法」に応じて「翻案」し、改革に積極的に関わっている教師の姿もまた、研究によって報告されている (苅谷ら、2009)。

教師により近いところから、学校改革を支援するというメリットを活かし、成果を出しているケースも少なくない。しかし地域と連動した学校改革、学校と教師が中心に据えられることを目指す「参加型」の教育改革においても、その進行過程で教師たちが「疎外感や忌避感を深め、改革の主体となりきれずにいる」場合も少なくない。教育改革の「内容」に教師たちが納得しているとしても、「過程」において主体化されてない場合が多く報告されている (平塚、2003: 35-36)。

以上の研究は、地方分権の流れの中で、地域の教育行政と学校現場が連携した学校改革の中の教師の経験について追究している点で、教師が教育改革の積極的な参加者として位置づけられる可能性を示していた。同時に、変化を追求する中で教師が経験する混乱や困難も具体的に描いていた。教師は教育改革の課題を押し付けられ、伝えられるだけの存在ではなく、提示された課題を「現場の文法」に積極的に「翻案」し、独自の学校の文脈の中で他者と交渉を行いながら、学校教育の変化を目指す者として描かれている。しかし依然と次のような問いは残る。すなわち、地域の教育行政が目指す学校教育の姿と、教師が日常的、また個人的に必要と感じている教育実践のあり方がどのように結びついているのか、そして教育行政と学校のどのような連携のあり方が、学校の当事者たちにとって持続的な学校改革へとつながるのかといった問いである。そこで次では、学校教育に対する教師の日常的で個人的な変化への期待を中心に据えた教育改革研究の可能性を先行研究の検討を通して探ることとする。

②教師の声を中心に据えた教育改革研究へのアプローチ

以上では、国や地方自治体といった、学校の外側から開始された改革の中で、教師がどのような経験をしているかに関する研究の検討を行った。本項では、学校外部の機関が主導権を取る改革というよりは、具体名を持った個別の学校が、荒れた学校の回復、子どもの学力保障、教師の成長など、学校

内部の学習の文化と質を向上させるために、自発的に行っている学校改革を対象とした研究に着目する。

　上記でも見たように、今日の地方分権化と学校への権限委任の流れとも相まって、学校と教師が教育改革の主体となるべきという言説や制度的な整備は進みつつある。しかし、教師にとってより身近な地方自治体だとしても、教育改革の主導権が教師と学校の「外側」にある限り、その変化の取り組みにおいて教師を積極的な主体として捉えるには限界がある。そこで、以下では、学校を変えるための実践において、教師をより積極的な主体と捉えるための視点を備えた研究を検討する。

　教師の声に耳を傾ける学校改革の可能性を切り開くことの重要性を示している研究に菊地の研究を挙げることができる。菊地は、現在の教育改革の根本的な問題として「教育に過大な期待を寄せ、論理を一つひとつ丁寧にたどることもなく、むなしい教育改革論が高々しく唱え」られている点を指摘している(菊地 2003b: 126)。そして現在の日本の教育改革において抜け落ちていること、しかし最も必要なことは、過剰に期待され、語られる教育改革ではなく、「教育が語られる全体構造を見据えながら現場の声を聴くという忍耐のいる作業」であることも提案している。実際、教育改革の主人公であるべき教師たちは、教育改革に対して「現場の実態と現在の改革との関係にかかわる疑問・批判・提案」を抱いていることが菊地の 2002 年の調査から明らかになっている。たとえば「もっと中学校の教育現場の現実をふまえた教育改革にしてほしい」と思っている教員は「とてもそう思う」(72.0%)、「ややそう思う」(24.8%)で計 96.8% に達している(菊地 2003a: 25)。教育改革に対する教師の自由記述欄には、「現場の実態や状況を十分把握せず進められている教育改革への批判的な語りが充満」しており、また、教育改革の立案、実行において教師が処している「困難な現実」が共有されていなことが繰り返し指摘されているという。日々の教室での実践において、子どもと教師自身の学びを充実することに資するべき教育改革は、教師にとっては「高み」から、「遠く」から来るものであり、「正しさ」を説かれるものとして認識されている現実があるのである(菊地、2003a: 23)。

教師が客体化される教育改革の捉え方から抜け出し、教育改革を一人ひとりの教師の足元に根差したものと捉え、教師を主人公に据えるためにはどうすればよいのか。この問いに対して菊地は示唆に富んだ知見を示している。菊地 (2003a) は教育改革と公共性の関係を洞察する中で、公共性は「移ろいゆく教育プロセスの中でさまざまな場においてかろうじて創り上げられるものである。そこは人と人との具体的な関係から紡がれ、当事者が絶えずふりかえりながらつくりかえる余地が存在する」。また、「異質な集団や個人の間でなんとか折り合いをつけながら生きていく智慧、多元的な空間の中では、矛盾や葛藤も「あってよいもの」として受けとめられる。さらに、子どものみならず、さまざまな人の福祉、幸福 (well-being) をどこまで保障しうるかが社会の構成員すべての問題として問われる」としている。そして教育改革の公共性を問い直すことは、学校教育の外側や形を一部変更することではなく、「改革＝ re-form」、つまり、関係の総体的な編み直しであるとし、より「根源的な自己規定について一人ひとりに問いかけ」る作業であるとする。そして持続的で創造的な学校づくりは、この「関係の編み直し＝公共性の再構築」を学校の内側と外側で粘り強く続けて学校の当事者一人ひとりの「根源的な自己規定への問いかけ」や「関係の編み直し」を通して個々人の well-being、幸福を追求していくものであると捉える。

　また、学校改革の可能性を学校内部と教師の声に求める研究として、志水の研究は示唆的である。研究者が長期的な参与観察やインタビューを行うことでエスノグラフィーの手法で学校改革のプロセスを活き活きと描いたものに志水ら (1991) や志水 (1998、1999、2003) の研究を挙げることができる。その一例に志水 (2003) は、1990 年代以降の推進されてきた日本の教育改革の下で、生活領域における階層間格差が広がり、公立学校の意義と役割が再定義されようとしている現実を踏まえ、公立学校改革の成功事例の検討を通して「何が効果を生み出しているのか」という問いに解答を与えようとしている。フィールドとなったのは、子どもたちの学習意欲と基礎学力が極めて高い大阪府松原市立布忍小学校である。この研究は、布忍小学校の日常を子どもたちの姿、教師たちの姿、布忍小学校の歴史と地域性という 3 つの次元から描

くことで、公立学校が「力のある学校」へと向かう方途と、「競争主義」や「形式的平等主義」などと特徴づけられていた日本型学校文化を超えて協働的で質の高い学校文化を創造する可能性を提示している。布忍小学校の学校改革の実践は、学校外部の強力な主導権により進展しているものでなく、教師間の協働、教育集団内の意思統一、家庭との有機的なリンク、同和教育の伝統、再び「荒れ」させないという地域の思いなど、学校構成員と学校を取り巻く人々の間で生まれてくる動機に支えられていた。学校外部の機関が主導権を持つ教育改革における教師のイメージはやや受身の存在として映るのに対し、志水の研究の中で教師たちは、「なぜ学校を変えなければならないか」に対する自分たちの言葉を持ち、変化のための方略に積極的に参加し、ときには方法を編み出す主体として描かれている。布忍小学校の事例からは、「力のある学校」、すなわち、「学力に関連する課題をクリアしつつも、点数を高めることを自己目的化しないで、子どもたちのさまざまなポテンシャルを引き出すことに専念し、その成果が周囲にも認められている学校（志水、2003:62）」という学校像が導き出されている。これは公立学校の意義が問われている中で、積極的な公立学校像を提案する事例となり得るだろう。

　ここで検討した先行研究と前述した①の先行研究はともに「教育改革と教師」という問題を含んでいるが、次のような点で区別されると考える。つまり、①の先行研究は、学校外部の機関が主導権を握る教育改革、あるいは教育行政と学校が連携した教育改革の課題がまずあり、それらの課題が学校現場へと適用されていく過程で教師がどのような経験をしているのかに対して知見を与えてくれるものである。一方ここで検討した先行研究は、「高み」から、「遠く」から来る教育改革ではなく、教師の日常的な教育実践の中にこそ教育改革の必要と期待が潜んでいるという視点を提供してくれる。そして教師の学校教育の変化への要求と期待は、教育実践の一部の変化や一時的な変更ではなく、教師のアイデンティティや学校の中の人間関係のあり方、学校知のあり方など、教師という職業に関するより根本的で本質的な要求と関係があるという示唆を与えてくれる。

　以上のような教育改革における教師の声の重要性とそれに耳を傾けること

への着目は今後の教育改革に関する研究において強調し過ぎても、し過ぎることはないだろう。しかしながら、本項で挙げた先行研究における教師の声や教師の経験は、「トップダウン」または「ボトムアップ」の二項的な学校改革の構図を大きく越えておらず、教師の声や教師の経験が教育行政と個別学校の有機的で協力的な関係性の中で学校を変える力となる可能性までは示されていないことにも留意する必要がある。ここで挙げた菊地の研究で言えば、「教師の声」への着目は「上からの教育改革」を教師がどのように経験しているかという範囲にとどまっており、志水の研究については個別学校の教師の経験を生き生きと描いているが、それが地域や教育行政への変化と有機的に結びつく視点までは提案されていない。

③学校改革の実践的哲学の提起と実践・理論の循環としての学校改革
　―「学びの共同体」としての学校改革

　ここでは日本国内において学校を再構築するための理念の提示と、個別学校における実践が活発に行われている「学びの共同体」としての学校改革に関連する研究を検討する。日本での「学びの共同体」の概念の登場は、佐伯胖、藤田英典、佐藤学らによる、学習概念を「文化」と「文脈」に基づいて再定義しようとする試みに端を発している。その中でも佐藤(1999)は、学校を「民主主義(democracy)」と「教養の伝承(literacy)」と「共同体(community)」の3つのキャノンによって構成される「教育の公共圏」であるとみなした(佐藤、1999b: 463)。学校の危機はこの3つの領域が崩壊していることなのであり、学校の再生はこの3つのキャノンを回復させることに鍵があると指摘している。「学びの共同体」としての学校は、「21世紀の学校」のヴィジョンを示す概念として、子どもたちが学び育ち合う場所、教師も専門家として学び育ち合う場所、保護者や市民も学校の教育活動に参加して学び育ち合う場所として定義される。「学びの共同体」は教育学者による21世紀の学校像の提示と、実践に向けた哲学の提案にとどまらず、提案者の佐藤学自身が関わった神奈川県茅ケ崎市立浜之郷小学校における学校改革の実践によって、可視的なものとなった。これによって、「学びの共同体」は、学校教育関係者にとって、教

育学の理論にとどまらず、哲学と理念を備えた実践可能な学校改革として注目されるようになった。多くの教師、管理職、行政官、教育研究者が浜之郷小学校や岳陽中学校に訪問し、教師や管理職の中には自らの学校の実情に合わせ、「学びの共同体」としての学校改革に着手し始めるものが出てきた。2008年の時点で1000校以上の小学校が「浜之郷スタイル」の改革に挑戦し、300校以上の中学校が「岳陽スタイル」の学校改革を推進しているという（佐藤、2006: 9）。

　この実践的哲学と理念は、日本全国の多くの学校に受け入れられ、学校改革の原動力となっている。「学びの共同体」としての学校改革における教師の位置づけに関して見てみると、教師は、技術的なエキスパートであることを求められ、上位機関の改革課題を遂行する導管としての役割を与えられるのでなく、自らの実践から反省的に学び、教師が相互の自律性と専門性を尊重しながら協同的に学ぶ（村瀬、2007: 44）ことを通して子どもの学びを保障していく「反省的実践家」として尊重される。また、「学びの共同体」として学校改革の展開においては、学校と地方行政の連携や、大学の研究者が協力者として学校改革に参加している現実が見られ、学校改革を中心とした地域―学校―大学間の協力関係を捉える上でも興味深い。「学びの共同体」としての学校改革の具体的な成果は、改革に参加した校長や研究者により公刊されている[9]。以上のように「学びの共同体」としての学校改革は日本国内において活発な展開を示しており、その実践報告については豊かな積み重ねがあるが、「学びの共同体」としての学校改革そのものを対象にした体系的な研究については、その開拓と蓄積が待たれている。

　一方で、「学びの共同体」の実践的哲学とパイロットスクールの成功は、世界の学校教育関係者にもアピールし、毎年インドネシア、韓国、台湾などから日本の「学びの共同体」の実践学校へ教師たちが訪問し、自国の学校改革の参照事例としている。現在では「学びの共同体」は、実践教師や教育学者、教育行政関係者などによる国際的なネットワークとしての広がりを見せている（Sato, 2014; 孫、2012; Son, 2014; Shen, 2014; Hendayana;2014; Chen, 2014; Saito, 2014）。「学びの共同体」の国際的展開に関しては、特にアジア地域の実践が活発である

が、それは日本の学校教育が置かれている社会的、政治的な文脈、つまり中央集権的統制と受験競争に象徴される競争主義教育の伝統、また近年ではグローバリズムとナショナリズムと市場万能主義(佐藤、2006: 27)において類似した背景を持っていることが関連していると思われる。本書の舞台となる韓国でも2000年代に入ってから現在に至るまで、「学びの共同体」は着実に発展を遂げているが、そこには韓国が置かれている厳しい教育環境の歴史的、社会的な背景が関わっていると思われる。韓国における「学びの共同体」の展開とそれが持つ意味については後続する節で詳述する。

(2) 韓国における学校改革と教師の研究

　本項では、韓国の教育改革及び学校改革の研究において、教師がどのように捉えられ、位置づけられているかについて概観していくこととする。

　韓国で「教育改革」という言葉を用いるとき、多くの人が暗黙のうちに想定するのは、1995年金泳三大統領のときに発表された「5.31教育改革案」を起点とした教育改革である。この教育改革案は植民地支配と軍事統治を経て幕を開いた初の民主政権による改革案として重要な意味を持つものとして捉えられている。つまり、韓国国民による、韓国国民のための教育を構想できた初めての改革案なのである。それ以前の韓国の教育改革は、教育に関するまっとうな「ヴィジョン」が無いものとして、政治的な正当性や安定のために選択されたもの(ソン、1996)、経済成長に寄与する生産的な人間を育てるためのもの、理念的に国家体制を維持するためのもの(イ、1996)である傾向が強かったとされる。このように民主化以前の韓国社会における教育改革は、学校、教師、子ども、親を主人公としたものであるよりは、政権維持、経済発展、理念教育の性格が強かったため、教育改革の中心に教師を据えるといった視点は極めて弱く、教師は教育改革を遂行する末端にいる存在と位置づけられていた。したがって本節は初の文民政権が樹立し、代案教育運動などの教育運動が表面的に活性化した1995年を起点にし、それ以降の教育改革及び学校改革における教師研究を対象に検討を進める。

　韓国において民主政権が誕生してから、それまで抑圧されてきた社会各分

野の民衆の声が表に現れるようになった。教育学の世界においても、教育改革に関する研究を例に挙げるなら、それまでは海外の教育改革先進的モデルの紹介や国内の教育改革実践のマクロな分析が主流を成していたのに対し、教育改革の参加者、すなわち教師、保護者、子どもたちにより重点が置かれるようになった。2000年以降には、教育改革と教師の参加をテーマにした研究、(キム、2003)、教育改革政策に対する教師の政策実践効果に関する研究(ユ、2010)、さらには学校改革における教師のリーダーシップ研究(ファン、2008)、学校改革への教師の積極的な参加を視野に入れた学校経営コンサルティングや授業コンサルティング(ジンら、2009)など、教育改革や学校改革の議論において教師を取り上げることが増えていった。教師を主題化することだけではなく、教育改革の渦中にある学校と教師を直接対象とした研究も登場し始めた。しかし、教育改革における学校現場と教師の重要性を強調する言説は蓄積されているが、具体的に学校で教育改革がどのように受け入れられ、実践されているのかについての研究は十分であるとは言い難い。

　韓国における教育改革の研究の主流は、改革のあるべき方向性を論じる研究と、政策分析の研究であり、学校単位の改革の現象に関する研究はほとんど行われておらず(キム・ジョンヒョン、2011: 21-22)、教師が学校改革の積極的な主体としてどのような働きかけをしているのか、またどのような困難を経験しているのかに関する研究も十分に行われていない。近年学校改革における教師の動機を質的研究方法で追究した研究(キム・ジョンヒョン、2011)、国家や地方自治体の学校改革事業が学校でどのように受容されているかに関する研究(パク、2009)、学校改革を実行する教師に影響を及ぼす要因を分析した研究(キム・ジョンヒョン、2011)などが登場し、教師を中心とした学校改革の研究の流れが形成されつつある。

　教師の声が反映されている研究を行うには、当然ながら研究のフィールドとして学校と教室に入っていくことが必要となる。しかし韓国の学校と教育研究をめぐる環境を見るならば、授業を同僚に公開する慣習がない上(朴、2003: 76；キム・孫、2005)、研究者と学校の管理職及び教師との互恵的な関係(reciprocal relationship)が十分に構築されていない。また、入試勉強に支障をきたすという

理由で研究者の参与観察を許さない（ジョハン、2000: 26）ため、研究者が学校に入っていくことが容易ではないことも多い。さらに、教師が学校改革に積極的に関わり、学校と子どもの学びと成長に貢献し、一定程度持続され、成果を上げているフィールドを探すことの難しさも、教師の声が反映された学校改革の研究の実行を困難にしている。学校を変える教師の働きかけという観点から見れば、韓国の教師像は、中央の機関や専門の研究者が開発するカリキュラムを教室へと流し込む「導管（Connelly and Clandinin, 1990）」、「公僕としての教師（佐藤、1997）」あるいは、大学受験の対策を充実にさせる者といったイメージが強い。その中で、教師が主観を持って主体的に学校を変える事例を探すのは容易ではないのである。実際には教師は多かれ少なかれ、学校と教室を変えるための試みを日々行っていると見ることもできる。しかし上記の制限も相まって、教師の活動と経験を研究の俎上に載せることが制限されてきた。

　しかし、このような状況を変える教育界全体の転機が訪れる。韓国の民主政権発足と時期を同じにして、1990年代後半には、学校と子ども、教師と関係するさまざまな事件や病理的な現象を問題とする論調が、メディアや学界を中心に形成され始めた。初等、中等教育段階における早期留学者の増加や、家計に重く圧し掛かる莫大な私教育費が社会問題化し、入試中心で厳格な学校教育のあり方と公教育の質が問い直される中、学校教育のオルタナティヴを模索する活発な動きが公教育制度の内外で起こった。後続する章で扱う小さな学校運動、代案学校、「学びの共同体」としての学校改革、「革新学校」といった学校改革の試みがその例であるが、それぞれのアクションを直接、間接的に起こし、実行に深く関わっている張本人が教師たちである。特に公教育制度内における新しい学校を追求する動きに注目し、それを「新しい学校運動」と定義した上で、その動向を総合的に検討した研究も登場している（ジョン、2013: 1）。

　以上のように韓国の教育改革や学校改革に関する研究において教師は、従来「導管」や「公僕」に比喩される受動的な存在として位置づけられていたが、1995年の「5.31教育改革案」において学校と教師が教育の主体と明言されたことや、韓国社会の民主化以降教育に関する言論や研究が一気に自由化した

背景、また教師たちの活発な学校改革運動と実践の流れの中で、教師が学校を積極的に変えることのできる存在として位置づけ直されている。以下では、より具体的な教師の学校改革運動及び実践を対象として行われている研究について検討する。

①「小さな学校運動」を対象とした研究

「小さな学校運動」とは、2000年に統廃合の危機にあった小さな公立学校が、教師と親、市民の連帯と協力によって新しい学校として再生したことを契機に、韓国の学校教育のモデルとして拡散し教育界に大きな影響を及ぼした動きを指す。中でも学校改革の成功例として挙げられる、京畿道に所在するN初等学校は、児童数減少による統廃合の危機と、官僚主義的な学校体制から抜け出し、教育的な創造力を展開できる実験的な学校を求めていた教師たちのニーズ、そして受験勉強に疲れた子どもたちが自然の中で伸び伸びと学んで欲しいと考える親たちの希望、また地域の学校を守ろうとする住民たちの熱望がマッチして生まれた学校である（小さな学校教育連帯、2009）。N初等学校が、競争的で官僚的な学校文化を変えることに成果をあげると、第2、第3のN初等学校が生まれるようになり、これらの学校がネットワークをつくり、2005年には「小さな学校教育連帯」が発足することとなった。この動きは、教育当局の教育改革や学校改革構想にも大きな影響を与え、2006年には大統領諮問教育革新委員会の学校革新の代表的な事例として取り上げられ、2008年には教育科学技術部（当時）による田園学校政策の推進モデルとして提示され、2009年には京畿道の「革新学校」政策の中心的なモデルとして採用されている（ジョン、2013: 67）。ジョンとファン（2011）は、これまでの学校改革の拡散が教育当局が中心となった量的な拡散をねらいとしており、個々の学校の実質的な変化に結びついてこなかったことを指摘しながら、学校改革における「自発的な変化と拡散」の重要性をあげている。ジョンらはハーグリーブスとフィンク（2005）を引きながら、「自発的な学校の変化であっても、それが孤立するのではなく、学校現場から『上』へ、つまり、教育委員会などの垂直的なレベルへとつながり、また水平的なレベルで広範に多く

の学校に拡散するときに、真の意味での『下から上への』改革、『持続可能な』革新を可能とする」としている。そして「小さな学校運動」の拠点となったN初等学校は、まさに学校から自発的に始まった学校改革が、同じように学校を変化させることを希望する教育関係者との連帯と、教育庁の「革新学校」事業との連動を通して、垂直的にも水平的にもつながった形で拡散した学校改革の事例として注目されている。

　研究者の中には、この「小さな学校運動」の草創期から学校づくりに積極的に関わり、この学校改革における中心的な課題であった、競争的で閉鎖的な学校文化と教師文化を変化させるために教師や親と協力してきた者もいる。ソ・グンウォンは、子どもが中心となり共同体的な学校文化へ変えるために教師と協力する中で直面してきた、教師文化の諸相をいくつかの研究論文の中で描写している。特にソ（2008）は教師たちが授業の見方や実践方法を変えていくことに関与する中で、これまでの教師文化に根づいている硬直した「授業評価」の問題に直面すると指摘する。特に2005年当時教育人的資源部により発表され、施行中である「教員能力開発評価」は、教師の授業計画と授業実践を管理職、同僚教師、親、子どもが「授業専門性のチェックリスト」に従って評価するものである。教育人的資源部の当時の発表内容によると、評価の対象となる授業は「1学期当たり1回以上公開」するものとされているが、実際多くの学校では形式的な授業公開が一度行われるだけであるという。ソは「教員能力開発評価」を経験した教師たちへのインタビューを通して、教師たちが指摘する教員評価の問題点を挙げている。教員評価を経験した教師たちが指摘する問題点をまとめると、教師たちは「同僚教師に評価を受けることで心に傷を受け、同僚に対する反感ができ」、「授業評価のチェックリストにあげられている基準が適切なのか疑問」を持っており、「たった一度の授業を通して教師の能力を把握できるのか」そして「そのような評価で教師の専門性を改善できるのか」に対して疑念を抱いている（ソ、2008: 97）。

　韓国では学校の制度化とほぼ同時期から、「勧学」、「視学」、「督学」、「指導」、「助言」という言葉で中央政府による学校と教師の監視、管理、指導が行われてきた。最近は「奨学」という言葉が用いられ、教育庁には学校の「奨学」

を担当する「奨学士」という職位も設けられている。「教員能力評価」実施以前は「授業奨学」と呼ばれていた授業公開及び授業評価で教師たちは、管理職や奨学士の前で「見せるための授業」をし、奨学士はチェックリストに従って評価をするという慣行が一般的であった。「見せるための授業」は、日常的な授業とは異なり、視聴覚資料を豊富に駆使し、子どもたちは事前の打ち合わせに従って活動を行う。通常この「見せるための授業」で子どもたちの実質的な学習は行われない。そのような理由で教師たちはこのような授業を「演劇授業」と呼ぶこともあるという（ソ、2008: 98）。そしてこのような授業と授業公開及び授業評価をめぐる環境の大きな問題は、授業を他者に閉ざしてしまうことと、形式的な授業評価を経験することで、教師と子どもは教育的な関係を築くことができず、授業から、またお互いから「疎外される」結果をもたらすことであるとソは指摘する（ソ、2008: 112）。

　このような問題を解決するために、学校現場の教師たちが同僚とともに教育人類学の観点と研究方法によって、子どもの経験を中心に授業を理解し、その結果を互いに共有できる方法と手続きを提案した。この方法で授業を理解することによって、授業を見る目を養うだけではなく、日常の授業を改善し、教師間の連帯を強化し、学校文化までも改善することを目的とした。ソは教育人類学の手法を用いて、教師たちは同僚教師の授業を観察し、ガイドラインに従って詳細に記録を取り、その記録を持って共に分析するという授業研究の方法を導入した。そこには観察者である教師が授業を観察するときに行うべき活動、提起すべき問い、分析の観点などが細かく明示され、模型化されている（ソ、2008: 113）。

　このモデルは授業を公開した教師と授業を参観した教師が、授業に関する充実した観察結果と分析結果に基づいて、子どもが授業中に何を経験したのかを解釈していく方法で対話を行うようにするものである。対話の過程は9つの段階で構成されており、各段階別に授業者と観察者が行うべき活動と質問が具体的に明示されている。このモデルは教育人類学の観点と方法に基づいて授業者と観察者の間だけではなく、観察者と授業の間、そして授業者と授業の間の対話を促進するという点で、「教育人類学の授業対話モデル」と

呼ばれている。この段階に従って授業を観察し、記録し、分析し、授業者と対話を重ねることで、参観者は教育人類学的な観点と研究方法までも間接的に身につけていけるのだという(ソ、2008: 114)。ソが提案した「教育人類学の授業対話モデル」は、「小さな学校運動」として公立学校の改革を目指す教師たち、また代案学校の教師たちにより実践されている。ソは研究者として学校改革に協力しながら、学校現場の実態と教師の声を教育学研究に反映しているという面で、韓国国内では独特の教育研究のスタイルを切り拓いたと評価できる。

　以上のように「小さな学校運動」という教師を中心とした公立学校の改革の動きは、教師と研究者の協力関係を生み出し、また、新たな学校文化、教師文化を創り上げる中で遭遇した教師文化の問題点とそれを改善するための方法論を研究の主題とすることへとつながってきた。学校改革における授業研究という領域以外でも「小さな学校運動」は、韓国の学校改革の可能性を切り拓く上で重要な経験を蓄積してきており、研究が進められる必要がある。たとえば、「小さな学校運動」から誕生した学校が設立に至るまで大きな影響力を持ったのは教師だけではなく、既存の学校教育に絶望感を抱き、新しい学校を夢見た都市の親たちであった。したがって学校改革への親の積極的な参加を可能にした原因の追究や、教師と親の効果的な連帯のあり方という面でも研究がなされる必要がある。また、これらの学校が独自に採用したカリキュラムがあるが、教師はそのカリキュラムづくりと運営にどのように関わっているのかという側面からの研究もなされる必要がある。

②「学びの共同体」としての学校改革に関する研究
　上記の「小さな学校運動」が、1990年代の新しい学校への噴出する期待を中心に、教師と親、市民が集まり、ゼロから新しい学校像を構想し、その実現を果たした「新しい学校建設のための自主的な運動」の事例とするなら、「学びの共同体」は、すでに日本において多くの学校と教師によって実践が積み重ねられている学校改革と授業改革の実践的な哲学及び理念として2000年代の初めに韓国で紹介され、日常の授業の中での子どもたちとの対話と質の

高い授業を求める教師たちに浸透していった事例として見ることができる。「学びの共同体」がどのように韓国に紹介され、多くの学校と教師に支持されるようになったのか、そのプロセスについては、第2部で述べることにし、ここでは、「学びの共同体」をテーマにした研究を検討することにする。

「学びの共同体」が初めて韓国に紹介されたのは、『教育改革をデザインする』(佐藤学、1999)が2001年に韓国語に翻訳、出版されたときである。東京大学大学院で学位を取得し、当時国立釜山大学校の教授であったソン・ウジョン(孫于正)氏(現在韓国「学びの共同体」研究所所長)によって訳され、「教育の公共性と民主主義のために」という副題がついた同書が出版されたときの韓国の教育界は、1990年代後半の学校崩壊議論や子どもの学校からの離脱を経て、民主主義的で公共的な学校教育のあり方を悩んでいた時期であった。しかし、民主主義的な学校教育のあり方は、公教育の外側に設立された代案学校などから提案されることはあっても、国民の教育の大部分を占めている公教育側からは発信されることは少なかった。しかし、公教育内の教師たちの多くは、日々の子どもたちとの関係や授業のあり方に疑問を持っていた。そのような教師たちが抱く違和感や疑問に対して、「学びの共同体」の実践的な哲学は影響力を持ち、一部の教師たちは「学びの共同体」としての学校改革を自らの教室で実践し始めた。そしてこの事象に注目した一部の教育学研究者によって、「学びの共同体」と関連する研究が行われることとなった。

「学びの共同体」に関する研究の最初の領域は、「学びの共同体」の哲学と原理、方法及び、日本での実践事例を紹介した研究である。代表的にはソン(2004)の研究を挙げることができる。ソンは「学びの共同体」の日本における成功事例として浜之郷小学校を挙げ、同校において「学びの共同体」が構築される過程を分析した。この分析に基づき、韓国において「学びの共同体」を基盤とした授業改革が成功するための条件を次のように挙げている。最初に、授業を開放する文化を定着させること、2つ目に、教師が専門家として成長していくための同僚性を形成していくこと、3つ目に、学習者の経験を中心として協同的で反省的な授業を創り上げていくための教師の自律性と専門性を確保することである。

また、ユ(2006)は、「学びの共同体」としての学校改革が「対話的な実践としての学習」を始めとする、学校、学習、教師をめぐる哲学を含んでいるものであることを指摘した上で、浜之郷小学校、岳陽中学校、東京大学附属中等教育学校を事例として挙げている。

次に、「学びの共同体」が韓国の学校に導入され、実践される初期において、日本の学校改革実践と韓国のそれを比較検討した研究がある。ハン(2008)は、韓国において初めて学校単位で「学びの共同体」を学校改革の方針として取り入れ、実践した釜山(プサン)のある公立小学校(B初等学校)が地域教育庁の研究指定校として2年間実践を行った事例を、浜之郷小学校の事例と照らし合わせてみることで、主に授業の改善と授業協議会を中心とした学校改革が韓国ではどのような様相で展開し、どのような困難があったのかを指摘し、韓国における学校改革の方向性を模索しようとしている。釜山のB初等学校が2年間研究学校の指定を受けて「学びの共同体」の実践を行った結果、教師と子どもの関係性が教師中心から子ども中心へと徐々に移行する様子や、教師同士の授業研究協議会が定着していくなど、肯定的な変化も確認できたが、学校の持続的な変化という面では困難な点の方が目立っていた。特に「学びの共同体」として日本では成功的な事例として知られている浜之郷小学校との比較してみたときに表れたB初等学校が直面した困難としては、次のような諸点が挙げられた。学校改革を専門的な立場から持続的にサポートする外部専門家の不足、校長のリーダーシップの不在、学校改革への教師たちの自発性の不足(研究学校のプロジェクトに参加するとインセンティブを付与されるから参加する)、親の学校改革への理解と参加の不足、教師の頻繁な異動、研究指定期間終了とともに学校改革実践も終了したこと、などである。B初等学校における「学びの共同体」の導入は、研究指定校の終了とともに幕を閉じ、韓国の公立学校での実践の難しさを如実に表す結果となってしまったが、この試みは決して無駄ではなかったと思われる。韓国の公立学校において、授業を中心とした教師のコミュニティの形成、授業をデザインし、また参観する上で教師ではなく子どもを中心に据え、また、大学のスタッフが学校現場に入り、教師との協同を図ったことは、韓国の学校改革実践の歴史の上で貴

重な試みであったと言えるだろう。

　「学びの共同体」が教室レベルでどのように実践されているのかに関する日韓比較もある。ソらは、日本と韓国において「学びの共同体」を教室の中に築こうとしている教師の授業をそれぞれ観察し、授業における教師－子ども間、教師－教材間の関係性がそれぞれの教室でどのように表現されているかを検討し、比較を行った(So, Shin and Son, 2010)。韓国の教師は、授業を行う際に教科書の効率的な伝達、また受験学力の向上のための授業法に主眼を置く傾向があり、教材の多様な解釈や、授業における教師－子ども間、子ども－子ども間の関係性への着目は看過されやすくなっていた。そして学校内に「学びの共同体」を構築する上で鍵となる同僚性については、韓国では教師同士授業を公開し合い、授業を中心に研究をする文化が乏しく、教師同士で専門的に学び合う時間や場は限られていた。一方、日本の実践学校の場合、教師は教科書の情報や知識をストレートに伝達しているというよりは、さまざまな教材を状況や子どもたちとの関係に応じて柔軟に解釈することによって、授業の中に学び合いや対話が生じやすい環境をつくっていた。また同僚関係においても、授業研究協議会を中心とした専門的な学び合いが可能となっていた。

　キムとソン(2005)は、1つの学年に所属する教師たちが「学びの共同体」を実践しているソウルのある私立初等学校の事例を報告している。キムとソンはまず「学びの共同体」としての授業がどのような特徴を持つのか説明した上で、同初等学校の教師たちが行う授業の特徴を明らかにしている。その特徴とは、教室の外の世界と断絶された授業(本来授業を補助するはずのメディア危機や教材ソフトウェアが授業の中心に据えられている点、教科書にとらわれている点)や子ども－子ども間、子ども－教師間の対話が断絶されている点であり、「学び合い」を組織することの困難な状況が浮かび上がってくる。この特徴を踏まえ、著者らは、韓国の教師が対話的実践としての授業を行う上で直面している困難について次のように述べている。1点目に、教師たちは著者らと数回にわたって授業研究協議会を持ち、「学びの共同体」の哲学と方法、原理について話し合ったが、世界、他者、自身との対話の実践としての授業

観を自分のものとして内面化するには至らなかった。2点目に、教師は授業の中で子どもたち一人ひとりの個性豊かな声を捉え、教材の多様な解釈可能性を開くよりは、教科書に書かれた内容を正答と捉えることで、子どもの声を抑圧していた。3点目には、授業は誰にも干渉されず、また他人の授業にも干渉してはいけない「聖域」であるとみなされていた。4点目に授業にテクノロジーが導入されていたが、テクノロジーの使用がむしろ授業中の子どもたちの発言や表現の多様性を制限していた。最後に教育改革という名の下で、学校間の競争や教師間の競争が煽られていた。良い成績を収めた学校や教師にはインセンティブを与える政策が展開されており、教師たちはこれを動機に各種授業大会などに参加している実態があった（キム・ソン、2005）。

　近年の「学びの共同体」をテーマとした韓国国内の研究動向で興味深いことは、「学びの共同体」を実践する学校と教師が増えるにつれ、その学校や教室をフィールドとした学位論文の数が増加している傾向にあることである。特に2009年から全国の教育庁が進めている「革新学校」において「学びの共同体」が主要な参考例となっていることから、「革新学校」の中で「学びの共同体」を実践している学校や教師を対象とした研究が増えているのだと考えられる。論文のテーマは、グループ学習の実態（ウォン、2014）、学びの共同体の哲学的な考察（イ・ジェチャン、2013）、多文化教育との関連性（ユン、2012）、ヴィゴツキーの理論からの考察（チェ、2013）、「学びの共同体」を取り入れた特定教科の授業に関する研究（パク、2013；オ・スンヒョン、2013；キム・ヒジュ、2012）、「学びの共同体」を導入した授業の特徴（コ、2013）、「学びの共同体」とカリキュラムの再編成（キム、2014）と、多岐にわたっている。

③「革新学校」と教師に関する研究

　教師が主人公となった学校改革を扱っている最後の研究群は、「革新学校」を舞台に教育実践に変化をもたらそうとする教師を対象とした研究である。「革新学校」は、各広域自治団体の教育庁が中心となって、大学入試に偏重した競争的な学校教育のあり方に代わる「共に学び、成長する楽しい学校」という学校改革のヴィジョンを公立学校の中で実現するための政策である

と同時に新しい学校の種類である。韓国では 2009 年から京畿道を皮切りに、韓国の受験中心的で競争的な教育環境を批判し、共生、共同体、子どもの幸せと教師の専門性を促す民主主義的な学校像を提起する「進歩教育監」の登場によって、「革新学校」事業が開始された。2009 年の地方選挙では、韓国の 17 の広域自治団体のうち 6 の地域で「進歩教育監」が当選し、「革新学校」が推進されてきた。さらに、2014 年 6 月 4 日の地方選挙では、13 の自治体で「進歩教育監」が当選し、「革新学校」はもはや全国的な動向となってきた。「革新学校」は、教育庁が開始した学校改革事業という点では、全面的に教師が主人公となった改革でないと捉えられるかもしれない。しかし、現在のところ「革新学校」は、教師が子どもの指導と授業の研究に集中できるような支援を積極的に行っていることに加え、1990 年代以降積み重ねられてきた教師の草の根の教育運動に、その構想と推進力の源流を求めることができることから、教師たちの支持を得ており、これまでの中央政府が主導するトップダウンの改革とは一線を画している。教師の本業とも言える授業と子どもの指導を中心とした教育活動を学校改革の中心に据え、子どもと教師の成長が中心となる学校文化を拓こうとする教師たちの熱情を、教育当局が支える、という発想による教育改革なのである (キム・チ、2011)。ジョンとファン (2011) やハーグリーブスとフィンク (2005) も指摘しているように、教師による自発的な学校改革の実践や教育委員会などの行政と、また他の学校とネットワークを成したときに持続可能な改革となる。そういった意味で「革新学校」は、教育庁の財政的、人的な支援を得ている上に、他の「革新学校」とのネットワークを持っており、また、これまで韓国国内で蓄積されてきた民主主義的な学校を求める教育運動ともつながっている (ソン・イ、2011)。さらに、「革新学校」は、学校内のカリキュラム、教師文化、学校経営などにおいて創造的な変化を起こすことで、他の学校にも影響力を及ぼす、学校改革の拠点としての役割も期待されている (キム・ソンチョン、2011 ; チェ、2012)。このような面で、これまでの韓国で実践されてきた学校改革の事例よりも、持続可能性と拡散性を持っていると言える。2009 年の施行開始から 5 年が経過する中で、当初と比べて実践学校の数も増え、実践学校や教師を対象とした研究も徐々

に増えてきている。

　パク・ジョンチョル(2013)は、「革新学校の教師の民主的コミュニケーションの経験に関する研究」と題する論文で、以前一般の学校で勤務した経験がある教師たちが、「革新学校」において学校改革を進める中で、新たに形成された同僚関係の中でどのような民主的なコミュニケーションの経験をしているかについて探索している(パク、2013: 7)。同研究の対象となった教師たちの多くは、「革新学校」に赴任する前に、「民主的ではない学校文化」、「管理者との葛藤」を経験し、同僚教師とコミュニケーションを図ることができず、1人で悩み、問題を解決しなければならない個人主義的な教師文化を経験してきたという。この教師たちが、「革新学校」における学校改革に参加することで、学校の小さなことから大きなことまで自身たちが同僚と協力して1から築いていく経験をしている。民主的なコミュニケーション構造を形成し、学校当事者の意見を尊重しながら合理的な学校運営をするために努める姿も描かれている。「革新学校」では、構成員たちは自発的な参加と民主的コミュニケーションを通して相互への理解と信頼を築いていた。公務文書の作成など行政業務を担当するチームが運営されることで、教師の行政的な業務負担が減り、授業に集中し、同僚と研究する環境がつくられていた。もちろん「革新学校」における民主的なコミュニケーションの過程でも、教師が同じ問題をめぐって解釈や立場を異にすることで、葛藤が生まれる場面もあったが、その状況を解決するための努力がなされていた(パク、2013: 103)。

　また、チェ・ビョンホ(2012)は、「革新学校に参加した教師たちの教育観の再構成と社会的ネットワークの分析」で、「革新学校」をこれまで教育当局と教育現場の意志疎通が阻まれたまま進められてきた学校改革を克服するための新しい学校改革の試みと位置づけ、「革新学校」の政策が既存の教育改革政策と区別される点は、教師たちの学校や教室を変えるための動きと、教育当局の動きが連帯する点にあるとしている。しかし教師を同僚と協力して学校を変える積極的な当事者として捉えようとしたとき、韓国の教師文化には大きな壁があることも指摘している。チェは韓国の教師の53.9％は「教師としての能力を発達させていくことは、教師個人が責任をもってやるべきこ

とである」と考えているとしながら「同僚であっても、他の教師の授業や生活指導、学級経営に関与してはいけない」という意見を持った教師も54.1％に至ると指摘する。特に、教師たちは「他の教師の授業、生活指導、学級経営などに関与したがらない」という現状を問う質問には95.1％の教師が「そうである」と答えている。また、教師たちの変化に対する積極性においても懐疑的な結果が見てとれる。「変化より安定的な環境を好む」教師は全体の84％であり、75.3％の教師たちは、新しい授業方法を導入することに負担を感じると答えた。このように教室と授業において孤立され、協同の経験がない教師たちは、境界の維持、防御、保守、無力または諦めの文化を持っているとチェは指摘している (チェ、2012: 3-4)。その上で、「革新学校」の政策を通して教師が中心となった学校改革を可能とするためには、まず教師の専門的文化を変える必要があることを提案している。そのような教師と学校の文化に対する観点を転換する上で、小さな学校運動、代案学校、日本の「学びの共同体」の理論と実践は、「革新学校」の実践を支えるための示唆を与えているとしている。実際「革新学校」の教師たちの学校改革の実践を調査し、教師たちの中に授業と子どもを捉える観点の転換がなされていたことを発見している。教師たちはまず教師の専門的な共同体を形成することで、各教師の授業においても子どもを学習の主体として捉え直す授業観の変化が促されていた (チェ、2012: 90)。

　「革新学校」は教育行政と学校が連携し、教師の実質的な授業改革と学校改革を支援する教育改革という面で、それ自体が韓国の教育改革に対して持つ意義が大きい。それだけではなく、「革新学校」の実践を捉えようとする研究が登場することで、教師を中心とした学校改革と教育行政がそれをどのように支援すべきかという主題が教育学研究の中に位置づき、議論が活発化している。「革新学校」だけではなく、代案教育運動や小さな学校運動、「学びの共同体」としての学校改革に関する研究からも言えることであるが、これらの研究は、教育学界内部において生起された教師を中心とした学校改革への関心から開始されたというよりは、教育現場で起こった活発な改革の動きを研究者が追跡する形で発展してきた。今後は、学校改革の出来事を追跡

し、意味づける形の研究だけではなく、教師を中心とした学校改革に実質的に貢献できる理論と実践、方略の開発に関連する教育学研究も進展していく必要があるだろう。

(3) 韓国以外の国々における韓国の学校改革に関する研究
①国際誌における韓国の学校改革に関する研究

特に2000年代以降、国際ジャーナルにおける韓国の教育改革及び学校改革の報告が増えている。韓国の教育改革の政策的方向性を示した研究(Moon, 2007)や韓国のナショナリズムと関連し、「公教育」の一面的な語られ方が教育改革に与える影響についての論考(Kim, 2004)など、マクロな視野から韓国の教育改革を論じた研究の他にも、教育改革のプロセスにおける学校や教師の現実に注目し、教育改革を語る研究が登場している。韓国では国家による前進的な教育改革が展開する一方で、子どもたちの学習意欲の低下によって、教師たちは授業の方法や子どもへの接し方において葛藤を覚えている現状があり(Kim, 2003)、教師の役割や授業の方法における転換を模索している学校や教師が、授業や学校のあり方を変えるための改革に自主的に取り組み始めている(So, Shin and Son, 2010)。また、従来国家が主導する教育改革が強い影響力を持っていた韓国において、学校を基盤とした学校改革の重要性が唱えられ(Lo and Gu, 2008)、学校改革における教師の役割と教職開発の重要性(Yeom and Ginsburg, 2007)、校長のリーダーシップの重要性(Park and Jeong, 2013)に対する意識が高まっていることが報告されている。

②日本における韓国の学校改革と教師に関する研究

日本国内において、韓国の学校改革における教師の経験を対象とした研究は、ほとんど行われていないのが現状である。韓国の教育改革に関して比較的蓄積があるのは高等教育のレベルにおいてであり(馬越、1995；馬越、2010)、韓国の初等中等教育レベルの「教育改革」へと対象を広げると、教育改革政策(金、2010；高、2006；小島、2003)、教育改革と教育法(鄭、2003)、教育改革の現状と動向(稲葉、2000；金、1999；馬越、1990；大槻、1989)、教育改革と

学力問題 (鄭、2003)、教育改革と教科書 (鄭、1998)、教育改革と私教育 (有田、1998)、教育改革と教員組合 (尾花、1996)、教育改革とグローバル化 (馬越・大塚、2013；石川、2014) など広い領域において議論が行われているが、教育改革と関連して韓国の学校の現状や教師の経験をつぶさに研究したものは見当たらない。

韓国の学校改革と教師の関係を直接的な対象とした研究ではないが、本書に示唆を与えてくれる日本における韓国の教育研究として以下の 2 点を挙げることができる。

最初に、韓国の「プルム学校」の研究である。「プルム学校」とは、1958 年韓国の忠清南道の農村地域に創設された私立 3 年制の農業高等技術学校である。「プルム学校」は、1945 年韓国に導入された 6・3・3・4 の「基幹学制」の制度内に入らない「傍系学制」の学校として、制度内の学校が提供し切れない教育や就学のニーズを満たすために設立された。「傍系学制」は教育制度の整備と経済発展によって、韓国ではその役割や存在意義が徐々に薄れ、現在ではほぼ機能しなくなったのだが、「プルム学校」の教育実践と学校づくりは、支配的なエリートづくりと進学競争のための教育を拒否し、30 年以上もの間、軍事独裁政権の教育統制と反民族的イデオロギー教育の強制をたくみにかいくぐり、自生的な韓国の教育を目指した独自の教育実践と学校づくりを展開してきたものであった。すなわち、一貫して「共に生きる平民」を教育目標とし、農業労働を軸とした労働と教育の統合と統一、子ども主体の教育の自主編成、聖書学習を軸とした全人教育、日本の姉妹校との交流や一貫した平和教育、生徒の自主的な自治活動と父母の学校運営への参加などを特徴とした教育実践であり、学校づくりであった (尾花、2011: 336)。

「プルム学校」の地域住民と教師を主体とした自発的な学校改革は、本書で扱っている 1990 年代の社会全体の民主化の流れの中での学校改革よりも以前から取り組まれ現在にまで至るものである。韓国国内では、「プルム学校」の実践に対する関心は高いものではなかったが、1990 年代中盤以降、代案教育の登場とともに注目を集めるようになった。「プルム学校」の実践に含まれている「下から」の教育改革の可能性、韓国の公立学校が持つ反地域性

や非民主性へのオルタナティヴとしての学校のあり方は、韓国の近代教育史における重要な取り組みとしてその意義を再評価されている（ジョン、2013）。「プルム学校」の実践は、1990年代以降登場した公教育に対抗できる新しい教育を求める意識的な動きである代案教育運動とは区別されるものであるが、学校独自の哲学と方向性を持って、学校の当事者たちによって創り上げられてきた「もう1つの学校」のあり方を提示してくれる事例であることを確認しておきたい。

　本書に示唆を与える日本国内で報告された韓国の教育研究の2点目は、権五定（クォンオジョン）による韓国における新しい授業モデルの導入と実践に関する研究である。権は、1945年の独立とともに主体的な近代教育を始めた韓国において、数々の教育改革が繰り返されたが、学校現場の授業の改革運動レベルまで降りていったのは、軍国主義的植民地教育の清算と民主主義教育の定着を目的としたアメリカの経験主義教育観に基づいた問題解決学習の導入と、教育内容の現代化と学問中心主義教育を目指しアメリカを中心に起こった探究学習（inquiry method）の導入であったと指摘する。前者は独立直後、後者は1970年代の韓国において導入が試みられた（権、2004；196）。この2つの教育改革及び授業改革運動は、学校現場の変化をも要求するインパクトの大きいものであったが、これらが導入され、実践される過程で、問題解決学習や探究学習の本来の意味が歪曲されて受け入れられ、実際には本来の趣旨とはかけ離れた授業が定着してしまったと述べている。本来の趣旨とはずれた形で定着した韓国型の「問題解決学習」と「探究学習」には次のような特徴があると権は見ている。最初に、過程や方法の学習より多量の教科書知識の学習を重視する「内容主義」の傾向、2つ目に、社会現象に対する全体的な理解を指向する「理解主義」の傾向、3つ目に特定の価値、態度の育成を急ぐ「理念主義」の傾向である（権、2004: 205）。

　このように新しい授業のアイデアが変質した形で定着するようになった背景には、韓国が植民地下で日本の陶冶論的、国家主義的教育の影響を受けたことがあると権は解釈する（権、1991: 120）。植民地下で培われた教育文化は、独立後の政治的、社会的混乱、内戦という状況における国民統合、防日、反

共というイデオロギー教育の中で、温存、強化され、国家と国民の願望や課題を「理解」させ、国家統合と発展のための「内容」を教え込むようになったのではないかという見方である。このような歴史的、社会的ニーズによって形成された教育と学校文化の器に、新しい授業の文化やアイデアが移植され、本来とはかけ離れた形で変容、変質された授業モデルが定着するようになったのである。「問題解決学習」や「探究学習」という言葉やアイデアと、変容された形の韓国型の問題解決型授業、探究型授業は現在でも混在し、授業実践における誤解や混乱を招く要因になっていると言わざるを得ない。

権の研究を通して、韓国の学校教育を改善するために導入されたさまざまな教育方法や教育哲学が、なぜ学校現場においては本来の目標を達成することができずに歪曲されてしまうのかという韓国の学校教育に関する問いを改めて確認することができる。そして、学校の外部から提案された教育的な構想や方法が、教師の日常的な教育実践と子どもの教室での学習を支える方向性で、学校改革に資するためには、どのような条件が必要なのかという課題を確かめることができた。

以上の先行研究の検討を踏まえて、本研究の位置づけを確認したい。まず、日本の研究を概観した結果、マクロな教育改革の動向と教師の経験を関連づけて考察した研究や、地方自治体や学校が主体となったより具体的で実践的な学校改革のあり方について追究した研究が存在していたが、学校改革の最も重要な主体である教師の声や経験に寄り添った研究は必ずしも十分に行われていないことを確認した。「上からの教育改革」における教師の声への焦点化や教師が中心となった学校単位の学校改革のフィールドワーク、また民主主義と公共性に立脚した哲学と方略を中心とした「学校改革」のネットワークの拡張とそれに関する研究が展開されており、学校改革における教師の声と経験が個別学校を越えて教育行政や地域と連帯しながら学校とその文化を変えていく可能性は示唆されているが、その実態と方途を探究する課題が残されている。

また、韓国の学校改革と教師に関する研究の検討からは、教師や学校が中心となって積極的に推進される学校改革そのものが始動したのが1990年代

後半と比較的最近であり、学校改革の動向を体系的に概観した上で、教師が学校改革においてどのような経験をしているかについて丁寧に扱った研究が十分ではないことが明らかになった。韓国においては、学校と教師の実践的な知恵と教育学の研究の往還そのものが十分に遂行されておらず、実践的な視点を備えた教育学研究の蓄積が待たれている。このような状況を踏まえ、本書では、教師を中心とした学校改革の議論が活発化した1990年代後半から現在に至る韓国の学校改革の動向を社会的な状況に沿って検討しつつ、その中で具体的な学校や教師が学校教育の変化を追求する過程でどのような経験をしているのかを明らかにしていきたい。

注

1 転換期の教育改革を促す社会的背景として、グローバル化がある。グローバル化とは、「モノやカネ、ヒト、情報などに代表される人間の諸活動が、次第に国民国家の国境を越えて交流したり流動化して、ついには、国民国家の拘束を離れて独自の展開を示すようになる過程」を指す言葉である(江原武一、山﨑高哉『基礎教育学』(送大学教育振興会、2007年、202頁))。
2 韓国の教育庁は日本の教育委員会、教育監は教育長に該当する。
3 韓国社会における世代の区分については、研究者によってさまざまな区分が行われている。たとえばパク(2009)は、現存世代の大分類として、「植民地・戦争体験世代(-1940)」、「産業化・民主化運動世代(1941-1970)」、「脱理念・情報化世代(1971-2005年)」を提案している(「386世代」は「産業化・民主化運動世代」の中の小分類とされている)。
4 当時民主化運動の重要な軸をなしていた「学生運動」との関連で、「386世代」の「8」は「80年代に大学に在学していた人」という意味で使われているが、必ずしも大学に在学していたか否かとは関係なく、この年齢層のほとんどの人が民主化運動を直接、間接的に経験したことで政治社会的に進歩的な傾向を共有していることが明らかになっている(オ・セジェ、2014;イ、2005)。「386世代」という名称は当時大学生だった人以外の人々を疎外する用語だとして別の呼び方を使うべきと主張する者もいる(イ、2005)。
5 全斗煥当時大統領が、1987年4月13日に改憲議論の中止と独裁体制の維持を骨子とした「413護憲措置」を発表すると、これに反対する大規模な民主化運動が起こった。この民主化運動は同年6月10日を頂点として約20日間全国的に拡

散した。

6 「629 民主化宣言」。正式名称は「国民の大団結と偉大な国家への前進のための特別宣言」。全国的な民主化運動を受け、1987 年 6 月 29 日に盧泰愚(ノテウ)当時大統領候補(民主正義党代表委員)が発表したもので、ソウルオリンピックの成功裡終了を条件に、大韓民国大統領直接選挙制の受け入れと、反体制政治家とされていた金大中(キムデジュン)の赦免と復権を骨子とした民主化宣言。韓国社会の民主化の起点とされている。

7 2003 年 9 月 26 日に K 初等学校のキム先生に対して実施したインタビューによる。

8 2005 年 7 月 8 日に M 初等学校のリ先生に対して実施したインタビューによる。

9 大瀬敏昭『学校を創る―茅ヶ崎市浜之郷小学校の誕生と実践―』(小学館、2000 年)。佐藤学『授業を変える学校が変わる―総合学習からカリキュラムの創造へ―』(小学館、2000 年)。佐藤雅彰編著『授業を創る―富士市立広見小学校の実践―』(ぎょうせい、2001 年)。佐藤雅彰、佐藤学編著『公立中学校の挑戦：授業を変える学校が変わる(富士市立岳陽中学校の実践)』(ぎょうせい、2003 年)。佐藤学『教師たちの挑戦―授業を創る学びが変わる―』(小学館、2003 年)。佐藤学『学校の挑戦―学びの共同体を創る―』(小学館、2006 年)。佐藤学、和歌山大学教育学部附属小学校『質の高い学びを創る授業改革への挑戦―新学習指導要領を超えて―』(東洋館出版社、2009 年)。

第2章　研究の課題と方法

第1節　研究の課題と方法

(1) 研究の課題

　第1章の先行研究の検討を踏まえて、本研究では大きく3つの主題を設定する。第1に、韓国のどのような社会的な文脈の中で教師を中心とした学校改革が活発化したのかという点である。第2に、教師を中心とした学校改革にはどのようなものがあり、具体的にどのように展開したのかについて検討することである。最後に、教育実践の変化を追求する教師の経験に迫ることで、変化への動機の所在、方向性、変化を導き出すための方略、直面している困難を明らかにすることである。この主題について論じていくために、3つの具体的な課題を設定する。第1に、1990年代後半以降の韓国における学校教育に対する改革要請はどのような社会的な状況の中で起こったのかを明らかにする課題である。第2に、教師、市民、親など学校の当事者が中心となる学校改革はどのように展開したのか。そしてその特徴は何であるかについて検討する。最後に、学校改革の個別事例の内部構造を分析する。特に、教師はどのような学校改革の必要性を感じ、実践の中でどのような困難と可能性を経験しているのかを明らかにしたい。

(2) 方法と理論的枠組み

　①学校改革への複層的な視点

　学校教育を変える試みを対象とした研究の多くは、教育改革をめぐる世界

的、社会的なマクロな動向を検討した研究と、中央政府や自治体、研究機関など学校外部で構想された教育改革が学校現場でどのように実行されるのかに関する研究であり、変化の中で教師がどのような経験をしているのかをつぶさに観察したものは少ないことを指摘してきた。また、学校をめぐる変化は、学校や教師独自の経験に閉ざされるものではなく、社会的な変化や政策などに影響され、流動的な面が大きいため、教師の経験と社会的変化を関連づけて考察する必要性も出てくる。

　特に、本書が対象としている韓国の学校改革は、日本から見れば外国の事例であるため、マクロな動向だけ、あるいは、教師のマイクロな経験だけを切り取って断片的に語ることでは、韓国の学校改革に関する偏った理解を生みだしかねない。そこで、本書では、学校改革の最も重要な主体として教師を位置づけながらも、教師の学校を変える試みを取り巻くさまざまな要素とそれらとの関連を捉えようとした。ダトナウらは、学校改革の実行を一方向的、技術的、機会的、理性的にだけ扱ってきた従来の研究に異議を唱えながら、教育的な革新は構造的な制約、学校文化や人々の行動の間に起きるダイナミックな関係性を含みながら進行する社会的、交渉的なプロセスであるとした (Datnow, Hubbard & Mehan, 1998: 1)。彼らは一般的な人間の社会的な生活もそうであるが、学校改革という事象は特に、独立的な状態で、自動的に起こるものではなく、社会的な文脈の中での複雑な相互作用として起こると捉えた。たとえ学校外部から構想されたアイデアが学校現場に実行される形での教育改革だとしても、教師たちは受動的に改革に応じているのではなく、積極的な主体としてさまざまな反応やアクションを起こす。ある人はその改革を推進し、維持させようとし、ある人たちはそれを始めるのに貢献する。また、ある人たちは反発する。本書はダトナウらが提案した「社会的なコンテクストの中での相互作用として起こる学校改革」という概念を、学校改革の事象を捉える上で参考にする。すなわち、学校改革を断面的に、一方向から、垂直的に捉えるのではなく、社会的要因と学校文化と、主体(学校、教師、管理職)が相互に関連する複雑な作用として捉える。ただし、本書は社会的要因、学校文化、主体を同等の重みを持って描くよりも、学校改革における最も中

心的な主体を教師と捉え、教師の経験に社会的な要因と学校文化がどのように影響を及ぼしているかという側面により光を当てたい。この視点に立って学校改革を論じるために、本研究の3つの課題を、学校改革をめぐるマクロ、メゾ、マイクロな視点によって設定したい。すなわち、第1の課題においては韓国の1990年代以降の韓国の学校改革をマクロな視点から捉え、グローバルな学校改革視点の中での韓国の学校、学校改革と関連した中央政府の教育改革の動向、そして学校、子ども、教師の全体的な問題状況を明らかにする。次に第2の課題においては、学校改革のマクロな動きとマイクロな実践の連結点として、具体的な学校改革の契機を提供した学校改革運動及び実践に注目し、これをメゾの視点からの学校改革として設定する。本書で取り上げる学校改革運動及び実践は、韓国の社会的、政治的な文脈と緊密に関連しながら進展しているという特徴を持ちながら、その中心に教師の教育実践があることから、学校改革のマクロとマイクロの連結点に位置するものと考えられる。そして第3の課題においては、学校改革のマイクロな実践を検討するために、新しい学校を求め日々実践を重ねている個別の学校、校長、教師を対象として、内部における学校改革経験について検討したい。

②学校改革における教師の重要性
　　—教師と学校独自のヴァージョン（version）としての学校改革

　これまで教育改革は官僚の言葉、学問の言葉、大衆の言葉で語られる傾向が強かった。教師は、自身を取り巻く異なる学校文化や社会的、政治的な要件との相互作用の中で、学校教育の変化の必要性を感じ、変化を追求する実践の中で教師それぞれ独自の経験をしている。実際、先行研究においては、学校を改革する過程で教師たちは、それぞれの学校の文化、文脈に即した変化の過程を生きており、その中で学校独自、教師集団だけで通じるような学校特有の言葉が生み出されていることが明らかにされている（Craig, 2009 ; Akita, 2014）。

　教師が教育改革の中心あり、さらに、教育改革の過程の中でそれぞれ独特の経験をしているという考え方の背景には、次のような教師像がある。つま

り、教師は、教育改革の構想を外部機関から受け入れてそれを適用実践する管のような存在ではなく、学校と教師を取り巻くさまざまな影響との関連の中で、教育を変えるための意志を持ち、困難を経験しつつも独自の方法で変化のための方略を編み出す主体的な存在である。この教師像を理論的に支えているのは、反省的な実践家(reflective practitioner)としての教師であり(Schön, 1984)、積極的な意味における「中間者＝媒介者」としての教師という考え方である(佐藤、1997)。

　反省的な実践家としての教師像とは、教師の仕事や力量を、教授学や心理学の原理や技術の合理的適用(技術的実践)であり、教師は、それらの原理や技術に習熟した技術的熟達者(technical expert)であると捉えるこれまでのアプローチに対して、教職を複雑な文脈で複合的な問題解決を行う文化的、社会的実践の領域と捉え、その専門的力量を、問題状況に主体的に関与して子どもとの生きた関係を取り結び、省察と熟考による問題を表象し、解決策を選択して判断する実践的見識(practical wisdom)に求める考え方である。この立場に立てば、教育実践は、政治的、倫理的な価値の実現と喪失を含む文化的、社会的実践であり、教師は経験の反省を基礎として子どもの価値ある経験の創出に向かう「反省的実践家(reflective practitioner)」である(佐藤、1997)。

　また、教師は、その職業的な特質から、〈子ども〉と〈大人〉、〈母性〉と〈父性〉、〈素人〉と〈専門家〉、〈大衆〉と〈知識人〉、〈学習者〉と〈教育者〉、〈実践家〉と〈理論家〉、〈芸術家〉と〈科学者〉、〈市民〉と〈官僚〉、〈従属者〉と〈権力者〉、〈俗人〉と〈聖人〉など、さまざまな二項関係の「中間」に位置しているのだが、その「中間者」としてのあり方を積極的に捉え、人と人、学校の内と学校の外を媒介し、教育が意味ある経験として成立し創造的な行為として遂行される契機を見出す「媒介者」と捉えることができる(佐藤、1997: 9-11)。教師は学校の内と外における多様な人間関係、また社会的、文化的な文脈における「媒介者」として、さまざまな関係性の中で葛藤しつつも積極的で創造的な教育実践を編み出す存在なのである。このように教師を捉えるならば、学校を変える試みにおいても教師は、多様な関係性の中での困難を潜り抜けながら教師と子どもにとって望ましい教育の変化を編み出す積極的な存在として位置づけること

ができるのではないだろうか。

　このような反省的実践家と媒介者としての教師像に立脚し、学校改革の積極的で創造的な主体として教師を位置づけることは、これまでの教育学の言説の主流を成してきた「パラダイム的認識（命題的認識）」、つまり、教師の実践を外側から認識し統制するアプローチを補完するものでもある。佐藤（1997）は、今求められているのは、制度化された学校教育の内側で生起している具体的な出来事の認識と解明であるとしている。これまでの「パラダイム的認識」の方法に加えて、教師の個の身体が体験している経験世界を内側から叙述し、その意味と関わりを探究する「ナラティヴ的認識（物語的認識）」の方法が求められているとし、教師が日常において創りだす「小さな物語」に注目する必要性を提起している。

　上記のような教師像と研究アプローチに従って分析を進めるために有用なのが、クレイグ（Cheryl J. Craig）の学校改革研究である。クレイグは、ナラティヴ探究（Narrative Inquiry）の系譜に立ち、学校改革（School Reform）を背景に教師個人の経験、教師の実践コミュニティにおける経験、さらには政策と教師の関係に至るまで、学校の中で教師が経験する変化を包括的に捉える研究を展開している。

　一例にクレイグは、アメリカ南東部のある中学校の２年間にわたる改革の取り組みの過程を記述した論文で、学校改革の過程において学校内に緊張関係にあるヴァージョンを異にしたコミュニティ（different versions of community）が立ち現れ、衝突したり、調和していく様子を描いている。同論文の冒頭で彼女は、教師へのインタビューを引用し、「学校長が思い描く『専門的な学校コミュニティ』を学校の中に構築するために我々（教師たち）のヴィジョンが犠牲にされ、学校長のヴィジョンが優先された」という言葉を紹介しながら、校長が思い描くコミュニティと教師が思い描くそれとはヴァージョンが異なることがあると指摘する。このことを通して、学校改革の中心にいる教師の声や経験を詳細に取り上げるべき必要性を提起している（Craig, 2009: 598-600）。

　学校の変化の中心に教師の経験を位置づけることと、学校に特定の変化が取り入れられる前から教師一人ひとりが独自の歴史を持っていたことに配慮

することの重要性に加えて、クレイグは、学改改革に関与する学校内外のさまざまな要素が教師に与える影響についても述べている。彼女はクランディニンとコネリーが提唱した風景(landscape)という空間的、時間的概念や、教師による物語(teacher stories)と教師についての物語(stories of teacher)という対を用いることで、教師の経験に学校改革と関連する諸要素がどのように作用しているかを描いた。

　クレイグは、風景(landscape)という空間的、時間的概念を用いて、教師の専門的知識の風景が教室の内と外で起こるさまざまな出来事により構成されていることや、学校内外の要因の影響を受けながら風景が変容していく様子を記述している(Craig, 2007: 175)。学校の中に新しい構想や方針が入ってくることで、複雑な関係の中で編み出された教師の経験には、小波が立ち、その変化を通じて教師は自身の実践に関する知や態度を調整していく。変化を受容したり、拒否する過程を通して、教師の実践的知識の風景は変容を遂げていくのである。

　学校の変化をめぐる教師の経験を多角的に捉えるのにクレイグは「改革についての物語(stories of reform)」と「改革の物語(reform stories)」という対も用いている。これは、クランディニンとコネリー(1996)が、教師の経験と学校の環境に影響を与えている複雑な要素をより鮮やかに描くために用いた「教師についての物語(stories of teachers)」―「教師による物語(teacher stories)」、「学校についての物語(stories of school)」―「学校による物語(school stories)」を拡張させたものである。「改革についての物語(stories of reform)」は、学校改革を実行するある学校と教師たちと、彼らによる変化のための取り組みについて付与される物語であり、「改革の物語(reform stories)」は、学校改革に実際に取り組む当事者である教師や管理職の人が、特定の変化がどのように学校の文脈の中に反映され、また自分たちはどのような経験をしたのかについて語ることを指す。たとえば、クレイグは1990年代後半に、州の支援を受け学校改革に取り組む学校の4人の読解(reading)の教師の経験に関する研究を行った。当時当該州は、学校組織の瓦解や学校と地域との断絶といった問題を受け、教師が子どもをより理解することを助け、教師の専門的発達を支

援するための改革事業を推進しており、同校はその指定校となった。2年間にわたって長期的かつ集中的に4人の教師の専門的な発達に関わったクレイグは、学校改革が開始される前から教師たちが形成していた協同的な形の知が存在していることを発見した。そして結果的に、教師たちが長い時間をかけて築いてきた協同的な知は、学校改革の推進とともに学校に導入された専門的な学習共同体 (Professional Learning Community) といった理論的な概念とも、「どの子も置き去りにしない (NCLB) 法」が提起している、教科知識において優れた能力を持つ者を指す狭義の「質の高い教師」の概念とも上手く融和することがなかったと指摘している。ここで、専門的な学習共同体 (Professional Learning Community) といった理論的な概念や、法案が提示する「質の高い教師像」が、学校が目指す変化のために有効なものとして判断され、導入されることは「改革についての物語 (stories of reform)」に相当し、学校改革が始まる前から形成されていた教師のコミュニティの様式や、学校に取り入れられたさまざまな変化の中で教師たちがどのような変容を経験していくのかについての物語は、「改革の物語 (reform stories)」に当たる。学校改革の取り組みに対する外部からの語られ方と、それを経験する学校構成員、特に教師の語りの両面を取り上げることで、変化に対応する教師の経験をより立体的に描くことが可能になっている。

　クレイグの学校改革に関する研究は、長期間にわたる学校調査とその中での教師たちとの協同による産物であった。研究方法においても、学校改革を対象に「調査」したというよりは、変化を求めて教師たちとともに「探究」したプロセスを記述したという点が特徴的であるだろう。また、クレイグの学校改革研究は、技術的熟達者から反省的実践家への教師像の転換、教師の経験を多層的に捉える視点、そして理論―実践及び研究者―実践家の関係の再構成が含まれてものであるといえる。本書ではクレイグの学校改革研究に学び、学校改革の事象を描く際に、「学校改革についての物語 (stories of school reform)」、つまり、学校改革をめぐるさまざまな言説や社会的な状況が創り出した物語と、「学校改革の物語 (school reform stories)」、すなわち、実際学校改革に携わった当事者たちの経験という概念を参考にしたい。

③学校改革への総合的、長期的な視点

　学校改革における教師の経験を捉える上で大切な視点として、学校改革における時間の問題があることは、先行研究の検討で述べた通りである。学校という組織は頑固で保守的な性質を持ち、学校が文化から変化するには、5－10年、あるいはそれ以上の時間が必要である (Cuban, 1984；佐藤、2012b) ことを政策や研究において十分勘案することが重要である。さらに、近年教育の「持続可能性」が現代的な論点となっているが、学校改革において「持続可能性」は極めて重要である (菊地 2003；Akita, 2014；Sato, 2014；ジョン・ファン、2011；Datnow, Hubbard, & Mehan, 2002；Datnow & Stringfield, 2000；Hargreaves & Fink, 2000；Yonezawa & Stringfield, 2000)。

　世界の歴史が教訓として教えてくれるのは、「持続可能」でない断片的で処方的な教育改革は、短期で消滅するだけではなく、教育現場の当事者、特に教師と子どもたちの学習と成長に甚大な負の影響を及ぼすことである。教育改革における歴史性、時間性の重要性を指摘したハーグリーブスとグッドソンは、「教育改革の持続性は、変化に対する長期的な観点を持ち、その長期的な変化の経験を検討することでしか語ることができない」とした。しかし教育改革の考察は多くの場合、長期的な忍耐強い観察を欠いた実行初期段階におけるあまりにも楽観的で断片的な研究で終わっていることを問題として指摘している (Hargreaves & Goodson, 2006: 5)。

　また、ストールとフィンクは、教育改革において大切なこととして次の3つを挙げている。すなわち、(1) その教育改革に深さがあるのか (子どもの学びの皮相的な部分ではなく重要な部分を改善しているのか)、(2) 長期間持続しているのか、そして (3) いくつかの学校に広がり、ネットワークができるといった拡散性を持っているのかという3つの点である。教育改革を考える上では、改革の課題が迅速に達成されたかという問題以上に、長期間にわたって教師と子どもたちに意味ある変化が持続しているのかという問題が重要であり、それを実行する際に直面する困難を予想し、克服していくことが重要であると指摘している (Stoll & Fink, 1996: 30)。

ところが、日本と韓国の事例を見ると、学校改革は開始して2－3年の短いサイクルで終了する傾向がある（佐藤、2012b；ジョン・ファン、2011）。その背景には、校長の任期が日本は通常3年、韓国は4年であり、それに合わせて3年単位、もしくは4年単位の改革が遂行されるため、多くの学校では表層的で中途半端な取り組みが行われている。その例が、中央政府及び自治体の教育委員会によって研究学校が指定され、運営される、日本では指定研究制度、韓国では研究学校制度である。

　本書は、上記のような、学校改革の近視眼的な捉え方に対し、長期間にわたる学校改革の動向を捉えようとした。とりわけ、1990年後半以降の韓国の学校を取り巻く社会的な環境の急変に注目し、韓国社会における学校のあり方をめぐる環境や言説の変化の中で、学校と教師が、どのような学校づくりや授業づくりに挑戦してきたのかを記述したい。そこで本書では、韓国において民主政権が発足した1990年代から現在にかけての教育改革の動向を視野に入れながら、その中で教師を中心とした学校改革運動及び実践がどのように進行したのかを時間の幅を持って追究している。具体的な学校改革事例は、2006年から2014年にかけて収集したものであり、1990年代後半から現在にかけての学校改革の流れと個別事例を関連させながら事例の検討を行った。

第2節　調査の対象と方法

(1) 調査の対象

　本書は、筆者が2006年から2014年まで、韓国における教師が中心となった学校改革の実践学校及び教師に対して行ってきた調査で収集した情報に基づいて行われている。本書の第3章、第4章、第6章、第7章、第8章において、計5の学校に調査当時在職していた計13人の管理職、教師及び行政官を取り上げている。調査対象となった学校と教師及び教師の研究会と、調査期間に関する詳細は次の表の通りである（**表2－1**）。

(2) 調査の方法

　本研究で行った調査は、基本的に管理職と教師へのフォーマルまたはインフォーマルなインタビューと、日常の授業や公開授業を含めた授業の観察と教師の授業研究会の観察またそれらのフィールドノートとビデオへの記録に基づいている。ただし、各章の課題の性質を考慮し、課題の解決により相応しい方向において具体的な方法や手続きを調整した。

　第3章では、韓国の代案教育運動の結実の1つとして意味を持つE学校に光を当て、同校が韓国において新しい学校の追求の1つのモデルになった過程と、学校改革の哲学と方法を構築する上で経験している困難を描出した。したがって第3章では、E学校をめぐる「学校改革についての物語(stories of school reform)」、つまりE学校をめぐる周辺の情報を交えることで同校の存在を客観的に見つめつつ、内部での出来事を描くために事例研究を行った。E学校に関しては、同校が開催する公開授業や授業研究会への参加を通して得た記録と教師へのインタビューの記録を中心に、学校内部において学校改革がどのように進展していったのか、そしてどのような困難に直面しているのかを中心に分析を行った。第4章では、新しい学校をつくるための努力が初めて公立学校において行われた事例として「N初等学校と教師の物語」を取り上げた。調査の方法としてはN初等学校設立をめぐる文書資料と、N初等学校設立に中心的な役割を果たした教師へのインタビューを行った。第5章の課題は、韓国における「学びの共同体」の導入と展開を概観することであり、韓国国内における「学びの共同体」としての学校改革と関連する報道資料、研究などを検討する方法で記述した。第6章では「革新学校」をめぐる韓国内の学校改革の物語を描くために、「革新学校」とそれをめぐる関連文書の分析を行った上で、「革新学校」導入初期における学校を対象に事例研究を行った。第7章では、「革新学校」内部の学校改革の様相をより詳細に描くために、校長、教師へのインタビューと公開授業や授業研究会の記録、教師の勉強会の記録を検討の対象とした。最後に第8章では、教師個人の学校改革の物語に注目した。1人の教師が学校教育の変化の必要性を意識し、具体的な改革の実践に向かい、その中で困難や可能性を経験するといっ

表2−1 本書における調査対象学校と教師[1]

章	調査対象学校	調査対象教師及び参加研究会など
第3章	E学校（代案学校）	第1回授業及び授業公開の日
		教職員職務研修
		第3回授業公開及び国際ワークショップ
		パク先生（40代女性、哲学科教師、研究部長）
第4章	−	イム先生（50代男性）
第6章	京畿道始興市の公立J中学校（「革新学校」）	公開授業及び公開授業研究会
		公開授業及び公開授業研究会
		ハン先生（50代男性、校長）
		ジョ先生（40代女性、国語科、革新部長）
		シム先生（30代女性、数学科）
第7章	京畿道龍仁市公立F高等学校（「革新学校」）	カン先生（50代男性、校長）
		ユ先生（30代女性、理科、教育研究部長）
		公開授業及び公開授業研究会
		公開授業及び公開授業研究会
		「学びの共同体勉強会教師」への参加
		ミン先生（30代男性、社会科）
		ソ先生（20代女性、美術課）
		ジャン先生（20代女性、英語科）
		コ先生（30代女性、数学科）
		ジュ先生（30代女性、哲学科）
		ナ先生（20代女性、経済科）
		ユ先生（30代女性、理科、教育研究部長）
第8章	京畿道安養市公立A中学校	ユ先生（30代女性、理科）
	京畿道龍仁市公立F高等学校（「革新学校」）	ユ先生（30代女性、理科、教育研究部長）

調査期間(調査に所要された時間数)	調査方法
2006年12月(約5時間)	公開授業及び授業研究会の記録
2008年1月(約5時間)	研修の記録
2008年9月(約5時間)	公開授業及び授業研究会の記録
2008年10月(約5時間)	・授業の観察とフィールドノートの作成、ビデオ記録 ・教師へのインタビュー
2014年6月18日(約3時間)	・インタビュー
2010年5月12日(約5時間)	公開授業及び授業研究会の記録
2011年5月25日(約5時間)	公開授業及び授業研究会の記録
2010年5月から2011年6月(約3時間)	・インタビュー
2010年5月から2011年6月(約5時間)	・授業の観察とフィールドノートの作成、ビデオ記録 ・教師へのインタビュー
2010年5月から2011年6月(約3時間)	・授業の観察とフィールドノートの作成、ビデオ記録 ・教師へのインタビュー
2011年5月(約2時間)	・インタビュー
2011年5月(約3時間)	・授業の観察とフィールドノートの作成、ビデオ記録 ・教師へのインタビュー
2011年6月22日(約5時間)	公開授業及び授業研究会の記録
2012年4月18日(約5時間)	公開授業及び授業研究会の記録
2012年4月23日(約3時間)	・勉強会会話の記録 ・教師へのインフォーマルなインタビュー
2014年6月15日(約3時間)	・授業の観察とフィールドノートの作成、ビデオ記録 ・教師へのインタビュー
2010年5月17日(約3時間)	・授業の観察とフィールドノートの作成、ビデオ記録 ・教師へのインタビュー
2010年9月30日(約3時間)	
2011年5月24日(約3時間)	
2012年4月23日(約3時間)	
2014年6月15日(約3時間)	

た、教師の学校改革の経験の変遷を観察するために、2010年から2014年という時間の幅を持った教師へのインタビューを実施し、その記録に基づいて記述を行った。

第3節　本書の構成

本書では、1990年代後半から現在に至るまで韓国で起きた教師を中心とした学校改革の動向とその中の具体的な学校と教師の経験を、5部9章で構成し記述している。

まず第1部では、本書の全体の背景を述べた後に、主題と方法を、先行研究と方法論の検討を中心に記述した。第2部（1997年－2009年）、第3部（2009年－2015年）、第4部（2010年－2015年）は時系列で構成されているが、第2部の冒頭、第3部と第4部の冒頭においてそれぞれの年代における韓国の教育改革全体の動向を俯瞰的に概観している。第2部（第3章－第5章）では、韓国社会が政治的な民主化を達成し、学校教育のあり方に関する議論が具体化した社会的な背景をもとに、代案教育運動（第3章）、小さな学校運動（第4章）、「学びの共同体」としての学校改革（第5章）という、中央政府が主導する学校改革とは一線を画した、教師の変化への要求を動機とし、学校の具体的な教育実践を変化させるための学校教育運動及び実践について記述した。第3部（第6章）では、第2部で取り上げた教師の変化への動機を中心とした学校改革運動及び実践の積み重ねが、教育行政と学校現場が連携した公教育改革を生みだしたことを指摘する。そして第4部（第7章－第8章）では、第2部で取り上げた「学びの共同体」としての学校改革が、「革新学校」という公教育改革の1つの重要なモデルとなっている事実を確かめ、ある「革新学校」において「学びの共同体」がどのように受容され、教師によって実践されているのか（第7章）について検討した。最後に、個人的で具体的な学校改革への動機を持った教師が「学びの共同体」としての学校改革に出会い、同僚とともに「学び合い」の授業を創り上げる際に直面する可能性と困難について記述した（第8章）。

本論の構成を、第1部で導出された3つの課題に照らし合わせてみると、次のようになる。1990年後半以降の韓国における学校教育に対する改革要請はどのような社会的な文脈の中で起こったかという第1の課題については、第2部(1997年－2009年)と第3部と第4部(2010年－2015年)の冒頭に設定した背景の説明において、中央政府による教育改革と、教師と子どもを取り巻く学校教育の現状といったマクロな視点から検討を行い、具体的な学校改革運動及び実践の事例をその登場の社会的背景とともに検討した第3章、第4章、第5章、第6章の各学校改革事例の登場の社会的な背景から考察を行った。

　そして「教師、市民、親など学校の当事者が中心となる学校改革はどのように展開したのか」という第2の課題については、第3章の代案教育運動、第4章の小さな学校運動、第5章の「学びの共同体」としての学校改革、第6章の「革新学校」といった具体的な学校改革の動きがどのような特徴を示しながら展開しているのかについて詳述した。

　最後に学校改革の個別事例の中で教師がどのような経験をしているのかという第3の課題については、授業改革や学校改革に意識的に取り組んでいる校長と教師の事例を第3章(E代案学校)、第4章(N初等学校のイム先生)、第6章(「革新学校」であるJ中学校)、第7章と第8章(「革新学校」であり「学びの共同体」としての学校改革を取り入れているF高等学校の校長と教師)において取り上げた。

　以上のようにマクロ(第1の課題)、メゾ(第2の課題)、マイクロ(第3の課題)な視点から韓国の学校改革事例を検討し、第5部において総括と検討を行った上で残された課題を提示した。

注

1　本研究の調査対象学校と教師には、調査内容が研究や論文に使用されることについて許可を得ているが、各学校と教師のプライバシーに配慮し、本書では学校名をイニシャル、教師名と子どもの名前を仮名で表記する。また、管理職、教師の役職や年齢は調査当時のものである。

第2部　代案教育運動を中心とした新しい学校教育の模索（1997年－2009年）

第2部の背景──1997年から2009年における韓国の教育改革の動向

第2部の時代設定の理由

　第2部「代案教育運動を中心とした新しい学校教育の模索（1997年－2009年）」は、韓国における公教育への不信や不安の蓄積と教師や市民による「代案学校」の誕生、そして「新しい学校教育」を追求する場としての代案学校への注目といった一連の時代的流れを背景にしている。1997年を起点として設定したのは、1997年に韓国初の代案学校と言われるガンジー学校が設立され、本格的な代案教育が始まったとされているからである（教育人的資源部、2007）。それ以降、公教育制度内の学校教育を代替するためのさまざまな学校が設立されるとともに、韓国における未来の学校のあり方に関する議論と運動が積み重ねられた。2009年に始動した公立学校を対象とした新しい学校づくりである「革新学校」は、このような代案教育運動による実践や議論の延長上にある。ところが、公立学校における学校改革が開始したことによって、国内の「新しい学校づくり」の軸は、代案学校から公立学校革新へと移ることになった。2009年に「革新学校」が始動する際に、第3章に登場するE学校は、これまで新しい学校のあり方を公教育に向けて発信してきた代表的な代案学校として、「革新学校」のモデルを提示する役割を担った。それ以降、韓国における新しい学校づくりへの注目と議論の中心は、代案教育の場から、公立学校改革の場へと徐々に移行しているように見える。したがって第2部では、代案学校が公立学校革新のためのモデル校としての役割を果たし、韓国国内においては「新しい学校」への期待や注目の軸が「革新学校」へと移行するきっかけとなった2009年を、代案教育運動を中心とした新しい学校づくりの1つの区切りとして設定した。

　1990年代後半から2000年代の初めにおいてとりわけ影響力が強かったのは代案教育運動であるが、同じ時期に、学校教育のオルタナティヴの模索という面では、代案教育運動と議論や実践を共有しながらも、公立学校の直

接的な舞台とした学校改革も芽生え始めていた。それが第4章の「小さな学校運動」と第5章の「学びの共同体」としての学校改革である。これらの学校改革の動きは、2000年代初めまでは代案教育運動ほど活発な展開の様相を示してはいなかったが、パイロットスクールの成功が基盤となり、2000年代中盤以降にはそれぞれ独自の教師によるネットワークを構築することになる。「小さな学校運動」は、2001年を前後に廃校直前の公立初等学校を舞台として始まり、「学びの共同体」としての学校改革は2000年の関連書籍の出版とともにその歩みを始めた。「学びの共同体」としての学校改革に関しては、2010年に「韓国学びの共同体研究所」の発足を迎えていることを勘案し、2009年までを「学びの共同体」としての学校改革の初期段階と捉えた。第2部以降には、1990年代中盤以降の韓国における新しい学校づくりのための運動や実践のいくつかの系譜が登場するが、それぞれの特徴を表3－1に提示した。

以下では本論の第2部の時代的背景となる1997年から2009年における韓国の教育改革と学校をめぐる問題群について俯瞰的に述べる。それに加えて近年の韓国における教師を中心とした具体的な学校改革実践の背景として1980年代の教師の民主化運動について述べる。第2部第3章、第4章、第5章で扱っている学校改革運動に積極的に関わっている教師たちは、1980年代の教育民主化運動の直接的な経験を持つ人が多く、そうでない場合でも、教師のコミュニティなどを介して間接的な影響を受けている。

1997年から2009年は韓国が軍事独裁から脱却し、初めての「文民政府」が樹立し、民主主義社会としての韓国の教育を構想、実践できるようになった期間であり、同時に、教育の世界にもグローバル化と国際競争の影響が強くなり始めた時期である。また、この時期の韓国は、アジア通貨危機に端を発する、「朝鮮戦争以来最悪の国難」とも呼ばれる経済危機に見舞われ、1997年から2001年にかけて国際通貨基金(IMF)の管理下に置かれた。一方、社会の民主化に伴い、それまで積み重なってきた韓国社会の非民主的側面に対する市民による問題提起が爆発的に行われた。学校はその代表的な例である。1990年代後半から韓国においては学校崩壊、教室崩壊、校内暴力や教師の

表3−1　代案教育運動、小さな学校運動、「学びの共同体」としての学校改革、「革新学校」の特徴の比較

	代案教育運動	小さな学校運動	「学びの共同体」としての学校改革	「革新学校」
登場時期	1995年頃	2000年	2001年	2009年
主体	市民運動団体、教師、親。	児童生徒数が少なく、統廃合に直面した小さな公立学校の教師と管理職、並びにその学校の親、都市部の学校教育に不満や不安を抱く親。	主に教師(公教育内の学校、代案学校)、研究者(コンサルタントとして関わる)、教育行政官。	地方教育庁が学校単位の学校改革を支援。
主な舞台	最初は郊外や農村部に学校を新設。徐々に都市部にも設立されるようになる。	児童生徒数が少なく、統廃合に直面した小さな公立学校(以降、児童生徒数とは関係なく公立学校の改革モデルとなる)。	公教育内の学校と代案学校(最初は授業を中心に据えた学校改革の哲学に賛同する教師個人をベースに浸透し始める。徐々に教師の研究会、学年単位、学校単位など教師コミュニティが共有する学校改革の哲学へと広がりを示す)。	公立初等学校、中学校、高等学校、擁護学校。
主眼点	脱学校した子どもたちの受け皿。受験競争に偏重した学校教育が見逃していた教育内容の充実(環境、ケア、共同体、人格教育、芸術、伝統教育など)。	小さな学校の統廃合を防ぎ、小さな学校規模のメリットを活かして、これまでの学校教育が提供し得なかった体験、環境、コミュニケーションなどを重視した新しい教育を実践すること。	授業を通した子ども一人ひとりの学びの権利の保障と教師の専門性向上。学校改革における哲学(民主主義、公共性、卓越性)の重要性を強調。	民主主義的な教育共同体を学校の内に創造することを通して、競争主義が蔓延した韓国の学校文化に対抗する公教育モデルを提示すること。

不正の暴露など、学校における民主主義に反する慣行とそれによる弊害を指摘する声がメディア、学界、市民運動団体などを通して溢れるようになった。それと並行して、公教育に対するオルタナティヴを模索する積極的な動きが広まることになる。

初の民主政権による学校の構想
―金泳三政府の教育改革(1993年－1998年)

　金泳三政権時に、現在に至るまで韓国の教育改革の骨格を成している学校教育のロードマップが構想、発表された。その学校教育の構想が含まれている教育改革案が1995年に発表された「5・31教育改革案」である。同改革案は初等、中等、高等、教員、職業、生涯、そして関連インフラの構築を含む広範囲な内容で、それまで教育部から教育庁[1]、学校、教師へと下りていく上意下達式で行われていた教育改革から、教師、生徒、保護者という教育の当事者を中心とした改革への転換を提唱している点、平等主義、バランスの取れた発展、福祉の向上など、教育的な価値を含んでいる点で評価されている。同改革案は21世紀の変化に備えた新しいヴィジョンを提示するものであると同時に、これを起点にして、教育における国際競争力が強調され始め、教育の世界に市場原理や競争主義が導入されたという点で、韓国の教育改革に重要な転機をもたらした。

　金泳三政府の教育改革の方向性は、「教育需要者中心主義」と「教育における市場競争の導入」にまとめられる。学校教育の優秀性を高め、国家競争力を向上させるために、教育の現場には、学校や教師を含む教育供給者間の競争体制が導入された。また、生徒や親を始めとする教育需要者には、学校制度やカリキュラムを多様化することを通して選択権を与える。学校教育の運営においては、中央集権化や官僚主義からの脱皮が追求され、運営における学校や教師の自律性の向上に結びついた側面もあるが、一方では、学校単位の自律性を拡大することは、教育需要者のニーズに敏感に対処するための措置であったと見る視点も少なくない。

　このような金泳三政府の教育改革のヴィジョンを具体化したものが、1995

年5月31日に発表された「世界化、情報化時代を主導する新教育体制樹立のための教育改革方案(以下5.31教育改革案)」である。「5.31教育改革案」は、「誰でも、いつ、どこでも教育を受けられる開かれた教育体制を構築することによって、すべての国民の自己実現を極大化する教育福祉国家を創ること」を目標とするものであり、**表3－2**のような8つの方案と下位課題により構成されている。この改革案は、1990年代以降現在に至るまでの、韓国の教育制度の基本的な骨格を示していると言っても過言ではない。

「5.31教育改革方案」は、教育の領域に需要者中心主義と競争の原理を導入した点で、過去の教育改革とは区別される。改革案発表当時は、需要者中心主義と競争の原理を導入することにより、過去の画一的で硬直した教育体制と、官僚主義的な教育運営の方法を一新することが期待されていたが、教育の分野に市場の原理を適用することに対する懸念の声も上がっていた。

また、「5・31教育改革案」は、初等及び中等公立学校における学校運営の自律性を拡張することを目指している。そのための中心的な政策には、教師、保護者、地域の有志が自発的に責任を持って学校を運営する「学校共同体」の構築と、地域の特性に応じた創造的な教育を実施するための「学校運営委員会」の運営がある。特に教職員、保護者、地域住民により構成される「学校運営委員会」の設置により、学校には予算や決算の決定、選択教科や特別活動プログラムの選定、学校規則の制定を審議する権限が与えられるようになった。

「5・31教育改革案」成立から約20年が経過した現在、韓国では同改革案への肯定的評価と同時に批判もなされている。教育当事者を中心とした教育改革を謳いながらも、推進方式としては官主導のアプローチを採用し、教師たちの積極的な協力を導き出すことができなかった点、また、教育の質的な改善に焦点を当てたはずの政策が、結果的には教育の外側にある制度や環境の整備にとどまっていた点において批判がなされている(ソ、2009: 483)。それにもかかわらず、建国以来教師を始めとする学校の当事者の学校運営における裁量が著しく制限されていた韓国の状況に鑑みたとき、教師は「教育改革の主体として先導的な役割を担う」と明言する「5・31教育改革案」は、教育現場を中心とした教育改革を切り開く契機となった点で重要である。

表3-2 改革案の主要方案と課題

教育改革方案	課題
開かれた教育社会、生涯学習社会基盤の構築	○開かれた教育の制度的基盤構築 ○「国家マルチメディア教育支援センター（仮)」設立
大学の多様化と特性化	○大学の多様化と特性化 ○大学設立、定員及び学事運営の自律化 ○学術研究の一流化 ○大学教育の国際化
初・中等教育の自律的運営のための「学校共同体」構築	○「学校運営委員会」の設置 ○「学校長招聘制」の実施 ○「教師招聘制」の実施
人格及び創意性を育てるカリキュラム	○実践中心の人格教育の強化 ○創意性を育てるカリキュラムの確立 ○個人の多様性を重視する教育方法の確立 ○世界化教育及び外国語教育の強化
国民の苦痛を減らす大学入試制度	○国公立大学の本考試廃止 ○「総合生活記録簿制」導入
学習者の多様な個性を尊重する初・中等教育の運営	○中等教育の多様化と特性化 ○初中等教育の質の向上 ○初中等学校の生徒選抜方法の改善
教育供給者に対する評価及び支援体制の構築	○「規制緩和委員会」設置 ○カリキュラム及び評価担当機関の設置
品格があり、有能な教員の養成	○教員養成及び研修制度の改善 ○能力中心の昇進、報酬体系への改善 ○教師の研究環境と効率的勤務条件の改善

民主化と競争主義を同時に加速したアイロニカルな教育改革
──金大中(キムデジュン)政権による教育改革(1998年－2003年)

　1998年から2003年まで続いた金大中政権においても、教育改革は他のどの改革より主要な課題として位置づけられた。金大中政権の教育改革は、前政権である金泳三政権時に発表された「5・31教育改革案」の骨子を継承するものであったが、改革を進めるにあたっての焦点については、前政権との差異が見られた。金泳三政権は、官から民へ移行すること、つまり、中央政府が主導する教育改革から、地域や市民が参加する教育改革に転換することを改革の主眼としたのに対し、金大中政権は、教師と親、市民団体などの教育の当事者たちが、いかに教育改革に参加し、意見を出し合い、それを現実の変化へとつなげるかといった問題、さらに、教育の主体が積極的に関与する教育改革の拠点となるコミュニティをどのように組織するのかに関する課題に力を注いだのである。政府は、政府自身が介入しないことを原則とする「教育改革推進団」を設置し、教師や親を始めとする教育の当事者たちの参加による教育改革の推進を試みた。また、1999年にはそれまで非合法とされていた教員組合が合法化したが、これも同政権の教育改革の流れの中で起きた出来事であった。

　金大中政権は教育改革における民意の尊重を掲げると同時に、「学校と教師＝サービス提供者、親と生徒＝消費者」という市場の構図を学校教育に取り入れ、教育現場の効率化を図った。その代表例として「教員定年の短縮」を挙げられる。これは、教職社会の若返りと人件費の削減をねらいとし、教師の定年を65歳から60歳へと短縮することで、年齢の高い教師を退職させ、若い教師を新規採用するための政策である。また政府は、「教員成果賞与給制」を導入し、教師同士を競争させ、より有能で優秀な教師に多くのインセンティブを与えた。これは、競争を通して教師集団がより有能、優秀になるという発想によるものである。

　金大中政権は、当初、学校教育の当事者である教師や親、市民の積極的参加と合意形成による教育改革という理念を掲げてスタートしたが、結局のところ、教育改革の最も重要な主体である教師を改革の対象とし、教職の世界

へ効率と競争の原理を導入したことで、学校教育の当事者たちから多くの批判を受けるようになった。

「平等」、「参加」、「自治」の理念の登場と議論に終始した教育改革
―盧武鉉(ノムヒョン)政権の教育改革(2003年－2008年)

　2003年発足した盧武鉉政権は、教育に限らず、競争と効率を重視する韓国社会全体の流れに異議を唱えながら、「参加」、「均衡発展」、「平和」という国政の方向性を掲げて登場した(イ・ダルゴン、2004)。教育改革に関しては、前政権が教育の世界に競争と効率の原理を過度に導入したことを批判し、「平等」、「参加」、「自治」をテーマとした教育改革を提案した。特に、地域間の格差の解消や、学閥主義の打破など、「平等」を改革の重要な理念として掲げた。教育における平等を実現するために、「家庭教師支援制度」や「高額家庭教師に対する親、市民団体の監視体制」など、私教育費を軽減するための方案を次々と発表した他、それまで賛否両論があった平準化政策の妥当性を主張した。大学のネームバリューだけで人材が評価される傾向を問題視し、出身学校を問わず本人の能力によって妥当な評価を受けることができる教育風土の形成も追求した。

　また、学校教育における教師や親、市民の参加や自治を強化するために、教師会、生徒会、父母会を法制化し、学校の自治権を強化しようとした。さらに、学校の自治を拡大し、強化するために、当時教育人的資源部の改編を通じて教育改革に関する権限を地方教育庁へ大幅に委譲した。

　このように盧武鉉政権時は、権威主義、保守性、また直前の政権において強調された成長、競争と効率重視の流れに対する反発として、参加、民主主義、平等というキーワードが受け入れられた時期であると言える。しかし、教育の世界にも参加と民主主義の新しい風を取り入れようとした同政権の試みは、提示したヴィジョンとは異なる立場や考え方を持った社会各層の人々との葛藤や衝突を円満に調整することができず、結実を見る前にその幕を閉じてしまった。結局、教育改革の方向性や理念の提示においては画期的な試みが行われ、多くの議論を生んだが、学校教育の内実の変化には結びつかない教育

改革であったと評価できる。

学校と子どもの病理現象の社会問題化

　一方、学校の現実に目を転じると、1990年代後半から、学校と子ども、教師と関係するさまざまな事件や病理的な現象を問題とする論調が、メディアや学界を中心に形成され始めたことを確認できる。1999年に韓国の有力なメディアである朝鮮日報や時事ジャーナルはそれぞれ「崩れる教室」、「教室崩壊－子どもも教師も学校に行きたくない」などの特集[2]を組んでおり、以降、学界においても「学校崩壊」、「教室崩壊」という言葉が共有され、数々の研究が発表されてきた（ジョ、2000；ユン、2003）。

　なぜこの時期に学校と子どもの病理的な現象が一挙に社会問題化したのか。それにはさまざまな背景があると考えられる。1990年代は、韓国にとっては政治的、社会的、経済的な変化に加え、グローバル化の影響の波が一斉に押し寄せた時期である。政治的には1993年に長期間にわたる植民地支配や軍事政権支配に終止符が打たれ、初の民間の政権が誕生し、民主主義国家の基盤が整った。このような社会の民主化を機に、これまでの社会のあり方に対する反省や批判が強く起こったのは1つの大きな原因である。また、この時期は、学校や教師、子どもたちを取り巻く経済的な状況が激変する時期である。朝鮮戦争直後の1953年の韓国の国民総生産（GNP）は、1人当たり67ドルに過ぎなかったが、1977年に1,000ル、1995年には10,000ドルを突破する圧縮された経済成長を経験した。このような経済成長は、国民における消費の文化をもたらし、青少年の考え方や生活様式にも影響を与えた。この時期の子どもたちは成人世代とは異なる消費行動や強い個性や自己主張の様子から「新世代」と呼ばれることもあった。しかし国民総生産10,000ドル突破の知らせがあってから間もなく、韓国は朝鮮戦争以降最悪の国難とされる経済危機に見舞われ、IMFの管理下に置かれることになる。国家的経済危機の影響は、多くの一般家庭にも及び、子どもたちの学習や生活、行動に間接、直接的な影響を与えた可能性がある。また1990年代中盤から普及し始めたインターネットや携帯電話などのデジタル機器も子どもたちの学習と生活に

影響を与えていたと思われる。2000年代の初めには、すでに中高生の75%が携帯電話を使い過ぎていることや、インターネットのゲームによる寝不足が問題として新聞などで報道されている (ジョハン、2005)。

このような中、当時の学校教育が、子どもたちを取り巻く社会の多方面における急激な変化に対応し得てないだけではなく、過度に大学受験の対策に偏り、競争が蔓延している学校文化の中で学習から離れていく子どもが増えているという、公教育批判が次々と起こった。また当時の学校教育は、大学受験対策に偏重した競争的な性質を批判されていたが、アイロニカルにも、その大学受験対策の機能でさえも塾や家庭教師など私教育分野の教育よりも劣っているとされ、学校教育への信頼性が全方位的に揺れていた[3]。

公教育崩壊の現実とそれに関する議論は、市民のさまざまな動きを呼び起こすことになる。グローバル化の波と公教育不信がほぼ同時期に起こった韓国において、親の中には、私教育費を含む教育への負担に比べ、韓国国内で学校教育を受けるメリットが少ないと感じ、初等学校、中学校、高等学校の段階で早期に海外留学をさせる者が増えてきた。「留学」を理由に海外に出国した初等学校、中学校、高等学校の子どもたちの数は、1995年度に2,259人、1996年度に3,573人だったが、2000年度に4,397人、2003年度に10,498人、2005年には20,400人へと急増した (韓国教育開発院、2006: 102)。また、公教育における学校や教師のあり方や教育内容に不信感を募らせた教師や市民を中心に、学校教育のオルタナティヴを模索する活発な動きが起こった。これが代案教育運動である。この代案教育運動の中で、新しい教育を標榜するいくつもの学校が公教育制度外で設立された。代案学校は当初は学歴が認定されない非認可型の学校であったが、市民社会における代案学校運動の活気が政府に注目され、2005年には「特性化学校」という名で法律的に学校の一種として認められるに至る。代案学校は、公教育制度の外側に設立された学校であるが、2000年代に入ると、公立学校を新しい学校へと再構築するための動きも出てきた。第5章に登場するN初等学校は、統廃合の危機に瀕していた農村部の小さな公立小学校を廃校から救い、管理職、教師、親が夢見てきた新しい学校へと変貌させた物語を持つ学校である。N初等学校の学校

再生の物語は、韓国国内の公立学校改革への希望へとつながり、実際 N 初等学校をモデルとした公立学校改革が、農村部の学校や小さな学校を中心に次々と行われた。第 6 章で取り上げる「学びの共同体」も、当初は公教育への不信や不安を背景としたオルタナティヴな学校教育を追求する流れの中で、学びとケアを中心とした成功的な学校改革の海外事例として紹介され（佐藤、2004；佐藤、2005）、授業のあり方や子どもとの接し方に困難を感じていた多くの教師にアピールした。代案教育運動や小さな学校運動とともに、韓国における新しい学校改革モデルとして教師や教育行政官から注目され、2006 年には盧武鉉政権当時の大統領諮問委員会教育部門において参照すべき海外の学校改革事例として提案された（Sato, 2006）。

1980 年代以降の韓国社会における市民運動の高揚と教育民主化運動
―近年の民主主義的な学校づくりの背景として

　近年韓国社会においては、さまざまな領域における市民運動が活発に行われており、メディアと連動して、政治、経済、文化、教育などあらゆる分野において市民の声が積極的に発信されている。このような市民運動が本格的に開始されたのは 1980 年代であると見られている（キム・ヤン、2005）。韓国は植民地支配から解放されてからも長期間の強力な軍事政権下にあり、市民社会が成熟する機会が長い間剥奪されてきた。しかし軍事政権下においても学生運動や労働運動を通して人々は不当な権力に対抗し続け、1987 年 6 月には市民による全国規模の激しい反独裁運動が起き（「6 月抗争」）、6 月 29 日には盧泰愚大統領により大統領直接選挙制を骨子とした「6・29 宣言」が発表された。この一連の民主化運動は以降の韓国社会の民主化の進展に大きな影響を与えたと言われている。以降市民運動は多様な形態で拡散するようになり、現在の韓国においては主要な政策決定において市民運動団体が相当な影響力を発揮するに至る（ホ、1999；ヤン、2000）。

　教育の分野における市民運動の開始は、1980 年初めに教師たちが教育の現実を改善していくために結成した小グループの教育実践に端を発している。このような動きは第 2 部第 4 章で触れている「民衆教育誌事件」や「教

育民主化宣言」を経ながら徐々に「教育運動」の性格を帯び始め、1986年「民主教育実践協議会」、1989年「全国教職員労働組合」の結成を迎えるようになる。「教育民主化運動」に参加した教師たちは、「差別的教育の解消」、「国家独占教育統治構造の改編」、「教職団体の労働組合化」などを掲げ、政府との激しい葛藤の中で、教育の現実の改善に向けた発言と交渉を続けている（キム、1990）。また、児童生徒の親による教育運動も1980年代以降活発化した。1989年には教育問題解決に向けた「真教育のための全国学父母会」が発足、1990年には「人間教育実現学父母連帯」が結成された（イ・ホン、2002）。

さらに、1998年には教育市民団体が連帯して権威主義的な教育に対抗していくために「教育改革市民運動連帯」が結成され、政府やメディアに対して教育政策に対する見解を披歴し、実際教育部の教育政策に対して影響力を行使し始めた（キム・ヤン、2005）。

本書で扱っている「代案教育運動」、「小さな学校運動」、「学びの共同体」としての学校改革に参加している教師、管理職、行政官たちの多くは、1980年代の民主化運動を経験した者であり、教育運動に直接関わってきた者も少なくない。2000年以降、民主主義的な学校づくりは教師、親、市民の教育運動によって活発に展開し、教育政策にも影響を与えた。「代案教育法」の樹立や「学校長公募制」の導入、「革新学校」の導入などは代表的な例である。このように近年活発化した民主主義的な学校づくりに向けた実践や運動の背景には、長い間権力によって抑圧されてきた韓国社会と学校教育の解放に対する教師、親、市民の強い思いがあり、そのような思いによる議論と実践の積み重ねが、2000年代以降具体的な学校改革実践とそのための法制度の整備として実り始めたと言ってもよいだろう。

以上のような社会的な背景を踏まえて、第2部では代案教育運動を中心にした新しい学校教育を模索する動きと、後続して生まれた公立学校における学校改革への挑戦について述べていきたい。

表3-3　韓国における教育の全般的動向と新しい学校を追求する動き[4]（1995年-2002年）

	1995	1996	1997	1998
教育の全般的動向	－金泳三政権（初の文民政府）発足（1993年-1998年）。 －5.31教育改革案（「世界化・情報化時代を主導する新教育体制樹立のための改革方案」）の発表、受容者中心の開かれた教育への変化を強調。	－教育改革の持続的展開：カリキュラムの全面改訂、法学、医学分野における専門大学院の導入、OECD加盟による教育の質的量的向上のための準備。 －放課後教育活動活性化推進。 －教育改革委員会による「民主市民教育案」公聴会開催。	－第7次教育課程総論改定案発表。「受容者中心の教育」、「科目選択型」、「水準別授業」の実施。 －青少年保護法制定：青少年に有害な媒体、薬物などの規制及び暴力、虐待からの保護。	－金大中政権発足（1998年-2003年）。 －第7次教育課程改定案：「21世紀の世界化、情報化時代を主導する自律的で創造的な韓国人の育成」を強調。教育受容者中心の教育体制へ転換。校長と教師が教育内容と方法に自律的に関与する。多様性と個性を活かした教育を目指す。
代案教育の動向	－1月：教育団体と宗教団体、親の団体が「代案教育を開く集い」を開催（西江大学校）。 －2月：代案教育相互連帯のための最初の集い「新しい学校を創る集い」を構成。 －7月：ソウル平和教育センター主催「代案教育模索のためのワークショップ」（京畿道カトリックスジ教育院）。 －9月：教育部「高等学校タイプの多様化方案政策」研究推進。	－1月：「新しい学校を創る集い」2回目の事例発表（大田カトリック農民会館）。 －3月：開かれた青少年文化学校第3期「別々に、また共につくる学校」開設。 －8月：新しい教育文化を創るネットワーク「代案教育広場」開催（高麗大学校）。 －9月：ハンギョレ新聞「代案教育が開かれる」合計18回連載。 －12月：ジョハン・ヘジョン『学校を拒否する子どもたち、子どもを拒否する社会』出版。	－3月：教育部、代案学校設立及び運営支援計画確定案発表。 －4月：初等、中高生放課後、週末、休み中の代案学校プログラムの急増、ガンジー学校、ビョンサン共同体、タト学校など自然教育プログラムを準備。 －5月：代案教育専門誌『最初のように（처음처럼）』『明日を開く本（내일을 여는 책）』創刊。 －7月：ソウル平和教育センター主催「代案教育広場」（聖公会大学校）。 －12月教育部6つの特性化学校設立認可。	－3月：ガンジー学校、ヨンサンソンジ学校、ヤンオブ高等学校など、特性化高等学校6つの学校が開校。 －3月：教育部、特性化高校制度、自律学校制度、初等教育法施行令を明文化。 －3月：ソンジ学校教頭など教員4人、大統領と「代案教育」など直接討論。 －5月：ヘオルム教育生活協同組合構成。 －11月特性化高等学校12校設立許可。
「学びの共同体」の展開				
小さな学校運動				

1999	2000	2001	2002
－Brain Korea 21：世界的な競争力を備えるための大学院育成と地域大学の特性化のための政策。研究中心大学と地域拠点大学を選定し集中的に支援。 －教員定年短縮：65歳定年を60歳へと短縮する政府の方針が社会問題化（教師1人を削減し、3人の新任教師を採用するという経済論理を先立てた施策）。 －教室崩壊論議。	－教育と新自由主義論争：教育に市場原理を適用するという政府の意志の明確化。国家競争力を高めるという名目の下、新自由主義的原理を導入する一方で、福祉や人権の制度的装置を整備する動き。 －生徒の人権向上を求める動き。	－教育人的資源部へ改称：既存の教育の機能に加え、政府28官庁に散在していた人的資源開発業務を担当。 －教員成果給差等支給：9月教育部の成果給差等支給の確定。	－教員地方公務員職化：国家公務員であった教員の身分を地方公務員へと転換する「教員地方職化」が推進された。教師たちはこれに激しく反発した。 －教育行政情報システム（NIES）の導入：「電子政府」を具現するための教育部門の事業。
－1月：教育専門月刊誌『ミンドゥレ（たんぽぽ）』創刊、教師教育課程開設。 －2月：ミンドゥレ、ホームスクーリングの集い。 －6月：ドゥレマウル「青少年代案教育研究所」設立（キリスト教で初）。 －9月：ミンドゥレ脱学校の集い、インターネット放送開始。 －12月：ソウル市立青少年職業体験センター「ハジャセンター」開館。 －12月：代案学校協議会「代案学校教師養成過程」（計18回）開設。	－6月：「十代仲間学校」開校（退学生の再活学校）。 －7月：新しい教育共同体委員会2002年から市町地域に都市型（非寄宿舎型）代案学校と中学校課程、代案学校設立を含めた報告書を発刊。 －8月：インターネットハンギョレなど学校補完代案教育「楽しい学校」（joyschoo.net）発足 －9月：「良い保育園」開館（親が創った代案教育空間）。	－2月：ソウル市、市立青少年施設活用代案学校運営計画発表。 －3月：ソウル市、高等学校不適応生徒委託教育のための都市型代案学校3校運営計画発表。 －6月：運動場無しの代案学校設立可能など、特性化高等学校設立基準緩和。 －9月：ソウル市代案教育センター開館。 －10月：第1回代案教育国際シンポジウム。 －12月：教育部、国家人的資源開発基本企画大統領府報告書発表「中途脱落者代案教育活性化」。	－4月：不実代案学校への対策が至急課題とされる。 －5月：ソウル市代案教育センター「代案教育広場」開催。 －5月：教育部代案教育機会の拡大と内実化推進計画準備及び意見収集。 －6月：教育部が2003年から代案教育の授業も正規の授業として認定すると発表。 －7月：教育部代案教育政策方向関連民間専門家政策セミナー開催。 －9月：初中等代案教育機関の学歴認定方案研究の開始。
		『教育改革をデザインする』韓国語版出版。	
	京畿道N初等学校の校長、教師、親が新しい学校の会合を結成。9月「転入学推進委員会」結成、12月転入学開始。	3月入学式を迎える。5月統廃校の危機にあった忠清南道のコサン分校と交流。「小さい学校の再生モデル」として注目を受ける。	廃校の危機にあったコサン分校に96人の転入学生が集まり、新しい学校として再スタート。

表3－4　韓国における教育の全般的動向と代案教育運動の動向(2003年－2009年)

	2003	2004	2005
教育の全般的動向	－盧武鉉政権発足(2003年－2008年)。 －「教育人的資源開発革新ロードマップ」発表：教育人的資源政策3大原則である「分権・参加・統合」を中心とした教育行政体制の革新と参加のある教育共同体の実現などを提示。	－教育福祉総合計画：すべての国民の教育機会及び基礎学力を保障し、教育の不適応及び不平等を解消する一方で、福祉親和的教育環境を創り、民間の参加活性化を通した現場中心で顧客志向的な教育福祉政策の推進を提供。 －秀越性教育総合対策：1％の優秀な児童生徒は英才教育、4％の児童生徒は秀越性教育を実施。	－教員評価制：初等中等教師に対して管理職、同僚、生徒、親が評価を行い、その結果は該当教師に公表され、国家と教育庁、学校では評価結果を反映するというのが骨子。 －教育監直接選挙制：地域住民が直接各市・道教育監を選出するようになる。任期は4年間、3回まで連任が可能。
代案教育運動の動向	－6月：教育部、代案教育拡大、内実化方案を7月から段階的実施すると発表。 －6月：「都市は10代を探している」開催(代案教育博覧会)。 －6月：ソウル市代案教育センター第2回「代案教育広場」開催。 －10月：ソウル市教育庁、中学校課程を含む「都市型」代案学校を拡大運営すると発表。 －11月：全国13の代案学校「第1回全国代案学校学術会合」開催。 －12月：韓国青少年相談院「学業中断青少年支援対策実行方案」討論会開催。 －12月：ソウル市代案教育センター「学校の鐘が鳴る時」現場学習発表会開催。	－8月：E学校「代案教育研究所」設立。 －9月：共同育児・親が創る都市型代案学校ソンミサン学校開校。 －11月：ソウル市代案教育センター「代案教育教師アカデミー」、「代案学校は果たしてあるのか」シンポジウム開催。 －12月：アン・ビョンヨン教育副総理、代案教育センター設立と代案教育法制化を提案。	－2月：代案学校法制化。 －3月：ソウルの中高生毎年1万人以上学業中途放棄。 －5月教育革新委員会、特性化実業高等学校200校へ拡大。

2006	2007	2008	2009
－教員政策改善案：年功序列から抜け出し、能力と資質中心の人事制度を導入。 －地方教育自治法改定案：学校運営委員会が選出してきた全国の市・道教育監を2008年から住民が直接選挙できるようにする。 －私立学校法：私立学校の理事の中で4分の1は学校運営委員会や大学評議会が推薦した人が任命され、学校の透明性と公共性を監視するようなる。	－三不政策をめぐって政府と大学が対立：寄付金入学制、高等学校等級制、大学別入試の廃止をめぐって政府と大学が対立。 －2007年改訂教育課程公布：これまで全面改訂を行っていた教育課程が2007年から随時改訂体制へと変更。国語、道徳、歴史教科書の検認定制への変化。小学校における英語教育の強化。	－李明博政権発足（2008年－2013年）、高等学校多様化や大学入試自由化など、多様化、自由化の教育政策を公約として掲げる。 －教育人的資源部と科学技術部が統合し、教育科学技術部となる。 －大学入試政策における政府・大学間の葛藤：教育部は内申反映率を50％にまで引き上げることを提案、大学側はこれに反対。	－自律型私立高等学校の導入：多様な教育ニーズを受容するために2010年から学校の自律性が強化された私立学校の設立を推進すると政府が発表。 －入学査定官制度の拡大をめぐる議論：大学入試と関連して、点数だけではなく、生徒の経済的な背景など、非計量的要素を勘案し個別ケースに応じた選抜試験を開発する入試関連専門職を拡大することをめぐる議論が活性化。
－10月：ソウル市代案教育センター「2006代案教育国際シンポジウム及び代案教育広場」開催。 －12月：未認可代案学校財政支援実施。 －12月：教育人的資源部「代案学校設立、運営既定」立法予告。	－初中等教育法上に代案学校条項が新設。	－ソウル市で中学校課程公立代案学校を設立。	

表3-5 韓国における「学びの共同体」としての学校改革と小さな学校運動の展開（2003年-2009年）

	2003	2004	2005
「学びの共同体」としての学校改革	『学びから逃走する子どもたち』韓国語版出版。	－11月：釜山大学校教育研究所主催シンポジウム「学びとケアの学校共同体構築のための国際学術フォーラム」における事例の紹介。 －釜山大学教育研究所の研究チームとの協力で、釜山市の公立初等学校3校、公立擁護学校1校、慶尚南道の初等学校2校における学校改革実践が開始される。 －ソウル市内の私立初等学校の3年生の担任グループによる授業改革実践及び研究（「同僚間の授業参観と同僚奨学を通じた授業改革ーつなげるための教授学習用語使用を中心としてー」、2004年3月－2005年2月）。	－韓国の教師による日本のパイロットスクール（神奈川県茅ケ崎市浜之郷小学校）への訪問（以降、2015年現在まで毎年教師団の日本の実践校への訪問が続いている）。 －11月：第5回ソウル市代案教育センター主催シンポジウム「あたたかいケアと学びが可能な小さな学校づくり」（延世大学校）における事例の紹介。 －釜山市教育庁による指定校での「学びの共同体」の実践。釜山大学校教育学研究所の研究チームとの協力研究（「学び」と「ケア」のための学校共同体実践モデル開発研究、2005年3月－2006年12月）。 －7月：釜山大学校教育研究所主催シンポジウム「学びの共同体を中心とした学校改革」。
公立学校における「小さな学校づくり」（小さな学校教育連帯）	－全羅北道のサム初等学校が、N初等学校とコサン分校の事例を受容し、農村の学校としてケア、農事体験、瞑想、伝統文化などをカリキュラムに反映する学校改革に着手する。		－コサン分校がコサン初等学校へ昇格。 －慶尚北道サンジュで「真教育実践学校」のメンバーの教師たちが郊外にあるサンジュ南部初等学校を文化芸術教育とプロジェクト学習を特性化した学校へと改革。 －「小さい学校教育連帯」結成。

2006	2008	2009
ー『授業を変える学校が変わる』韓国語版出版。 ー一部の代案学校において「学びの共同体」が学校づくりの方針として採用される。 ー9月5日：盧武鉉政権当時の大統領諸問委員会教育部門において開かれた「革新・未来・そして教育の戦略」という国際会議で韓国が参照すべき海外の改革動向として取り上げられる。	ー1月：共にひらく教育研究所教員職務研修「授業が変われば学校が変わる」(E学校)。 ー9月：「第3回授業公開の日及び国際ワークショップ」(日本の研究者、教師との交流、E学校)。	ー4月：シンポジウム「授業が変われば学校が変わる」共同主催：スクールデザイン21、仁川教育フォーラム、良い教師運動、全国教員組合、真教育研究所、ハジャセンター学びの工房、共にひらく教育研究所(ハジャセンター) ー4月：「授業を中心として学校教育を改革する学びの共同体」主催：全国教員組合光州支部、光州教育大学校、光州広域市教育委員会、光州全羅南道教育連帯、KBC光州ドリーム (光州教育大学校) ー4月：「教室授業改善研究ー授業が変われば学校が変わる、学びの共同体中心とした授業の創造」慶尚南道協同学習研究会
ー大統領諸問教育革新委員会が学校革新の代表的な事例としてN初等学校の学校改革を提案。	ー教育科学技術部がN初等学校を田園学校政策の推進モデルとして提示する。	ー2009年当選し「革新学校」を初めて推進したキム・サンゴン教育監によりN初等学校が「革新学校」の代表的モデルとして提案される。

注

1. 日本の教育委員会に当たる。
2. その他にKBS追跡60分「崩れる教室、絶望する子どもたち」(1999年10月21日) など。
3. 当時公教育崩壊に関する新聞記事の見出しには次のようなものがある。

「第7次教育課程、外面的な変化だけ。学校は絶対塾に追い付けない」(2003年11月11日ハンギョレ新聞)。記事の中には、「生徒個人に対する関心と配慮という面で学校は塾に追いつけないので、私教育費が増えるのは当然である」、「学校では内申に焦点を合わせて暗記中心の授業が行われるが、大学入試には高い思考力を要する問題が出題されるので、塾に依存する他ない。また、大学入試に大きな影響を及ぼす各種コンテストや面接も、事実上学校の授業では対応することが難しい」という当時の高校生の声が紹介されている。

「私教育費特別対策委員会発足」(1998年6月4日、ハンギョレ新聞)。

「第一回アメリカ留学博覧会に、初・中・高校生の親が殺到した」(1994年3月6日、東亜日報)。

「暗記式教育に未来はない」(1999年5月4日、毎日経済)。

「公教育崩壊、解法はないのか－EBS特別企画『教育を告発する』」(2003年2月9日、国民日報)。

「次は学校教育が変わる番だ」(1996年11月22日、ハンギョレ新聞)。

「私教育の議論よりも先に公教育の不実を見直さなければ」(1998年9月1日、ハンギョレ新聞)。

「公教育から再生させよ」(1998年1月17日、京郷新聞)。

「私教育費20兆ウォン」(1997年5月13日、毎日経済)

4. 表3－3、表3－4の作成に当たっては教育人的資源部『代案教育白書』(2007年) を参照した。

第3章　新しい学校教育のあり方を追求する代案教育運動
―E学校を事例として

第1節　課題設定

　本章では、一部の特殊目的高等学校[1]を除き、事実上自律的な運営が可能な、民間によって設立された学校が存在しなかった1990年代の韓国において、教師と市民の有志により設立された「代案学校」が、後に韓国の学校改革運動の始発において重要な役割を果たしたことを明らかにする。一部の都市部に設立された代案学校は、韓国の学校教育の問題点を指摘しながら、新しい学校教育のモデルを提示することを目的とし、独自の授業、教職開発、カリキュラム運営を実施し、公教育圏内の学校にその実験と成果を発信することで、新たな学校のあり方に関する言説を蓄積する場として機能した。

　本章では、1990年代後半以降活発化した代案教育運動の結実として設立された代案学校に注目し、代案学校の設立がどのような背景において推進されたのかについて検討し、次に韓国における新しい学校教育像を提示したと評価される、ある代案学校の内部において、どのような学校づくりが進行したのかについて述べることにする。具体的な課題は次の通りである。最初に、韓国の代案学校が登場した社会的な背景について検討することである。第2に、代案学校の成功的なモデルとして語られるE学校に注目し、設立の経緯と教育の特徴を明らかにすることである。第3に、代案学校であるE学校内部では、新しい教育実践の創造のためにどのような試みが行われたのかについて考える。第4に、E学校が現在進行している公教育改革に与えた影響について述べる。

筆者は2006年から2008年の間に5回にわたり京畿道に所在するE学校に訪問し、教師へのインタビュー、授業参観、公開授業及び授業研究会への参加と記録を行うことを通して、同校が掲げる「韓国の公教育のモデルとなりうる学校教育の創造」がどのように実践されているのかを観察してきた。

第2節　代案学校登場の社会的な背景

(1) 代案教育運動の系譜―韓国における学校と教師による主体的な学校改革の歴史的、社会的な文脈

　韓国における代案学校とは、制度内の学校の教育方針や方法、内容に限界を見出し、それに代わる教育哲学、教育方法及び内容により学校を編成することを通して、新しい学習の経験や環境、活動を提供するように考案された学校を指す。このような代案学校の設立を中心とした、韓国社会における新しい学校のあり方を追求する動きを代案教育運動と呼んでいる。現在代案学校はその教育理念や内容、また形態において実にさまざまな様相を示しているが、大きく3つのカテゴリーに分けることができる(韓国教育人的資源部、2007: 28-29)。

　1つは「学校の形」を備えた代案学校である。既存の学校の形態を備えているが、学習の原理や方法においては大学受験に向けた競争よりは、共生と協力を重視する方向性を追求している学校である。これらの学校の財政は父母と市民社会の支援により運営されるため、比較的安定した家庭の子女が在学している傾向があり、大多数は大学進学の進路を選ぶことになる。2つ目の代案学校は学校の形を有していない学習の空間である。特に1998年の経済危機以降雇用の不安定と家庭の崩壊により、体制内の学校から疎外された子どもの受け皿となっている、「グループ・ホーム」の形をした複合的な空間である。3つ目のタイプは、家庭環境とは関係なく、既存の学校の文化に適応することのできなかった子どもたちのための学校である。一般的に「学校不適応児」と呼ばれているこの子どもたちの中には、学習に無気力な子どもだけではなく、旺盛な想像力と好奇心のゆえに現在の学校に適応できなかっ

た子どもも含まれ、さまざまな「学校不適応」の理由が存在する。このタイプの学校では、既存の学校ではなかなか実現できない「実験型」の学習を実施していることが多い(教育人的資源部：2007)。

多様な形で活発に展開している韓国における代案教育運動のルーツは、近代学校が成立して以来、制度や内容から疎外されがちな子どもたちのための、教師や学生、親などによる主体的な教育の取り組みに求めることができるだろう[2]。韓国の場合近代学校の成立とほぼ同時期に植民地期を経験し、間も無く軍事政権を経験するなど、教師の教育における主体性が抑圧される状況が続いたため、教師や学生、親の教育の運動は独立運動や民主化運動など政治運動に直結することが多かった。そのため、軍事政権に終止符が打たれる1990年代前半までの教師の教育の自主的な運動は、常に弾圧の危険に直面していたと言うことができる。実際、韓国教育史上最初の教育実践運動として認められるのは1960年4・19教員労組運動(教育の自主性と学園民主化及び教員の身分確保のための教権運動)であるが、軍事政権の弾圧により挫折し、これに関わった多くの教師は逮捕、免職を余儀なくされた。1970年から1980年代にかけては、1970年代に深化した、「毎年過熱される入試競争、補充授業と自律学習の強要、私学財団の不正の続出など生徒の非人間化と教師大衆の疎外現象が悪循環する教育の危機的状況(ナ、1990: 77)」を背景に、危機的な教育状況を打開するための教師の運動が起こった。これらの運動に関わった教師たちは、70年代大学生活を経験した進歩的な教師たちだったが、ほとんどの教師たちは厳しい弾圧に遭うことになる。

1990年代軍事政権に終焉を迎え、教育改革にも教育福祉の理念が導入されるようになる。しかし、教育福祉を理念とした教育改革が現実化する前に、韓国は国家的には1990年代後半国家レベルの経済危機を経験し、学校現場に関しては1970－1980年代の日本のマスコミを騒がせた「学級崩壊」、「不登校」、「いじめ」など、問題現象が頻発することによって混乱に陥るようになる。国家的経済危機を背景に、政府は、社会全般を効率化するとして、市場中心の政府非介入を標榜する新自由主義的経済政策に拍車をかけ、教育改革においても、効率性の原理を優先した改革を推進した。教員に関わる政策

では、1999年に行われた教員定年の短縮（65歳から62歳へ）と教員成果給制の導入が代表的である。「若く効果的な教壇づくり」及び「教壇の効率化」を目指した当時（金大中大統領）の教員政策は、他の領域とは異なり、学校には教育の論理が働くという信念を持ってきた教師の大規模な反発を呼んだ。

　一方、受験に対応する機関としての学校教育の機能がその限界状態を迎えたことによって露になった韓国の学校のさまざまな病理的な状況に対しては、有効な対策や代案が提示されていないまま、大量の早期海外留学や私教育市場の拡大をもたらしている。1990年代以降の国家的、社会的なさまざまな混乱の中でも、社会的な民主化の進展とともに、1999年の教員組合合法化など、教育の現場にも徐々に自主性が確保されることになる。しかし教師たちは自主性を確保すべき自身の教育の活動や教育内容の中身を作り上げる前に、学校内外のさまざまな要求に応えざるを得ない状況に置かれるようになる。

　このような歴史的、社会的に目まぐるしい変化の中、教師の自主的な教育の取り組みへの自由は形式的には確保されたが、公教育制度内の学校では、入試の影響や保守的な学校の雰囲気があるために、教師が独自の実践を行い、学校が一丸となって新しい学校教育の取り組みを行うことは容易ではなかった。そのような状況の中で公教育の外部で教師と市民を中心に起こった教育の草の根の運動が代案教育だったのである。

(2) 代案教育運動の概要

　すでに述べた通り代案学校は、政治的な民主化を達成した韓国社会が、教育、文化、社会の諸領域において既存の権威的な文化に対するオルタナティヴを模索する流れの中で、学校教育に対する意識を持った教師、親、市民を中心に構想、設立された学校である[3]。本格的に代案学校が構想され始めたのは1995年頃で、教育改革のために自主的に立ち上げられた市民の集い、民主化運動の過程で解職された教師たち、「脱学校」した子どもたちの集い、関連雑誌や出版社の活動、廃校を復活させるための集い、教員組合内の教師の会などがその主体となった。さまざまな層の個人やコミュニティにおける「新

たな学校教育」を模索する動きは、「代案教育」という流れを形成し、代案教育機関の誕生へとつながってきた。韓国のある研究者は、代案学校登場の背景を説明しながら、韓国の学校と青少年の現状を以下のように記述している。

「韓国の人文系の高等学校は主要入試教科中心に編成された講義式の授業を行い、自律学習という名の下で夜10時まで生徒たちを校内に拘束している。世の中で言う名門大学により多くの生徒を入学させることが、良い高等学校の基準となる。しかし教室を見てみると、ほとんどの生徒が机に伏せて寝ている。起きている生徒のうち、授業に集中しているのは僅かで、他は授業とはかけ離れた他の活動に没頭している。これが、教室崩壊という言葉が登場するほどに深刻な学校教育の現実である。学校はこのような現状でありながら、学校の内申成績管理と入試準備は大部分塾という私教育の市場に任せ、生徒たちは収容所のような教室に座って青少年期を無駄にしている。青少年期の生徒なら、その年齢に『なぜ生きているのか』、『将来何になるのか』、『どのように生きていくべきか』などという悩みと格闘してみるべきである。しかし、韓国の中等教育課程では、成長痛を同伴しながら経なければならないこのような悩みが、大学進学以降に延期されるか、あるいはそのような悩みをないがしろし、忘却させられている。」(イ、2012: 11)

このような「学校において教育の本質的な問題が扱われない状況」を問題と捉え、新しい教育原理や教育方法を取り入れた代案学校が次々と設立されるようになった。韓国最初の代案学校は、1997年 慶尚南道(キョンサンナムド)に設立され、1998年に認可されたガンジー青少年学校である[4]。現在の韓国の教育界では、このガンジー青少年学校の設立を代案教育元年としているのが通説である。この学校は既存の公教育制度内の学校が入試に偏重された教育をしていると批判し、「全人性」に焦点を当てた教育の実践を掲げて設立された。以降仏教の教えを基本とし、いじめや学内暴力により苦しむ子どもたちの受け皿として設立され、1998年に認可されたヨンサンソンジ高等学校など、次々

と公教育内の学校の教育内容とは一線を画した形の代案学校が登場することになる。

2000年代初めには、これまで大学入試を中心とした権威的で競争的な学校教育に閉塞感を覚えていた多くの親や子どもたちの間で代案教育は大きな話題を呼んだ。「『自由、個性を求めて』代案学校がブレイク：入試倍率10倍のところも」(『朝鮮日報』2000年11月20日)、「親が開いた校門：子どもが楽しめる学校」(『ハンギョレ新聞』2005年2月27日)といった当時の数々の新聞記事からは、学校の新しいあり方に対する人々の熱い期待を読み取ることができる。

代案教育機関は設立当初は公教育外部で設立、運営されたが、社会的関心の高まりに応じて、学校教育法の中に代案教育機関を位置づけるための動きが出てきた。したがって、代案教育運動が起きた当初は一言で「代案学校」と呼ばれていた代案教育機関が、政府の認可の有無によって学歴が認定される代案学校と、代案教育を提供する特性化中学校、特性化高等学校(以上認可)、未認可の代案教育機関の3つに大きく区別されるようになった。2013年6月現在、学歴が認定される代案学校(各種学校、初等学校-高等学校)は全国に19校、代案教育を提供する特性化中学校は11校、特性化高等学校は24校である。一方で、認可を受けていない「未認可代案教育機関」は、185ヶ所に上っている。教育部の調査によると、これら未認可代案教育機関で学んでいる子どもたちは8526名であり、教育機関を内容別に区分すると、一般代案教育のための機関が74、学校への適応が困難な子どものための機関が58、宗教教育機関が30、多文化の背景を持つ子どもたち、脱北した子どもたちのための機関が8、国際教育が6である。このうち、脱北者や片親の子どもたちを対象とする機関は、授業料が無料か、年間250万ウォン未満であったが、国際教育を目的とする機関の8のうち7は、授業料が年間1000万ウォン以上であることが明らかになった[5]。

代案教育機関は、公教育内の学校教育において十分なケアが行き届いていない子どもたちのニーズや声に対応している面では、学校教育の多様化に貢献していると見てよいだろう。公教育の学校教育が見逃している側面を補う

ことで、学校教育に示唆を与えてくれる実践もある。一方で、一部の代案教育機関では、教育内容や施設の不備、親の教育熱を利用した高額の授業料の徴収などが問題となっている。また、代案教育は、これまでの学校教育が見逃していた教育を充実させるという意味で、「学習者一人ひとりの人格と特性を尊重し、共同体としての学校を重視し、競争よりは協同を模索し、近代文明に批判的な視点を持ち、自然と人間の和解と共存を模索し、生態主義的な生き方を追求する。特定の宗教と関連する訳ではないが、霊性を追求し、人間的相互作用が可能な小さな学校を志向する。知識中心の教育だけではなく、日常的な生活に必要な労作と体験を重視する」（キム、2008）特徴を示しているが、既存の知識注入型教育の反動として、「体験を重視するあまり教科の学習がおろそかになっているのではないか」という憂慮や、「代案学校卒業後の大学進学や社会進学に負の影響があるのではないか」という懸念も示されている。

第3節　E学校の設立経緯と特徴

　韓国の1990年代後半からの代案教育運動において注目に値するのは、オルタナティヴな学校教育の構想と、実際の学校設立と運営の実践の蓄積の一部が、それが開始された公教育制度外にとどまることなく、現在進行している公立学校の改革事業の中で受け継がれている点である。ここでは、代案学校と公立学校の改革の連携において主要な役割を果たした特性化代案学校（認可代案学校）のE学校の事例を検討することにする。

　E学校は、「自己主導的学習の力を備え、21世紀の社会の中で異質な他者と共に生きることのできる人を育てる」ことを掲げ、2003年に開校した学校である。E学校の創立理念には、初等学校から高等学校に至るまでの韓国の大部分の学校教育の内実が、大学受験の準備に偏ったものであり、子どもたちは画一的な受験準備式の学校教育の中で受動的になり、一人ひとりの個性を尊重される権利が奪われつつあるという批判意識が横たわっている。1990年代後半から2000年代初めは、前述したように、E学校を含む100近くの

学校が、公教育のあり方を批判しながら、そのオルタナティヴとなるさまざまな教育理念を掲げ「代案学校」として設立された。E学校は、代案学校の中でも財政的基盤が安定しており、学校規模や施設などが一定水準を保っていることから、代案教育を提供する「特性化学校」として指定された。これによりE学校は学校内で代案教育を行いながらも、学歴認定と政府の支援を受けられるようになった。

　E学校を設立したメンバーの多くは、軍事独裁期に、労働、政治、教育などの領域において民主化運動に深く関わってきた者たちである。韓国社会とその縮図である学校の文化が、競争主義と暴力性に支配されていることを批判しながら、民主的な空間としての学校を建設することを夢見た。特に創立メンバーたちは、入試を中心とした学校教育の中で疲れ果てている子どもたちを見ながら、コミュニティ、哲学、エコロジー、環境など、既存の学校教育では強調されない価値を学校の中心におくような教育を構想した。「共に生きる教育、多様な生の体験を通じた教育、生徒が中心となった教育、心に善き芽を生やす教育」を教育目標としたE学校は、当初、「共に生きる」、「多様な体験」など、生徒の生活や人格に相当する部分は、体験学習と自治活動を通して育て、学力に当たる部分は探究型学習や自己主導学習で育成するという考え方を持っていたという。特に、授業においては、「自己主導学習 (self-directed learning)[6]」を強調し、子どもが自ら興味を持ち、自発的に学習に取り組むことができることを重視してきた。教師たちもまた、それぞれ学校教育に対する独自の明確な考え方を持っている。教師たちの同校に赴任する前の経歴は、公教育内の学校教師、市民運動家、芸術家などさまざまである。

　2003年に設立されたE学校は、当時多くの学校が自然親和的、生態的な学校教育を謳いながら農村部に設立されたのとは対照的に、「都市型代案学校」を標榜し、所得水準、教育熱が高く、私教育が発達しているソウル近郊の京畿道城南市盆唐区に建てられた。また、当時全寮制である代案学校が多かったのに対し、中高生時代の家族と共に過ごす時間の大切さを強調しながら、家庭からの通学時間が1時間以内の近隣地域の子どもに限って志願を受け付けた。

第3章　新しい学校教育のあり方を追求する代案教育運動　97

　2001年にE学校（当時は「（仮）明日を開く学校」）が学校設立基金を募るために盆唐区庁で市民に説明会を開く当初、設立準備メンバーは、新たな学校を設立する理由として、「現在の私たちの社会には学校を学校らしくすること」が必要であることを挙げた。その問題意識の1つは、一般の学校で、入試における主要教科である国語、英語、数学、科学以外の教科が軽視されていることであった。したがって「美術の時間には、美術を、音楽の時間には音楽を、体育の時間には体育を学び、学校教育の正常化を図ること」（イ、2012: 12）が目指された。また、大学入試に必要な学力だけではなく、感性、知性、意志をバランスよく兼ね備えた人になるための全人的な教養教育を実施することを教育目標とした。新たな学校が目指す人間像は次のようである。

学校設立の理念（イ、2012）
1. 人間の尊厳と生命の大切さを体と心を持って悟った人。
2. 家族、同僚、隣人、動植物とともに生きていける相生の知恵を持った人。
3. 自身と世界に対して反省的に思考することができ、それに基づいて自身の生を主体的に、目的を持って営む人。
4. 専門知識と技術を持ち、これを生の意味と目的、ひいては時代の普遍的な課題とつなげることができる人。
5. 頭、胸、手足の発達においてバランスが取れた人。
6. 文化の単純な消費者から積極的な享受創造者となれる人。

　上記のような学校設立説明に対して、参加した市民側からは、次のような疑問が呈された。すなわち、「教育熱が高い盆唐（プンダン）地域で、全人的教養教育をしながら既存の学校教育と共存するという発想は説得力があるものか」、「全人的教養教育をしながらも、大学受験において優秀性を確保することができるのか」といった、受験対策と人格や体験を重視する学校教育が果たして共存することができるのか、という疑念である。

　これに対して当時の学校設立推進者たちは、「設立予定の学校には中高が併設されており、中1から高1までは全人的教養教育に注力し、高2から高3までは進路と進学に合わせた教育と指導を行う」とし、中高併設校であるメリットを活かし、学年段階によって全人的教養教育と進路対策の比重を調

節すると答えた。また、私教育による家庭と生徒への負担を減らし、学校教育を正常化するという課題について、近年の韓国の大学入試問題が断片的な知識をどれ程暗記しているかを問うのではなく、大学で学問を追究し、研究するために必要な素養、つまり分析的、論理的、批判的、総合的、創意的思考力を備えているかを問う方向へ変化していることを挙げながら、新しい学校では教師と生徒が共に知識を探究し、構成していく教育方法を実施するため、同校が目指している教育方法は入試にも有効である（イ、2012: 16）と説得した。教師と生徒が日常的に質の高い探究型学習を授業で行うことで、私教育に頼らなくても大学受験に対応できる学力を養うと意欲を見せたのである。

市民や識者への説得の過程を経て、設立推進者は「E教育共同体」を設立し、「21世紀の共に生きる生き方」という教育目標がE学校でまっとうに実現するように運営支援をすると発表した。「E教育共同体」は地域の青少年及び成人のための多様な教育プログラムの運営を通して「地域住民の学校」を志向し、生活協同組合、住居協同組合、信用組合など多様な協同組合の設立、運営を通して地域の共同体文化を拡散させるものである。特に同校のモデルを発展させ、全国の主要都市へ代案教育運動を拡散させ、ひいては韓国の学校教育全体に新しい学校のあり方を発信することが設立の重要な目標とされていた。「E教育共同体」は少数の資産家の資産によって学校が設立される場合、学校運営において少数による独断が生じる恐れがあるとして、100人の協同設立者が共同で出資し、設立する方法を採用した。毎年の総会で学校法人E学園の理事を民主的に選出し、理事間のコミュニケーションを円滑に図るために、E教育共同体の人数を100人程度に制限しているという。

E学校設立の意義において重要な点として、当校は設立において韓国の学校文化の根深い受験中心主義、競争主義の弊害に対する問題意識を持ち、それに代わる新しい学校教育のあり方を社会に提示するという使命を掲げていたことを挙げることができる。後続する節で詳述するが、2009年から各地域の教育庁が推進している「革新学校」の学校改革事業で、E学校はそのモデル校としての役割を果たすことになる。E学校は2010年の京畿道教育庁の「革新学校」政策の戦略的拠点校となり、現行の学校教育に対する新しい

モデルを提示する機能を担ったのである。これは、公教育の制度の外で始まった代案学校が、公立学校の目指すべきモデルを提示しているという点で、当校が設立当初掲げた目標を一定程度達成したと評価できるだろう。授業と学校文化の革新といった面で、E学校は、自律と自治の学校文化、共に学び、教える教師－生徒のパートナー関係の形成、学期当たり履修教科目数の大幅の縮小、民主的コミュニケーション能力の育成を目標としたグループ別問題解決型学習の導入、話し合いの授業、話し合いの授業を可能にするための授業時間ブロック制導入、構成主義的教授法を基盤としたテーマ中心の統合教科の導入などを実践している（イ、2012: 18）。

また、E学校と一般の学校教育のコミュニケーションを支える重要な役割を果たしている存在として、併設の教育研究所がある。E学校の教育内容の充実を目的に2004年E教育研究所が設立され、2006年には社団法人化（教育部公認公益法人）し、「共にひらく教育研究所」として再出発した。社団法人の研究所として再出発する際には、「代案教育の枠から抜け出し、学校教育一般の改革、ひいては青少年のまっとうな学びと成長を実現するための教育システムを模索する」ことを目標として掲げている。同研究所では、代案教育モデル実践事業、教師のための教育や研修の主催、青少年ネットワーク構築、インターネット講座の提供を行い、最近では「革新学校」の拠点校としてE学校と公立学校の連携事業に携わるなど、韓国におけるオルタナティヴな教育のあり方を教育界に発信し、新しい学校教育を切り開くための教育運動を、代案教育機関や公立学校の境界を越えて組織する役割を担っている[7]。

代案教育運動の盛り上がりから15年程が過ぎた現在、多くの代案学校は運営やその役割において困難を経験しているとされている中、開校から10年を迎えたE学校は、現在でも入学に際しては「私教育を諦めるための覚書」を必須提出書類としながらも、大学入学において実績を重ね、毎年入学志願者が集まる人気校となっている。

第4節　E学校における新しい学校教育を創造するための試み
―挑戦と停滞を経て

　本節では、E学校が韓国の学校教育にオルタナティヴを提示する役割を果たす中で、学校のあり方やヴィジョンを形作る過程に注目する。特に開校初期に学校のあり方を模索する中で、日本発の学校改革の実践的哲学である「学びの共同体」と出会っていたことについて検討し、「学びの共同体」のどのような部分が受容されたのか、またいかなる部分において教師たちは学校改革の停滞を経験したのかについて述べる。

　2014年で開校10周年を迎えたE学校であるが、学校の設立に関わり、E学校の教師を務めた経験を持ち、現在は別の代案学校の代表のある教師は、E学校の10年を振り返りながら次のように述べている。

> 「E学校は、出発当時、学校哲学と志向が不明確であったように思います。多様な哲学的な価値が羅列されていただけで、それが教育現場に具現されるための原理はありませんでした。(中略)代案教育に対する多様で、漠然とした考えや、想像に基づいた進歩的な教育まで、さまざまな観点からの思考が何となく共存している、といった感じでした。」(共にひらく教育研究所、2013)

　学校を支える、しかもこれまでの韓国の学校教育に示唆を与えることができる学校改革のヴィジョンと方略を求めていた中で、開校翌年の2005年に、E学校の校長を始め教師たちは、日本の教育学者により提案され、多くの学校で実践されている「学びの共同体」の学校改革に出会うことになる。現在では、「学びの共同体」を全面的に標榜した学校改革は行っていないが、E学校の学校づくりにおいて影響を及ぼしたことは、同校の教師たちと同校の実践を扱った研究者たちの記録から確認することができる(イ、2008；共にひらく教育研究所2007、2008；孫、2014；イ、2012)。

(1) E 学校の「学びの共同体」との出会い

　「共に生きる教育、多様な生の体験を通じた教育、生徒が中心となった教育、心に善き芽を生やす教育」を教育目標とした E 学校は、当初、「共に生きる」、「多様な体験」など、生徒の生活や人格に相当する部分は、体験学習と自治活動を通して育て、学力に当たる部分は探究型学習や自己主導学習で育成するという考え方を持っていたという。特に、授業においては、「自己主導学習 (self-directed learning)」を強調し、子どもが自ら興味を持ち、自発的に学習に取り組むことができることを重視してきた。しかし、校長のヤン先生は子どもたちの総合的な成長を、生活の指導＝体験学習や自治活動、学力の指導＝授業における探究型学習や自己主導学習という二分法的な考え方に変更を迫られるきっかけがあったと振り返る。それは、校長や教師たちが、教師の一方的な講義式授業から脱し、生徒が学びの主体となる探究式授業を続けた成果がある程度見え始めたと感じた 2005 年のことである。

　当時同校の教室では、授業にそれほど積極的ではなかった子どもたちも、徐々に自ら学習に興味を持ち始め、積極的に発言する子どもたちが増えていった。しかし、教師たちが目にしたのは、全体的に授業が活気づいていく中でも、依然何も言わずに遠くを見つめていたり、学校に来ては机に突っ伏して眠っている子どもたちの存在であった。彼らをどのように自発的な学習へと導くか。そのような悩みを抱えるようになったきっかけの 1 つに、2005 年 11 月 27 日ソウル市代案教育センターが主催した国際ワークショップがあるとされている (イ、2008)。代案学校の関係者や一般学校からの教師が数多く集まったこのワークショップで、E 学校は中 2 の道徳の授業を公開した。この授業は、宗教の問題を題材としたもので、中学校の授業にしては内容的にも深みがあり、子どもたちも活発に参加し、発表する子どもの声は自信に溢れているように見えた。ワークショップに参加した多くの韓国の参加者は、この授業を「子どもたちが積極的に参加したすばらしい授業」として評価した。しかし、この日の講師であり「学びの共同体」としての学校改革を提唱し、推進していた東京大学 (当時) の佐藤学氏は講評の際、特に授業中の子どもたちの様子に触れながら、「子どもたちの目がうつろ」、「子どもた

ちが互いの話を聞こうとはせず、自分のことばかり話そうとする」、「子どもたちの間の関係が冷たい。互いに助けようとしない」、「授業後半の教師の説明が長くなり、子どもはどんどん学びから離れていっている」と述べている。それまで外部者からのE学校の授業に対する評価は高く、教師たちも子ども中心の授業が実現しているというそれなりの自負を持っていたため、この講評は教師たちを戸惑わせるものだった。しかし一方でこの講評は、それまで授業を評価する際に教師の教え方や、子どもたちの発表の仕方、あるいは教材の選択などといった授業方法や授業の個別要素に主眼が置かれがちであったことから、授業に参加している子ども一人ひとりが、他の子どもや教材や教師と如何に関わりながら学んでいるか、または、学んでいないかという面に注目することへの転換を図る契機となった。自己主導的で探究のある授業を目指し前進してはきたものの、授業に全く参加しない少数の子どもの存在に悩んでいた教師たちには、なぜ、授業から疎外される子どもたちが生まれてしまうのかについてより積極的に考えるようになったのである。

　2005年11月のワークショップを機に、E学校の校長や研究部長、そして一部の教師たちは、学校づくりにおいて子ども一人ひとりの学ぶ権利を保障することと、そのために授業で子どもたちが他者や教材、そして子ども自身と如何に関わり合いながら学んでいるかという事実を重視する考え方に出会うことになる。そして、そのような視点から学校改革を推進している学校が日本に存在しているということを知り、校内研修の一環として日本で「学びの共同体」としての学校改革を進める学校へ訪問することを決めた。

　2006年1月、校長を含む16人の教師が「学びの共同体」としての学校改革に取り組む小学校と中学校それぞれ1校ずつを訪問、公開研究会に参加し、授業と授業研究会の様子を参観した。来日して教師たちが初めて訪問した学校は東京都内の公立小学校であった。同校は2001年度より2009年現在まで「学びの共同体」としての学校改革を持続的に行っており、校長とベテラン教師が学校改革に対する信念を共有し、若手の教師や新任教師を支えることによって、教師の異動にもかかわらず安定的に取り組みが行われている学校であった。同校の研究集録には、「校内研究中心の学校運営」、「聴き合う活動、

学び合う活動の充実、学びの共有」、「子どもの学びの寄り添った授業の構想」、「子どもの学びの姿から教師も学ぶこと」、「教材の本質を見抜く目をもつこと」といった言葉で学校改革の道筋が表現されている[8]。同小学校の2年生の国語の授業を参観した研究主任（当時）パク先生は、「子どもたちが自分の感想を教材の内容、仲間の言葉、そして前に教師がした話などとつなげながら話していた。子どもたちと先生の小さな声が、子どもたちの周囲にいた多くの訪問客には一曲の交響曲のように静かに響いていたことを鮮明に覚えている」（共にひらく教育研究所, 2007）と日本で出会った授業の風景を振り返っている。

日本で数々の学校が実践している「学びの共同体」としての学校改革に触れた研究部のパク先生は、開校して2年間（2003年－2005年）のE学校の成果を振り返ると同時に、今後の学校運営において学びを中心とした授業と授業研究が必要であると提起した。2年間の成果として、学力面においては、(1)自己主導的学習や探究型学習を重視した授業を実施した結果、子どもたちの想像力が伸張し、他者や世界、自分との関わりを反省しながら思考できる子どもが育った、(2)最近の青少年の読書が漫画やファンタジー小説などに偏る傾向があるのに対し、E学校の子どもたちは哲学、社会科学、自然科学などの書籍を手にすることが非常に多くなった。生活や関心、意欲などに関しては、(1)一般の学校には存在すると言われるいじめがない、(2)社会的な事柄への関心の幅が広く、自発的なボランティア活動や学校内の自治活動に積極的に参加している子どもが多いことを挙げている。しかし、2年間の実践の結果明らかになった問題点や限界もある。自分の意見を発表することには積極的だが、仲間の意見は聞こうとしない子が多々いること、学習に関心がない子どもたちの大部分が授業中居眠りをしたり、雑談をし、授業に参加できていないとされている。

また、子どもが自発的に学習することを重視はしていたものの、授業のかなりの部分が教師の説明で占められ、知識を探究するためのガイドやファシリテーターとしての役割よりは、知識を伝達する者としての役割を担ってきたと省みている。過去2年間の教師たちが開いてきた会議の文化にも触れている。これまで教師間の「民主的な意思決定構造」の構築を目指し、「教科別

協議会」や「学年別協議会」など意見を表明できる場を設定してきた。しかし、2年間の教師たちの会議は対話的な実践であるよりは、自分の主張を声高く言い合う独白の場である傾向があったと振り返っている。教師間のコミュニケーションを強化するための場を数多く設けたものの、生徒たち同様、教師たちの間にも、お互いの意見を聞くよりは、話すことを優先する文化が存在してきたのである。

(2) E学校の「学びの共同体」としての学校改革に向けた挑戦

　研究部長のパク先生は、学校改革実践との出会いを契機として、学校理念の実現を阻む壁を乗り越えるのに、「学びの共同体」の授業研究が1つの突破口となるだろうと考えた。校長の積極的な勧めもあり、「学びの共同体」の実現に向けた授業研究を2006年の最も重要な事業に決定した（共にひらく教育研究所、2007: 19）。開校して2年間の成果と課題を省みる上で、E学校の教師や子どもたちが現在抱えている困難や今後の学校づくりに向けてのヒントを得られるかも知れないと認識したヤン校長（当時）と教師たちは、学び合いのある授業を中心に据えた学校づくりの理解のため次々と研修や研究会を企画していった。

　「学びの共同体」としての学校改革をスタートする上で、E学校がまず始めたのは、教師たちの間で学校改革に向けての哲学とヴィジョンを共有するための努力である。上記の日本訪問、研究会、講演会以外にも、校内研究部の主催で行われる週1回の授業研究に関する研究会を開いたという。研究会では、『公立中学校の挑戦―授業を変える学校が変わる―富士市立岳陽中学校の実践―』(2003年、佐藤雅彰・佐藤学編) の検討、韓国清州教育大学のイ・ヒョッギュ教授を招いての「授業観察と批評」及び「アクションリサーチ」に関する勉強会、『中学校を創る―探究するコミュニティへ―』(2004年、福井大学教育地域科学部附属中学校研究会編) の検討、京畿道教育放送が放映した優秀授業事例の映像の検討などを行った。韓国には、日本と比べ、授業や授業研究に関する実践事例や教育学研究の蓄積は少なく、研究会を進めるにあたっては、日本の書籍を翻訳し、検討することが多かったという。

2006年3月、学校の教師全員が学校改革のヴィジョンと哲学に同意するまでには至らなかったが、E学校では学校改革を進めるための哲学とヴィジョンを共有するための努力と並行して、学びを中心とした授業と授業研究への取り組みが始まった。最初に毎週水曜日の午後3時から6時までを、公開授業の参観と授業研究会の時間として確保した。当時のE学校は設立から日が浅かったため、教師一人ひとりの授業やその他業務に対する負担も大きく、教師たちは空き時間は授業の準備や生徒、親との相談、業務分掌の仕事やその他雑務を処理するのに追われていた。そのため、毎週3時間を授業研究会のために割くということは決して容易なことではなく、中には負担を加重させられると感じた教師も少なくなかったという。そこで同校は教師たちが授業研究に集中できるように、教師の業務軽減に向けた学校内の制度改革に踏み切った。制度改革を進める中で、クラブ活動や論文研究などに生徒の親が積極的に参加し、教師の業務軽減に貢献している点は、同校の親の学校運営への協力度と意識の高さを表している。

〈教師たちが授業研究に集中するための試み (共にひらく教育研究所、2006)〉

学校設立の理念 (イ、2012)
1. 相談担任制を廃止 (相談は学級担任が担当するように) し、遂行評価[9]の回数を減らした。
2. クラブ活動の指導を先輩や親に依頼し、卒業作品、インターンシップ、論文研究などにおいて指導教師の役割を生徒の親に委任した。
3. 会議の回数と時間を調整した。
4. 新しい教材を開発するよりは今ある教材を活用することにした。

　同校の授業研究会は大きく3つの方法で進められた。教師全体が参加する授業研究会、学年別に教師が集う授業研究会、教科別教師による授業研究会の3つである。2006年には全体の授業研究会を12回、学年別授業研究会を各1回 (計4回)、教科別授業研究会を各1回以上 (計10回) 実施した。2007年度には全体授業研究会を4回、学年別授業研究会を各2回 (計10回) 実施した。

2008年には授業改善がある程度実現したと判断し、私教育の克服を学校の主要な課題として設定した。そのため全体の授業研究会を1回に減らし、学年別授業研究会を廃止した代わりに、教科別の授業研究会を4回に増やすことにした（イ、2008）。また、2006年から2008年まで年に1度は「授業と授業研究会公開の日」を開き、全国の一般学校や代案学校関係者、研究者、メディア関係者に学校公開を行っている。これは上述した、E学校の一般学校への学校教育のモデル提示といった面や、学校外部の人々とコミュニケーションを図るといった面で重要な場として機能している。

また、学びを中心とした授業を創り上げるためのE学校独特の取り組みとして、2007年度から生徒会主催の「良い授業づくり」という生徒と教師によるフォーラムと、「教科協議会」という教師と親の間の授業をめぐる話し合いの場が持たれてきた。

「良い授業づくり」は、主に中間テストの直後に行われ、(1)教師への要望、(2)生徒たちの授業中の態度に対する省察、(3)授業の良いところ、(4)授業の中で難しい点という、生徒会が提案した4つのテーマに基づき議論が行われる。前半は、教師は出席せず、生徒同士で話し合いが持たれる。生徒同士で議論し合った内容は黒板に記録され、後半からは生徒同士で議論された内容に基づいて教師と意見交流を行う。また、「教科フォーラム」では、教科の構成、授業の進め方、教科の成果などに関するテーマを設け、該当する教師全員と親たちが意見を交換する。フォーラムでは教科に関する説明と資料の提示に続き、親からの質問と批判、そして総合討論が行われる。授業をありのまま親に公開し、それについて評価を受けることは、教師たちには酷なことかもしれないが、「教科フォーラム」実施後の教師たちの反応はほとんどが肯定的なものであるという。授業を進める上で経験する困難を親と共有することを通して、解決の方途を親と協同で模索することができるだけでなく、同じ教科担当で他の学年を担当する教師たちと共同でフォーラムを準備することで、担当教科に対する視野が広がるからである。

(3) 教師たちが直面した困難と学校改革実践の揺らぎ

　2006 年から「学びの共同体」としての学校づくりに取り掛かり、特に授業研究会に力を入れてきた E 学校だが、3 年目を迎える 2008 年には併設の研究所である「共にひらく教育研究所」から発行される季刊誌『共にひらく教育』に、3 年間の実践を振り返る教師の語りを掲載している。教師の語りからは、教師の授業や子どもを捉える観点、教職の専門性に関する視点の捉え直しが行われたことが垣間見える。授業観の変化に関しては、「これまで学校生活を送りながら、学校教育の中で教科以外の部分が軽視されていると感じていたが、『学びの共同体』としての授業づくりに接して、授業と生活は分離されているものではないと思った」と語る教師がいる一方、教師の専門性についても、「授業研究会の中で子どもの学びを丁寧に見取る経験をするようになり、それまでは子どもの学びの過程には配慮せずに学習の結果のみに集中していたことに気づいた」と語る教師や、「韓国の多くの学校の授業研究会では、教師の教授行為を観察するが、『学びの共同体』を追求する私たちの授業研究会は、子どもの学びを中心に据え、それと関連して教師の教授について語るので、その面で外部からの教師にもインパクトを与えている」と述べる教師もいた (共にひらく教育、2008)。

　また前任校でも代案学校の教師を務めていたある教師は、「E 学校に赴任する前に在職した代案学校では、学校の方向性が絶えず揺れ、不安定な状況を経験した。また、無理な目標設定をすることも多く、問題が起こっていた。また、授業が重要だということはわかっていたが、どのように実践すれば良いかについて戸惑っていた。E 学校は最初から授業に焦点を置こうということには合意が形成されていたが、具体的な方法はなかった。そういう面で、『学びの共同体』というガイドラインがあったため安心感を覚えた」と語っている。

　このように、E 学校における「学びの共同体」としての学校改革の実践は、個々の教師たちの授業や教師の専門性を捉える観点の転換に影響を与えてきた。しかし、2006 年から学校づくりの方向性として前面で語られてきた「学びの共同体」は、徐々に学校全体、教師全体の共通的な言語としての影響力を弱めていく。その背後には、「学びの共同体」としての学校改革実践にお

いて教師たちが混乱を経験したことと、教師を取り巻く業務環境や学校文化があると考えられる。

「学びの共同体」による学校改革を実施してから2年目である2007年の研究部長のパク先生の語りには、教師が日常的に授業を公開し、授業における子どもたちの学びを同僚教師で共に見取ることで子ども一人ひとりの学びを保障し、教師の成長を支援する授業研究を1年間実施した結果感じた困難が表現されている。困難の要因には、1つ目に、代案学校としてのE学校が持つ特殊な環境によるものがあった。代案学校は、公教育内の学校教育のカリキュラムに異議を唱えながら、新しい教育方法を掲げて登場した学校であるため、学校独自のカリキュラムを開発し、実施している。したがって一般の学校と比べると教師はカリキュラムの開発と運営を担当しなければならず、また、生徒中心の多様な活動や、教師が生徒に寄り添うための活動が多く設けられているため、教師の授業内外における負担が大きい。学校の規模が小さいため、1人の教師が多様な学年の授業を同時に担当し、学校業務を担当することも多い。パク先生が語っていた2つ目の困難の要因は、大学受験を目前とした高等学校2-3年生の授業で学び合いの授業を実践することが困難であるという点である。韓国の高等学校では大学受験を前提とした授業が行われることが多く、学年が上がる程、個人作業をベースとして効率的な受験準備をすることが授業で求められている。高等学校段階における学び合いの導入は、教師、親、子どもに受け入れられ難いという。最後に、韓国には教師同士の授業研究の文化やそれを研究テーマとして教育学関連の文献が乏しく、研究を深めようとしても参照する資料が少ないことも困難として語られた(共にひらく教育研究所、2007: 19)。

これらの困難を打開し、授業研究の文化を定着させるために、研究部は(1)哲学とヴィジョンの共有のための努力、(2)子どもたちの学びに焦点を当てた授業研究、(3)親の理解と参加のための努力、(4)授業研究の記録を残すことを実践した。授業を始めとして、学校づくりにおける教師たちの実践を記録として残し、同僚教師、親を始めとして外部にも発信するために、2006年3月からは「共にひらく教育研究所」と共同で教育活動全般に関する省察

的な記録と提言を盛り込んだ機関紙も年2回発行し始めた。

しかしこのような努力にもかかわらず、2008年頃には、校内における「学びの共同体」としての学校づくりのへの動機は全体的に低下傾向にあった。2008年10月に行ったパク先生へのインタビューでは、E学校における「学びの共同体」を中心とした学校改革の意義と、これ以上積極的な推進が困難な理由が述べられた。パク先生は次のように語っていた。

> 「代案学校では、これまでの学校教育が勉強のみを強調しすぎたという反省から、体験や人格形成を中心とした活動を強調する傾向があった。しかしこれは教科知識と子どもたちの経験を分離して考えているという面で、既存の学校教育と表裏一体であり、代案学校が発足した初期における限界として指摘されていた。E学校は教師の専門性の中核に授業を据え、一人ひとりの子どもの授業の中での学びを丁寧に支える『学びの共同体』の理念に出会い、勉強と生活、学習と経験を分離して考える授業観から抜け出すことができた。授業における子どもたちの学びを保障するときに、生活や人間関係の問題の大部分も解決できるという視点が教師たちの間に生まれたことは大きな収穫だと思う。[10]」

一方で、学校を変えるためには変化の方略と方向性において学校構成員の集約的な取り組みが必要であるにもかかわらず、E学校においては「学びの共同体」としての学校改革の求心力が低下しており、学校全体が強力に進めることは難しくなったとしていた。その理由としては、(1) 一斉型、講義形式の授業に慣れ親しんでいる教師たちにとって子どもたちの学び合いを支援する「協同学習」や「小グループによる学習」の実践が容易でなかったこと、(2) 韓国の大学受験が重視される現実の中で、中高では一定程度教師主導の講義が必要不可欠で、学生中心の探究型の学習と、教師主導の講義を適宜織り混ぜながら授業を行うことが必要であること（一貫して学び合いだけを追求することができない状況）、(3) 都市型の代案学校として、実験的な試みを絶えず外部から要求される同校において、固定した1

つの価値を学校改革の中心に据えることで、学校の力動性や斬新さが失われるのではないかという懸念、(4) 授業研究会が教師たちの負担となり、研究会の内容も回を重ねるごとにマンネリ化したこと、(5) 学校改革について異なる意見を持つ教師との葛藤が挙げられた。学校を変える試みにおいて、より多様な視点を導入した方が良いという考え方から、「学びの共同体」としての学校改革の視点に加え、2008年からは韓国国内の協力学習 (co-operative learning) の専門家や教育人類学をベースとした授業批評を専門とする大学研究者、フィンランド教育の専門家も招き、研究会を開いている。

2014年に刊行されたE学校と併設研究所の季刊誌においてパク先生は、2006年から2008年までのE学校における「学びの共同体」としての学校改革について次のように振り返っている。

> 「(『学びの共同体』としての授業づくりを通して) 活動的、協同的、反省的学びが起こるように授業を革新することは素晴らしいことである。実際、授業中寝ていた生徒が起きて学ぶようになり、子どもたちの空虚な目が活き返ったことも事実である。しかし2006年から2008年の間に推進した『学びの共同体』の理論に立脚した授業研究会を振り返れば、以下の反省点が残る。まず教師の教授と子どもの探究が適切に配分されないと、生徒の学習能力は大きく向上しないという点である。探究討論式の授業だけを続けたとき、生徒たちは授業中に何か学んだような気はするが、何を学んだのか記憶に残っていないと訴えた。知識が構造化されなかったからである。2つ目に、生徒がグループ活動に対して疲労感を示し、積極的な参加意志を示さないということである。このような現象は教科の核心概念と理論を正確に理解し、一段階高い課題に適用することを望んでいた高等学校2－3年の生徒たちの間で顕著に現れた。3つ目に授業の多様性を認めず、特定の観点から授業の意味を裁断し評価することで授業を公開した教師を傷つけた点である。その結果授業研究会に対する懐疑論が提起され、一時期は授業研究会が沈滞に陥ったこともあった。」(共にひらく教育研究所、2014: 40)

第1章ですでに指摘したように、「学びの共同体」としての学校改革は学校教育の一部、つまり、カリキュラムや授業、教師の研究など特定の一部分を改善するための方法論ではなく、未来の学校をどのように構想するのかというヴィジョンと哲学であり、民主主義、公共性、卓越性が学校の中で実現するための活動システムと原理を示したものである。E学校における「学びの共同体」のアイデアの導入は、初期には、韓国社会における学校のあり方の反省と未来の学校教育に対するヴィジョンと哲学の必要性という背景において行われたが、授業と授業研究会を通して実際に学校改革を推進していく中で、具体的な壁にぶつかるようになった。たとえば授業に関しては「(「学びの共同体」のアイデアに基づいた授業を進めてみたが、)生徒の目立った学力向上が認められない」、「協同的な学習が受験学力につながるか不安」といった理由で、また授業研究会に関しては「授業に関する教師の議論が深まらず堂々めぐりしている」、「学年、教科を越えた協議は効率的ではない」という意見によって、学校改革の推進力が低下し始めた。実践3年目を迎えた時点では、これらの壁を乗り越えてまで民主主義、公共性、卓越性のヴィジョンと哲学を貫こうとする動機は管理職と教師たちの間で薄れていたように見える。それにはさまざまな原因が考えられるが、まず「韓国の公教育に対して新しい学校のモデルを提示する」といった大きな使命を掲げながらスタートした同校であるだけに、短時間で可視的な成果を出さなければならないという圧迫が教師たちに働いたのではないかと考えられる。筆者とのインタビューにおいてE学校の研究部長を始め教師たちからは、「『学びの共同体』の大きな方向性には共感する。しかし、実際、授業でどのようにすれば子どもたちが変化するのかわからない」という旨の語りが頻繁に見られた。未来の学校をめぐる理念や哲学も重要だけれども、現在直面している壁を打開できる「方法論」あるいは「マニュアル」を教師たちは求めているように見えた。変化を急がなければならない教師たちをめぐる状況の他にも、「協同的な学習で大学受験に必要な学力がつくのか」という親の不安への対応にも教師たちは苦労していた。このようなE学校が経験している困難からは、韓国の受験対策に偏重した学校教育のオルタナティヴの創造を謳いながら登場した代案学校

でさえも、韓国社会が囚われている「大学受験神話」から自由になれない皮肉な現状を読み取ることができる。また、民主主義的で公共的な学校を追求している教師と親自身が、誰よりも激しい受験競争を潜り抜けてきた当事者であり、彼、彼女らにとっては他者と協力し合いながら豊かな学びを創り出すという経験が希薄であること、ひいては教師たちは「マニュアル」や「方法論」に依存せず、授業や子どもとのかかわりに関する独自の哲学を持って自律的に教育実践を行う機会を持てなかったことも、「学びの共同体」の学校改革が一時期停滞した要因であると考えられる。

E学校が「学びの共同体」を持続する上でさまざまな壁に遭遇したのは事実であるが、しかし、その停滞と時期を同じにして、韓国国内では「革新学校」事業の始動が準備されており、同校の約3年間の学校改革のための努力と実践の蓄積が大きく注目されることになる。同じ時期に京畿道では次期教育監候補と新しい学校を追求する教師たちを中心に「革新学校」の構想が立ち上げられ、E学校は、「革新学校」の具体的なモデルを示す中心的な拠点学校として、これまで積み重ねてきた学校改革の実践を公立学校の教師たちに発信する積極的な役割を果たすこととなったのである。

第5節　E学校が公教育改革に与えたインパクト
―「革新学校」の拠点校として

2009年韓国で行われた地方選挙で、競争的で受験中心的な学校教育に代わる民主主義的で公共的な学校教育を実現するための「革新学校」事業を推進する教育監が多くの地域で当選した。E学校が所在する京畿道では、全国で「革新学校」事業に最も意欲的なキム・サンゴン氏が教育監として当選し、新しい学校文化づくりが進められている。2014年3月にキム氏は京畿道知事選出馬のため教育監を退任したが、6月の選挙で「革新学校」を支持する教育監が当選し、現在も京畿道は全国の「革新学校」事業の拠点として活発な学校改革を推進している。2009年13の学校で始まった「革新学校」は、2014年9月現在329校において運営されている。これは、京畿道の全体小中高の

約14.5％に当たる数字である。

　E学校は、京畿道教育庁が「革新学校」の学校改革を開始する上で、「革新学校」の追求すべきあり方や意味を示す拠点校としての役割を担うようになった。その背後には、学校教育の問題と新しい学校の必要性に対する議論の蓄積と発信において、代案学校であるE学校が重要な役割を果たしたことと、公立学校と代案学校という垣根を越えて、学校改革の実践教師のネットワークの形成に同校が寄与していたことに、京畿道教育庁が注目したという経緯がある。「革新学校」事業の準備と開始にあたって、E学校の校長及び教師たちは京畿道教育庁から招聘され、準備委員として参加した。また、E学校が主体となり、「革新学校」を準備する学校教師の研修及び授業公開が行われた。本来「革新学校」は、公教育の再生と新しい学校教育のモデルの提示を目的としており、指定の主な対象は公立学校である。E学校は市民と教師の教育運動から始まった民間を主体とする私立の代案学校であるが、設立と同時に政府により「特性化学校」として指定され、カリキュラムや運営の自律性は認められながらも、公立学校の枠組みに入っているため「革新学校」の指定対象となった。E学校の高等部は2010年に「革新学校」として指定され、現在に至る。2010年には高等学校における拠点校となり、「革新学校」間の協議会や研修の主催と、優秀事例やプログラムの開発を担当したが、2011年以降は拠点学校からは外れている。このことから、E学校は、「革新学校」事業初期における拠点校の役割を果たしたと考えられる。

　競争主義や受験中心主義で疲弊した公教育を正常化するための学校モデルの創造と普及を目的とした「革新学校」のモデル校としてE学校が指定されたという点は、E学校側から見れば、設立当初目指していた新しい学校像の公教育への発信という役割を一定程度果たしたと見ることができるだろう。それでは、E学校が「革新学校」推進の初期において、公立学校へのオルタナティヴな教育のあり方の発信をどのように行ったのかについて見てみよう。

　E学校は2006年12月16日の第1回公開授業研究会を始めとして、定期的に授業と教師の授業研究会を学校外部者に公開してきた。第1回の公開授業研究会の趣旨に関しては、「『学びの共同体』を志向するE学校の授業と授

業研究会に対する親の疑問を解消し、ひいては授業をアップグレードする機会とするために授業及び授業研究会を公開した」(共にひらく教育研究所、2007: 6)とされており、公開の対象を主に親としている。それに対して、2009年の第4回公開授業研究会を振り返った文章では、「(「学びの共同体」を実践してから)4年が経過しました。E学校は変わったでしょうか。内部者の視点からは気づき難い部分もあります。今回の授業公開の日は、その間の私たちの変化の内容と程度を確認してみる機会となりました。特に、これまで参観者としてだけ参加してきた外部の教師とともに研究会を進めながら地域と学校を超えて同僚教師として互いに学ぶことができた有意義な会となりました」とあり、地域や学校を超えて教師同士の交流があったことがわかる。この、学校外部者と対象として授業と教師の授業研究会を開く「授業公開の日」は、E学校が「学びの共同体」の実践を始めた2006年に第1回開催を迎えており、教師が授業を通して学び合い、市民と親も学校に参加し、さらには、地域や学校を超えて教師が学び合う場を提供するものとして、日本の「学びの共同体」実践校において開催されている授業研究会を参照した上で、スタートしたものと見て良いだろう。

　それでは、公立学校とE学校の教師たちが学校や授業の新しいあり方をめぐって交流する様子について具体的に見てみたい。2009年の第4回授業公開の日には、他の代案教育機関や公立学校の教師が授業や授業研究会の参観に訪れ、授業研究会において積極的な発言を行う他、当日の参観記録を併設研究所が発刊している『共にひらく教育』に投稿している。公開の日に参加した公立中学校の英語教師のキム先生は、自身がこれまで経験してきた授業と授業研究会の風景と、E学校のそれとを対比させながら、E学校の学校づくりと授業づくりから刺激を受けている様子を次のように記録している。

〈公立中学校教師のキム先生によるE学校の参観記録より〉

　「英語の時間。授業中I先生は教室後方に座っている指導主事と同僚教師の視線を意識しながら、流暢な英語で授業を進める。実はこの授業のために先生は1ヶ月間準備をしてきた。20頁分量の指導案、パソコンで作業した学習目標、カラーで出力したアメリカドルの資料、詳細に示されたグループ活動の指示文…。これらすべてが、その間この授業を準備するために先生が流した汗と努力を証明している。同日の授業評価会の時間。授業者の自評に続き、指導主事、校長、教頭先生、同僚教師の授業評価が発表される。「これは良かったけど、この部分は残念だった」、「次はこのようにしてみたらどうか」。通常称賛から始まり、最後は不足していた部分に対する助言や忠告で終わる。20分間の研究会が、授業者には2時間に感じられる。「早く終わって欲しい」研究会がついに終わった。I先生は、評価会が終わって、もっと上手にやるべきだったという自責の念と数多くの助言で心が重くなる。しかし、今年やるべき業務の中で最も負担が大きかった仕事が終わったことに安堵しながら、評価会場を後にする。」

　この文章を読んで、共感しない教師はどれくらいいるだろうか。教師の成長を助けるために行われるべき授業公開と授業評価会が事実上教師の自尊感を低下させ、むしろ教育的に無意味な業務だけを増やすなら、このような授業公開と授業評価会はない方が良いのではないか。このような悩みを抱えていたときに出会ったのが、E学校の授業公開と授業研究会であった。

【E学校キム先生の英語の授業】
　キム先生によると、子どもたちが少々難しく感じるとしても、英語は楽しく、興味深いものであるということを知り、難しいことに挑戦できたという達成感を持たせることが授業の目標であるという。勉強が面白くなり、進んで英語を読んでみたくなる動機を持たせるのがE学校の中学1年における基本的な目標であるというのである。初等学校のときは、チャントや遊びなどの楽しい活動を通して学ぶのが英語と思っていた子どもたちに、中学校では堅苦しく、面白くない教科書を提示し、単語の試験と文法の説明をして、「英語」という科目はつまらないものにするのが、最近の英語教育の普遍的な現象であるということを納得する教師なら、キム先生の目標設定に十分共感するであろう。

　グループに点数を課すなどして競争を促すのではなく、グループ内の協力的な問題解決を強調している点も、印象的であった。既存のグループ別学習のほとんどは競争と点数を付与することで学習動機を誘発することに基礎を置いている。しかしキム先生の授業は競争よりは協同を強調しているように見えた。(中略)時々、英語を難しがっている仲間を無視し、自分の主張を広げる子どももいるが、すぐに仲間の言葉に耳を傾ける姿勢を見せるなどして、驚いた。英語科だけではなく、他の教科でもグループ

活動を実施し、協同を通して挑戦の課題を解決するといった共通の習慣が形成されているようだった。グループ活動が行われていても、特定の科目だけを中心に行われているのが学校現場の一般的な姿であることを考えたとき、(グループ活動が学校内で一貫していることは)私たちを励ます事実であるに違いない。

E学校が他の学校と顕著に異なる点は授業評価である。E学校は授業を評価しない。事実E学校の授業研究会に「評価会」という用語は相応しくない。授業改善のために授業そのものをテクストとして「研究」する場であるからだ。同僚を教えたがる、評価したがる教師が集まる場所ではなく、学ぼうとする、実践しようとする教師が集まったとき「学び」が起こるのではないか。しかし私たちの学校では授業改善のための授業公開でさえ互いに教えようとし、評価しようとする。「静かにしなさい」、「授業を聞きなさい」、「あなたはなぜ改善していないのか」と子どもたちに言っているが、教師である私たち自身にこの言葉を向けることはなかった。果たして教師たちは静かにして、他の人の言葉に耳を傾け、毎日改善されているのか。

英語の授業が終わり、2時間以上にわたって行われた授業研究会は、教師の学ぶ姿勢について考えさせるものであった。授業を通して子どもだけが学ぶのではなく、教師と親も学ぶべきである。学校は教師が教える場所ではなく、教師と親も学ぶ場所とならなければならない。「学びの共同体」の基調がこれであるなら、授業研究会を通してどのように教師が同僚から学び、懇談会からどのように教師と親がコミュニケーションするのかを確認できる場であった(キム、2009：49－54)。

　E学校の授業と授業研究会を観察したキム先生は、これまでの授業と授業研究会(評価会)のあり方に対して持っていた疑問と悩みを明らかにした上で、E学校の実践に1つのオルタナティヴの可能性を見出しているようである。キム先生の文章からは、キム先生の授業研究会や授業に対して持っていた観点の捉え直しが行われていることが窺える。たとえば、授業研究会は、キム先生にとっては「評価される場」であったが、E学校の授業研究会に触れて、「教師が学習し合う場所」としての可能性を持っていることに気づく。また、授業とは知識や情報が伝達され、子どもたちの競争を促す場であると考えていたが、E学校の子どもたちの学ぶ姿を見て、子どもたちが自ら意欲的に難しい問題に挑戦し、互恵的な学習が展開される場としての可能性に気づいている。

　一方で、E学校を観察した学校外部の専門家は、E学校の実験をどのように見ているのか。韓国の清州教育大学の教授で、教育人類学やナラティヴ探

究に基づいた授業研究を専門とするイ・ヒョッギュ氏は、E学校の「公開の日」の講評を以下のように行い、E学校が韓国の学校文化の革新に与える示唆について肯定的に評価している。

〈E学校の授業が韓国の学校文化に与える示唆（韓国清州教育大学校イ・ヒョッギュ氏）〉

　今回E学校の授業研究会の風景を見て、何年か前に見たそれとは明らかな差があると感じた。まず、教師たちが子どもたちの長期的な変化について深い理解を持っている。1－2時間の授業ではなく、子どもたちの変化に対する持続的な関心を持たなければ、このような子どもに対する観点を持つことは不可能である。
　また、授業研究会の対話がさらに深みを帯びていた。最初に見たE学校の授業研究会では、子どもたちの関係のつながりだけが語られていて、形式的であると感じた。しかし今回の授業研究会は内容がさらに豊かになっていた。教師が提示した課題と子どもたちがどのように出会っているのかについて深く捉えられているだけではなく、子どもたちの思考が触発されていく過程を繊細に追跡していた。
　E学校の実験が韓国の授業文化に対して持つ含意について言及したい。筆者はある論文で、韓国の教職社会は授業に対して集団的な専門性を形成し難い条件を持っていると指摘したことがある。個人主義的な学校風土の中で一般的な韓国の教師たちは新任教師のときから、孤立した環境の中で、1人で授業専門性を習得しなければならず、経験と試行錯誤を通して獲得した授業の知識の妥当性を同僚と先輩教師の助言を通して確認することが難しいからである。
　もちろん優れた教師も多く、積極的に活動する教師の自律的な研究会も多く存在する。しかし、どうしたことか、学校単位の改革運動はなかなか起こらない。学校の授業文化をよく表すエピソードを紹介しよう。筆者は最近教師の研修に、講師として参加することが多い。研修を通して教師に会うと、学校現場の授業文化を確認するためにいくつか質問をするときがある。ある日、2つの自治体から参加した新任教師と正教師1級研修対象者約200人を対象に学校の公文処理のような行政業務より授業を重要視する文化を経験していると自信を持って言える先生は挙手するように言った。結果は、200人の教師のうち、2人の教師だけが挙手した。
　新任教師たちが初めて学校に赴任したら、授業よりは公文を作成できないという理由で先輩教師から多くの指摘を受けるというのは、公然とした業界の秘密である。新任教師たちは大学4年間何を学んだのかという叱咤とともに公文を作成する方法から学ばなければならないのである。このような初期社会化過程を通して授業よりは公務が重視される学校文化は、次の新任教師において再生産される。このためか、学校文

> 化の研究は官僚主義、個人主義、孤立主義、閉鎖主義、現在主義、保守主義、順応主義、専門的技術文化の不在などのような否定的な用語一色である。どのようにこの学校文化を改革できるのか。(中略)このために、教師たちは現在のような孤立主義的な文化から抜け出し、チームを中心とした協力的ネットワークを築かなければならない。与えられた内容を教えることを超えて、教授学習過程に対する新しい知識を生産する専門家集団として生まれ変わらなければならない。教える存在という近代の啓蒙的アイデンティティを脱ぎ捨て、進んで学ぶことを楽しむ、共に学ぶ存在として転換しなければならない。このすべての21世紀的緊急な転換のためにE学校の実験に注目する必要がある。そしてそこから豊富な思惟と実践の糸口を発見することができるだろう(イ、2010)。

　以上のように、授業と授業研究会のあり方において、オルタナティヴなあり方を発信してきたE学校は、2009年、京畿道教育庁が本格的に推進し始めた「革新学校」の事業において、拠点校としての役割を担うこととなる。京畿道教育庁は2010年E学校を「革新学校」の高等学校部門の拠点学校として指定している。E学校は毎年外部者に幅広く公開を行っているが、2010年度に関しては、外部に幅広く公開を行う通常の研究会と、「革新学校」の関係者に限定した研究会の2度にわたって「授業公開の日」を設定した。3月31日の公開研究会には、参加者を「革新学校」の教師及び管理職など関係者に限定し、E学校の授業と授業研究会の公開と「革新学校」のあり方に関する教師間の深度ある意見交換が行われた。この日は、京畿道内の「革新学校」を始め、全国の18の「革新学校」から約150人の教師や管理職が参加した。学校の中には、この日を裁量休日とし、全校の教師が参加したところもある。研究会全般を通して、「革新学校」の今後の推進においては「授業」が何より中核に据えられなければならないという共通の意識を形成することができたという(バン、2010)。
　また2010年6月には、E学校を始めとして、17の「革新学校」の教師と管理職約100人と京畿道教育庁の関係者により「第1次『革新学校』教員ワークショップ」も開催された。この場では、「革新学校」の運営に関する事例が共有された。新しい学校教育のあり方を模索する各学校の取り組みが発表され、

それに対する意見交換が行われた。各「革新学校」は、これまでの韓国の学校教育の問題を痛感し、それぞれ新たな学校像を模索していたが、焦点は少しずつ異なっていた。たとえばJ中学校は、教師が授業と授業研究に集中することができるために、教師の授業外業務をいかに減らすかに焦点を当てると同時に、日本の「学びの共同体」を中心とした授業のあり方に関する研究会を持っていた。E学校は、独自のカリキュラムづくりに力点を置いていた。E学校のカリキュラムは、教科の知識だけではなく、人格の成長や他者、自然とのコミュニケーション能力の向上、世界市民としての成長など、子どもたちの全人格的な成長を視野に入れたカリキュラムづくりと運営に注力している。また、教科の境界を越えた統合教科のカリキュラム運営を行うなど、特色ある学びの創造を目指している。一方2010年新設されたF高等学校は、入学してきた子どもたちが学校への不適応の傾向を強く示していることと関連して、子どもたちが学校と教師に対する信頼を回復するための学校文化づくりにフォーカスを置いている（キム、2010）。

　以上のようにE学校は、韓国の学校教育のあり方に異議を唱えながら、新しい学校教育のモデルを発信するという大きな目標を掲げ、代案学校として設立された。それ以来、これまでの競争主義的で個人主義的な学校教育のオルタナティヴとなり得る教育の内容を創り上げるための取り組みを行っている。その中で、日本の「学びの共同体」としての学校改革のヴィジョンと方略を採用し、これは同校の教育内容形成に大きな影響を与えた。「学びの共同体」としての学校改革が、学校全体の学校改革の中心的で強力なヴィジョンと哲学として機能したのは約3年であるが、「学びの共同体」としての学校改革から学び、実践してきたものは、韓国の公立学校改革のモデル提示において活用された。「革新学校」導入以降は、E学校は「革新学校」のモデルを示す役割を果たし、当初掲げていた公教育に対する新しい学校教育のあり方の発信という目標に大きく近づいた。しかし、「革新学校」導入以来新しい学校を追求する動きが一気に公教育の舞台へと移ってからは、E学校は同校の次なる目標をどのように設定すべきか、混乱を経験している。E学校2代目校長であるナム氏は、「これからどうするかが、本格的な悩み」で

あると語る。「多くの学校が『革新学校』となり、『革新学校』モデルが一般化している現状の中で、E学校がこれ以上『公教育革新モデルの提示』というミッションだけではその存在意義を確保でき」なくなったからである(ネイル新聞、2014)。公教育から一歩距離を置きながらも、認可の代案学校としての独特の位置づけにある同校は、過去10年間、公教育内の学校では限られていた実験を発信し、一定の成果を収めてきた。公教育内の革新の動きの勢いが予想以上に強くなり、想定したよりも「民間の教育と公教育の接続」といった使命を短時間で達成してしまった同校と代案教育の次なるステップをどのように設定するのかが問われている。

注

1 特殊目的高等学校とは、初中等教育法施行令第90条により「特殊分野の専門的な教育を目的とする高等学校」と指定された学校である。科学、外国語、水産、海洋、芸術、体育などの各分野における専門家を早期から養成するための高等学校である。

2 1980年以前は中高の入試中心教育のオルタナティヴとして実験された「自律教育」(梨花女子大学校付属初、中、高等学校)や、地域の社会、経済的に疎外された子どもたちのための大学生による「夜学」、宗教団体による学校不適応児への援助、そして1980年から1995年までは、フェミニストによる「子どもキャンプ」、「教師キャンプ」、「共同育児」、また市民団体による「勉強部屋」、「放課後学校」、「週末学校」の活動などから探ることができる。そして制度内の学校教育への批判や問題意識が高まった1995年以降、これら教育の代案的な教育運動は、教育改革のための市民団体や、解職された教師たちを中心に制度内外に学校を設立する動きとして展開されていく。(ジョハン・ヘジョン「韓国・東アジアの教育改革:韓国の代案学校運動を中心に」(東京大学教育学研究科教育研究創発機構講演会配布資料、2005年12月14日))。

3 代案学校の登場は、公教育の中央集権的で画一的な教育体制によって現れた学校崩壊の危機を背景としている。特に中央集権的で画一的な公教育の構造は、入試中心の学校教育、大規模の学校及び過密学級、過熱した競争教育、教育の官僚化として表れている。また、このような特徴は、教育及び学校現場における全人教育の看過、教育の関係の断絶、非人間的な教育、統制を中心とした教育行政、個性を無視した教育などの問題へとつながった。(キム・テヨン『特性

化代案学校政策研究』(弘益大学校教育大学院博士学位論文、2008 年、25-26 頁))。
4 既存の権威的な文化に対するオルタナティヴを模索するといった意味での基幹制外の学校は、それ以前より存在している。忠清南道洪城郡のプルム学校がその代表例である。しかし 1990 年代後半から、公教育に対する意識的な抵抗と刷新を追求し「代案学校」という名前を掲げた学校として設立されたのは、ガンジー青少年学校が最初であると言われている。
5 教育部報道資料「『未認可代案教育施設』185 校運営現況調査結果」(2014 年 5 月 23 日)。
6 韓国で「自己主導学習」という言葉は学習者が自ら目標を設定し、学習の過程及び戦略そして資源を決定し、学習を遂行し学習の結果を自ら評価する一連の学習過程を指して使用されている。
7 「共にひらく教育研究所」ホームページより。2015 年 1 月 25 日最終確認。
 http://www.ceri.re.kr/index.php?option=page&code=intro2
8 東京都練馬区立豊玉南小学校『一人ひとりの学びを大切にした授業の創造』(自家版、2006 年)。
9 遂行評価とは、児童生徒が学習課題を行う過程を教師が見て、児童生徒の知識、技能、態度について判断する評価方法である。通常教師は遂行評価に多くの時間を費やすとされている。
10 2008 年 10 月 17 日パク先生へのインタビューによる。

第4章　韓国の公立学校における「理想の学校」の可視化と教師の経験

第1節　課題設定

　韓国で民主政権が初めて発足した1990年代以降、政府は学校と教師が中心となった学校改革を推進するための施策を進めてきた。特に1995年の「5.31教育改革案」には、「初・中等教育の自律的な運営のための学校共同体の構築」が明示されており、学校運営委員会の設置及び学校単位の責任経営制度などが推進された（ユンら、2004）。しかし結果的に「5.31教育改革案」は競争を重視した需要者中心の教育を志向し、新自由主義的な教育政策を提示するようになった。また2006年の盧武鉉政権当時、入試に左右されない、これまでの学校教育と区別された学校構成員を中心とした学校を設立する趣旨の「公営型革新学校」が一時導入されたこともあった。しかし「公営型革新学校」は学校運営委員会の専門性の不足、教師の参加意識の不足、導入趣旨に対する学校構成員の理解不足などの問題点を露呈しながら、成果をあげられないまま政策廃止に至った（パクら、2009）。結局、学校と教師にとって真に意味のある方向における学校づくりを実現するために、さまざまな方面からの努力は行われてきたものの、学校の当事者の動機と参加を導き出すことに成功したとは言い難い。そこで新しい学校教育を求める教師と市民は、政府主導の教育改革やまた公教育体制内での変化の試みに限界を見出し、公教育体制外において学校を設立することで、新たな学校を求めようとした。それが代案教育運動である。代案教育運動は韓国の公教育の改革に大きな影響を及ぼしたが、代案教育運動が公教育体制内の学校の変化に直結する訳ではなかっ

た。公教育内の学校を変えるためには、大学受験や親と教師の理解と参加など幾重もの壁を乗り越えなければならなかった。そのような中、京畿道にある廃校直前の小さな公立初等学校であるN初等学校が、教師と管理職、親、そして地域住民の連帯によって再生され、新しい学校へと生まれ変わった出来事が2001年に起こった。廃校を目前とした小さな公立学校が、教師、親、地域社会の協力を通して成功的な学校として再生したことが社会的な話題を呼び、N初等学校を拠点として類似した境遇にある小さな公立学校が連帯し、学校改革を行うようになった。そして2005年には、学校改革で連帯した公立学校の関係者と研究者を含む教育関係者により「小さな学校教育連帯」が結成されるに至る（パク、2013: 17）。京畿道のN初等学校から始まった一連の変化は、公教育外部にある代案学校とは区別され、公教育体制の中で学校と授業の本質的な姿を回復するためのものである。つまり「小さな学校運動」は、公教育体制内の学校を基盤として新しい教育のパラダイムを創り出そうとする努力であり、このような努力は後の京畿道の「革新学校」の登場にまでつながることとなる（ソンら、2011）。

　本章では、本書で韓国における新しい学校の追求の動きとして取り上げている代案教育運動と「学びの共同体」としての学校改革と並んで、公立学校を変えるために教師が中心的に関わり、成果をあげた初めての事例であるN初等学校の事例に注目し、N初等学校における公立学校の再生のプロジェクトが、どのような背景で進められたのかについて検討する。そして、N初等学校の学校改革において主要な役割を果たした教職歴を持つ行政官の経験に迫ることで、学校の当事者がどのような学校改革の経験をしたのかを明らかにする。そのために本章では以下の2つの課題を設定した。第1に、N初等学校の登場を契機に発足した「小さな学校教育連帯」や「新しい学校運動」を支えている歴史的、社会的な背景について検討することである（「学校改革についての物語（stories of school reform）」。第2に、N初等学校における学校改革で主要な役割を果たした教師（当時）であり、現在は京畿道教育庁で「革新学校」を推進する行政官である実践家の経験に注目し、学校改革を内部者の観点から描くことである（「学校改革の物語（school reform stories）」）。

2000年代以降活発化した教師が主要な推進者となる学校改革の一般的な動向やその背景となった社会的状況についての調査は、主に文献調査を通して行った。2000年前後から現在に至るまでの関連報道資料、書籍、論文を収集し、「教師を中心とした学校改革についての物語」として再構成した。次に教師と行政官という立場から学校改革に積極的に取り組んでいるイム先生の学校改革の物語については、2014年6月に筆者が行ったインタビューの記録、イム先生自身が執筆した書籍及びイム先生について執筆された書籍や論文を、「なぜ学校を変えなければならないと思ったか」、「どのような方法、方略で学校の変化を推進したか」という観点から分析し、再構成したものである。

第2節　2000年代以降韓国における学校改革の物語
―草の根の教育運動から官と民の協同による教育改革へ

(1)「新しい学校運動」の背景―教師が中心となった学校づくりの前史

韓国国内では2000年代の初頭から、教師や親、市民がこれまでの学校教育の弊害と限界を指摘しながら、新しい形の学校づくりに積極的に関与する動きが顕著になった。韓国の教育研究者であるジョンは、1990年代、軍事政権からの脱却や経済成長など、韓国社会の急激な変動に伴い、教師の主導の下で公教育体制内の学校を改革する動きが活発化したとして、これを「新しい学校運動」と呼んでいる。教師が中心となった公教育内の学校改革運動である「新しい学校運動」は、社会の変化に伴って浮上したさまざまな学校教育の問題に対する政府の対応と、全国教職員労働組合の真教育(참교육)運動及び、代案教育運動の相互交渉の中で登場した。ジョンは、「新しい学校」を「2000年代以降公教育制度としての学校における学校運営体制とカリキュラム及び授業を改革しようとする教師たちの自発的、集団的、持続的な動きによって既存の学校から大きく変わった学校」として定義し、「新しい学校運動」は「2000年代以降公教育制度としての学校単位で学校運営体制とカリキュラム、授業を改革しようとする教師たちの自発的、集団的、持続的な動

き」と定義している（ジョン、2013: 1）。

　さて、この 2000 年代から活発化した教師による「新しい学校運動」であるが、背景には 1980 年代に特に活気を帯び、現在に至る教師の教育民主化運動と、1990 年代に登場した代案教育運動がある。代案教育運動については前の章で詳細に述べたため、ここでは教師の民主化運動について見てみよう。植民地支配から解放され独立を果たした韓国は、その後も軍事政権の執権を経験し、教師の自律的な実践が阻まれ続け、学校教育は主に国家統合と経済発展の手段としての性格を帯びていた。このような状況の中で、教師たちの教育民主化運動の分水嶺となったのが、1986 年の「教育民主化宣言」である。「教育民主化宣言」は全国の 546 名の初等、中等学校教師が 1986 年 5 月 10 日に一斉に発表した宣言文で、「生徒とともに真実を追求すべき私たち教師は惨憺たる教育現実を目の前にして、心が引き裂かれている」と始まり、「教育の政治的中立性の保障、教師の教育権と市民的諸権利の保障、教育行政の非民主性と官僚性の排除、自主的な教員団体の設立と活動の自由の保障、補充授業と深夜学習の撤廃」を主張した。「教育民主化宣言」の背景には、過熱する大学入試競争、補充授業と自律学習の強制的な実施、私学財団の不正など、80 年代に入って深刻化した学校教育の弊害が、生徒たちの相続く自殺や教育危機論へと拡散する状況、また、1983 年に発刊された教師たちの教育現場における問題意識が綴られた雑誌である『民衆教育誌』の編集や執筆に関わった教師が罷免、拘束された事件があるとされている（韓国近現代辞典、2005）。

　このような教師たちの教育民主化の動きは、1987 年全国教師協議会の創立と、1989 年全国教職員労働組合（以下全教組）の結成につながった。1989 年の結成当時、全教組は非合法の教員組合として、政府当局の弾圧を受け、1500 人余りの教師が罷免されたとされる。全教組の設立の目的は、「教師が教育の主体として民族教育、民主教育、人間化教育を実践するための真教育を展開すること」であるとされ[1]、1999 年に合法化を経て現在に至っている。政府当局による活動の宣言や非合法組合としての困難にもかかわらず、全教組は、教師の専門性向上と関連した「真教育」の実践を重視し、国民からの

支持を得てきた。1990年代には職を解かれた教師たちを中心に「真教育」の実践資料が作成され、学校現場に普及し、授業と学校運営事例を発掘、紹介する実践も行われた。教師たちの教師と子どもの教育の主体性回復のための学校内外の活発な動きは、1990年代登場する代案教育運動と2000年代以降の「新しい学校運動」に大きな影響を与えたとされている（ジョン、2013: 33）。

ところで全教組がその教育運動の中心に据えている「真教育」であるが、これは教室における教育実践、とりわけ作文の教育を通して教師と子どもの民主的教育主体への回復を目指したイ・オドク（李五德）という教師が著した『私が歩む道（내가 걷는 길）』(1979)に初めて登場する言葉で、「1945年の解放直後起こった『新教育』運動が民主、民族、全人教育を謳いながらも、実際には形式主義に陥り、反民主、反民族、反人間教育を実践する結果となっているため、これを脱ぎ捨て、真の民主、民族、人間教育をすべきであるという主張を圧縮した表現」である（イ・ジュヨン、2006: 22-23）。1984年イ・オドクの『生活を育む作文教育』が出版されると同時に、「真教育」という言葉は教育界や一般の人々に注目され、教育民主化を語る新しい言葉となった（イ、2006: 15-16）。

1989年結成された全教組は、軍事独裁政権、政治的民主化、経済発展と経済危機、そして自由化の波を潜り抜けながら、「教師の自律性と自主性」と「教師の教室における専門性」を両軸とし、学校内外における闘争と実践の蓄積を続けてきた。

学校外における教師の権利保障を求める政治的な運動と、教室における実践や学級運営を通した民主主義的な市民の育成という2つの軸を中心に進んできた全教組の教育民主化運動は、近年ではその焦点が学校の文化及びシステムを総体的に見直すことや、学校の中に教育のコミュニティを生成させることを通した学校改革に移っている。本論の対象となっている2000年代以降の教師が主導する学校改革は、この全教組の教育民主化運動の流れを汲む教師と、公教育の変化を追求する教師、親、市民の協力とネットワークによって進められている。

(2) 公教育体制内の学校改革の具体的な契機

　新しい学校像の模索が1990年代までは代案学校などの公教育体制の外で精力的に推進されてきたのに対して、2000年代からは公教育体制内の学校の改革が活発化したが、この動きは具体的にどのように始まったのだろうか。ジョンは、具体的な契機を準備したものとして、(1) 農漁村の小さな学校の再生、(2) 校長公募制、(3)「革新学校」を挙げている（ジョン、2013: 68-86）。農漁村の小さな学校の再生については、1990年代に農漁村の小さな学校が数多く廃校する事態の中で、農漁村の過疎化の現実と学校教育の実情に社会的な関心が注がれるようになった。その過程で生まれた廃校予定の公立小学校を、教師と親、地域市民、教育団体の協力で新しい学校として再生した「N初等学校」の事例は韓国の教育界で有名である。同校は新しい学校を求める教師、親、市民の協力によって、過疎化と農村の劣悪な環境の中にある学校が、自然豊かな小さな学校へと生まれ変わることに成功した例である。以降農漁村の小さな学校再生のプロジェクトは、N初等学校を皮切りに、農漁村の小さな学校がむしろ公教育を革新するためのモデルになり得ることを示しながら2000年代の「新しい学校運動」へと発展していった。この公立学校における新しい学校づくりの動きは「小さな学校運動」と呼ばれ、より広い視点から、「校長公募制」や「革新学校」など他の公教育体制内における新しい学校づくりと関連する動きとともに「新しい学校運動」の1つの流れとして捉えられている。

　次に校長公募制は、2007年から開始された制度として、一部の学校で校長を公募することを許可することで、学校の保護者会、学校運営委員会など学校構成員の意志に基づいて校長を選ぶことができるものである。公募校長の任期は4年であり、教師を招聘する権限が与えられる。1980年代から活発化した教師の教育民主化運動の中でも、校長の任用制度と校長の強すぎる権限は教師の自律性と学校構成員の学校運営への参加を阻むものとして議論が絶えなかった。紆余曲折の末2007年に校長公募制が実施されると、新しい学校のあり方を模索していた教師たちは、共通の学校改革の哲学を持った校長と連帯して民主主義的な学校をつくる方途を拓いていった。

本書の第6章でも詳述するが、2009年から、6つの自治体の教育庁が中心的な事業として開始した「革新学校」において、新しい学校教育のモデルが本格的に追求され始めたのは注目に値する。「革新学校」を拠点とする教育改革は、新たな学校モデルを、公教育の中核を形成している公立学校の中で探ろうとしている点と、日常的な教育実践の改革を目指し、教育行政が教師と子どもの学習と成長を支援している点で、画期的な取り組みとして評価されている(ソン・イ、2011)。

「革新学校」は、競争的な教育環境を批判する進歩派の教育監の公約において登場した新しい学校モデルを含む学校改革政策である。2009年に行われた京畿道教育監選挙を皮切りに、「革新学校」を公約として掲げる教育監は各地方の選挙で次々と当選し、2009年地方選挙の結果全国17中6つもの自治体において「革新学校」が導入されることとなった。2014年6月の地方選挙では、「革新学校」を支持する地方教育庁はさらに拡大され、2014年11月現在、17の広域自治体の内、13の地域で「革新学校」を推進する教育監が当選した。教育監は住民の直接投票で選ばれる[2]ことから、市民の「革新学校」への期待の大きさが読み取れる。「革新学校」の推進は、学校を変えることを願う管理職や教師たちの思いを教育庁が支えることで、学校現場と行政が有機的に連携した学校改革の可能性を切り拓くものとして評価できる。「革新学校」のスタートは、公教育体制内における学校改革が全国単位で本格的に開始したことを意味している[3]。

(3) 韓国の公教育における「理想の学校」の可視化
─N初等学校と小さな学校教育連帯

1990年代以降、競争主義と個人主義に偏った学校教育は公に批判され始め、それに代わる新しい学校のあり方に関する議論が蓄積されていった。その新しい学校のモデルが可視的に市民の前に現れたのは、2001年にソウル郊外のある村で行われた「N初等学校」を再生するプロジェクトを通してである。

上述した通り、1999年の小規模学校統廃合政策によって、1990年代末から2000年代の初めにかけては全国の971校の学校が統廃合されることと

なる。N初等学校も廃校の危機に置かれる。2000年当時N初等学校の在校生は合計26人で、翌年9人が卒業予定であったが、新入生は1人もいなかった。しかし朝鮮時代の城であり、ユネスコの世界文化遺産にも登録されている南漢山城（ナムハンサンソン）という遺跡を抱え、豊かな自然で囲まれたこの地域の、100年もの歴史を持つ初等学校の廃校を、同校の親を含むこの地域の人々は惜しんでいた。当時の校長も、同校が廃校に至らないことを願い、親や地域住民と廃校反対の動きを創り上げていた。また、統廃合の理由となる少人数であることを、逆に質の高い学校教育の条件として着目した、新しい学校を追求する外部の教師たちは、地域住民と協力したこの学校を「新しい教育を実現する小さな学校」として再生させるプロジェクトに着手し始めた。校長、地域住民、親、そして有志の教師たちによって学校再生のための委員会が形成され、この学校を再生するということを前提に、転入学を通して生徒を確保するための推進委員会も形成された。転入学推進委員会は、学校を紹介する冊子の中で、N初等学校が目指す新しい学校像を次のように紹介した（カン・ジョ、2010: 26）。

> 「これまで韓国社会は目覚ましい発展を遂げましたが、依然と1つのクラスで45人もの子どもたちが学んでおり、自由に遊ぶ空間さえもない劣悪な教育環境を持っています。このような環境の中で、子どもたちの個性と創造的な生き方や能力の開発を期待するのは難しいのが現実です（中略）N初等学校は広い敷地で子どもたちが自由に遊べる、大都市とは比べられない教育環境を持っています。この中で、子どもたちの自由と個性が尊重される教育を実現します。」

このような子どもの個性と自由を尊重した新しい学校の建設に、大都市の教育に閉塞感を覚えていた多くの親が関心を寄せた。中には、同校に転校するためにソウルから一家が引っ越して来た例もあるという。2001年3月には6学級103人の生徒が集まり、入学式を行うことができた。同年4月には全校生が120人に増えた。

同校は公立初等学校でありながら、子どもが中心となった新しい学校のあり方を求め、カリキュラムや学校運営においてさまざまな挑戦をしている。たとえば、通常の韓国の学校の授業は1時限が40分で構成されるが、N初等学校は、ブロック制時間割を導入し、1時限を80分として設定し、授業の前と間に長い休み時間を設けることで、学習にじっくり集中できる時間と、自由に遊べる時間を確保した。また体験を中心としたカリキュラム編成を行い、学問、文化、芸術など諸領域における概念と経験をできるだけ直接体験しながら学んでいくことができるように配慮した。その他にも、学校内に民主主義的なコミュニケーションが実現するように、形式的な集会や会議を削減し、教師、子ども、親が学校運営について自らの声を表明できる協議の場を設定している。教師たちはこのような柔軟なカリキュラム運営が公立初等学校である同校で実践できるよう、京畿道教育庁や親、地域住民に協力を呼びかけたという。

　N初等学校の存在は瞬く間に韓国全域に伝わり、公教育制度内にありながら子どもと教師、親の声が尊重される新しい形の学校として大きく注目されることとなる。N初等学校が廃校の危機を乗り越え、学校を再生し、新しい学校へと蘇ったのは、地域住民の村の学校を生かそうとする意志と、都市の親たちの閉塞感、そして管理職と教師たちの新しい学校を追求する熱望が結合したから可能となった（ジョン、2013: 62）。そういった意味でN初等学校は、学校改革は行政により上から下へと伝達されることで遂行されるといった観念を覆し、学校当事者たちが学校と地域を守り、再生させようとする意志で連帯することを通して新しい学校づくりが可能となったことを示した面で大きな意義がある。

　またN初等学校の学校づくりの事例に刺激を受けて、農漁村部の小さな学校が次々と、公教育制度内の学校のモデルとなり得る子どもと教師を中心とした学校づくりに着手するようになる。彼らはN初等学校の事例に習い、それぞれの学校の独自の環境や条件を活かし、ケア、教育福祉、瞑想、農業体験、伝統文化、芸術など独特のカリキュラムづくりを展開していった。これらの学校は「小さい学校教育連帯」という名で2005年にネットワークを発

足させ、現在では農漁村部に限らず、全国における学校改革の活発な動きに貢献している（小さな学校教育連帯、2009）。このようなN初等学校の学校改革事例は行政と連携し、教育当局の代表的な拡散モデルとなった。2006年大統領諮問教育革新委員会は学校革新の代表的な事例としてN初等学校をあげ、その特徴を「学校構成員の自発的な革新への意志」と表現した。2008年教育科学技術部はN初等学校を田園学校政策推進モデルとして提示し、2009年から始動した「革新学校」プロジェクトにおける公教育革新モデルとなった（ジョン、2013: 67）。

第3節　教師歴を持つある行政官の学校改革の物語

韓国で起こった教師が積極的に関与する、または教師の意志を中心に据えた学校改革の動向の中で、教師個人は具体的にどのような経験をしてきたのか。以下では、教職を経た後、「革新学校」推進に関与する行政官として活躍しているある実践家の経験と語りを、「なぜ学校が変わらなければならないと思ったのか」、そして「どのように変えようとしたのか」という観点から検討する。

(1) 教師が感じた韓国の学校教育の問題点

イム先生は、1980年代の前半に初等学校の教師となり、教職17年を経て、京畿道教育庁から「革新学校」プロジェクトの推進者としての入庁を勧められ、現在京畿道教育庁公報担当官室の奨学士として活躍している。

イム先生が大学時代を送り、教職に就いた1980年代は、韓国社会において民主化運動が激しく戦われた時期である。イム先生は大学新聞社の編集長を担当していたこともあり、地域の大学新聞社の学生と軍事政権反対と民主主義社会建設のための方途を議論し合っていた。教師養成系の大学に在学していたイム先生は、「子どもたちはなぜ学校に通うのか」、「どのような教育が真に子どもたちのためになるのか」、「教師たちは子どもたちの人権を尊重しているのか」、「この時代の教師はどうあるべきか」といった学校教育の本

質的な問題についても悩むことが多かったという。そしてイム先生は大学を卒業し、韓国南部の慶尚南道(キョンサンナムド)の密陽(ミルヤン)の初等学校の教師として赴任することとなる。ところが初の赴任校でイム先生は、衝撃的な場面に遭遇する。1人の先輩教師が名札をつけ忘れた子どもに激しい体罰を与えている場面を目撃したのである。当時韓国の学校における教師の子どもへの体罰は珍しいことではなかった。しかし、イム先生はそのような教師の子どもへの接し方を到底容認することができず、教職員会議でこのような体罰の現実を問題として提起したこともあった(カン・ジョ、2010: 78-82)。

　学校の暴力性、子どもの人権の蹂躪、国家により定められた教育内容を伝達することへの閉塞感と疑問などにより、若き教師であったイム先生は、教育民主化運動に熱中するようになった。同時期である1985年には、『民衆教育―教育の民主化のために―』という教師による雑誌が公刊された。そこには教育現場の問題を直視し、教育の民主化を推進しようという教師たちの生き生きとした声が反映されていた。ところがこの雑誌に関わった、イム先生の目には自分と変わらない「普通の教師」が次々と連行され、教職を解かれるまでに至った。この「民衆教育誌事件」で衝撃を受けたイム先生はさらに教育運動に没頭することになる。イム先生は全教組にも所属し、教室において子どもたちを民主的市民として養成するための実践を積み重ねた。その実践には、読書、討論、作文、合唱、演劇などさまざまな教育的手段が用いられた。しかしこのような活動をするイム先生に対する、社会や学校のまなざしは決して穏やかではなかった。学校長を始め一部の同僚教師から彼は「教えてはいけない理念を教える危ない教師」というレッテルを貼られた。しかしそのようなときにいつも味方になってくれたのは、学級の子どもたちと親であったという(カン・ジョ、2010: 89-95)。

　熱情的に教育民主化運動に関わったイム先生だったが、教育運動をいくら熱心にしても、依然と変わらない学校教育の現実に愕然としたこともしばしばであった。N初等学校に赴任する前に勤務していた京畿道の農村部の学校では、学校教育の意義と教師の存在意義への挫折感がピークに達していた。学校長は権力で教師たちを統制し、教師たちは昇進制度から自由になれず、

点数稼ぎに夢中になっていた。教師間の緊密なコミュニケーションは行われず、「同僚」という意識さえも持つことが難しかった。学校の問題を指摘すると、孤立させられた。結局公教育制度内で学校を変えることに挫折感を覚えたイム教師は、教職を辞して海外留学をし、帰国後代案教育に関わることを決意するまでに至る（カン・ジョ、2010: 19-20）。

17年間韓国の小学校の教師として、教育民主化のために取り組んで来たイム先生だが、その壁はあまりにも厚く、高かった。教職生活を振り返りながら、これまで経験し、感じた韓国の学校教育の問題を、イム先生は次のように語っている。

「韓国社会の教育を動かしてきたのは、徹底的な管理と統制のシステムでした。教師が子どもの上に君臨し教え、子どもは絶対的に従い、勉強しなければなりません。親と教師の関係は対等ではなく、常に教師が優位の権力を持ち、教師と校長の間にも対等な関係性はありません。教育庁は公的機関として学校を統制、監視し、教師間にも教育的なコミュニケーションではなく、行政的な業務処理に必要な程度で意志疎通が行われているだけでした。（中略）韓国社会で、韓国の教育に満足している人はほとんどいないでしょう。韓国社会は、教育熱は世界最高だし、韓国の子どもたちも非常に優秀です。教師たちも優れた能力を持った人材です。しかし問題は、韓国の子どもたちは幸せではないという点です。学校で学んでいることが、健康で幸福な社会をつくるために作用しているのではなく、学校教育を通して子どもたちは競争を強いられ、能力の差別を受けています。親は競争心理を煽られ、莫大な私教育費を家計から捻出せざるを得ません。何より子どもたちは『学校が楽しい』と思っていません。ジャングルのような無限の競争が繰り広げられる学校。この学校教育を通して韓国社会が一定の経済的社会的発展を遂げたのは事実です。また、学校教育を通して有用な知識を得ることも大切なことです。しかし、一方では、人間としての尊厳を尊重され、楽しく学び、その学ぶ力で人文的、芸術的な想像力を発揮しながら、情緒的な幸福感を

味わうこともまた、学校教育が提供すべきことであると考えます。しかし韓国の学校教育は成長、経済、競争にあまりにも重きが置かれ、これらが存在できる余地がありません。これは、教師の資質やカリキュラムという部分的な問題ではなくて、学校と教育をどのように捉えるのかという哲学的、パラダイム的な問題だと考えています[4]。」

　上記のような学校文化に対する閉塞感と違和感は、イム先生を教師の権利保障のための教育運動や教室における実践の積み重ねへと走らせたが、現実の教室と子どもたちとの関係、同僚教師との関係はなかなか変わっていかないのであった。

(2) 学校の変化と再生のための方略

　韓国社会において学校を民主主義的な空間へと変えることに限界を感じていた2000年の秋、廃校直前の学校を再生するプロジェクトに取り掛かっていたN初等学校から、イム先生に教師として赴任してきて欲しいという提案があった。イム先生は、廃校直前の学校を、子どもを中心とした小さな学校として再生させ、公教育の革新モデルを構築するといったN初等学校の改革の意志に賛同し、推進委員会に合流、2001年からの同校への赴任も決定した。この学校改革に自身が合流するのは、以前から決まっていたかのような運命的な予感さえしていたという[5]。教育民主化運動の一環として豊かな教育実践の経験を持つイム先生は、子どもが中心となった小さな共同体としての学校へと生まれ変わるN初等学校のカリキュラムや運営システムの構築に、決定的な役割を果たすことになる。人数が少なく廃校危機に瀕した同校への転入学を親の前で勧める場において、イム先生は新しく生まれ変わるN初等学校の像を次のように語った。

　　「子どもが幸せな学校をどのようにつくっていくのか。教育の本質に忠実で教育哲学が確かな学校、根本的に価値ある生活と教育、子どもたちの学びの幸福について深く考慮した教育哲学が生きている学校をつく

ります。一人ひとりが見えてくる小さな学校を夢見ます。自律と自由、そして創造的な生について考える自主的な学校。私たちの教育と社会の現実を見つめ、自律と自由、創造的な生の原理を教育の力で具現化しようと思います。子どもたちは恐れずに学び、自信を持って行動し、学校と教師は『待つこと』と『余裕』の中で子どもたちの自発的な動きを重視します。学校改革を考える教育主体の自主的な意志によって新しい学校をつくっていきます。」(小さな学校教育連帯、2009: 41)

イム先生は教職に就いてからこれまで夢見てきた韓国社会における民主主義的な学校のあり方のイメージを、N初等学校再生プロジェクトというキャンバスにして自由に描いていった。この新しい学校像は、親、教師、地域住民また他の地域の教育関係者たちから大きな反響を呼んだ。当初は学校像の粗いスケッチだったにもかかわらず、このヴィジョンに希望を託し一家がN初等学校への転入のため引っ越してきた事例もあった。

この新しい学校のヴィジョンを具体化させる過程でイム先生と同僚たちが最も重視したのは、これまでの学校教育の慣行から抜け出し、真に子どもが中心となる学校文化を創造することであったという。これまでも斬新なヴィジョンを掲げながら行われた教育改革がなかった訳ではない。しかし、それが度々失敗に終わったのは、教育の当事者たちが教育の変化に持続的に参加できる学校文化が不在であったからとイム先生は評価する。何より教育部－教育庁－管理職－教師－子どもという垂直的に構成された画一と統制の官僚主義的風土が問題であると感じていた。まずは「愛国朝会」や「反省朝会」のような一方通行の、形式的学校行事を廃止し、コミュニケーションと参加ができやすい環境整備に力を注いだ。次に、子どもが中心となる学習を実現するためのカリキュラムづくりに力を注いだ。そのために、教師自身が、何を、どのように教えるのかといった問いに対する意味と答えを模索することを始めた。その中で教師たちのキーワードとなったのは「体験中心のカリキュラム」であった。ここで「体験」とは単純に一過性の経験やイベントを意味しているのではない。体験は「知る」過程が「生」の過程と分離しないようにする

ものであり、「真正な生活」を育む学習の重要なキーワードであると、同校の教師たちは捉えた。また、教師と子ども両者が能動的な学習の主体としてのあり方を回復するという、教育の本質を志向する意味を含んでいる。教師たちが「体験中心のカリキュラム」を構想した背景には、これまでの学校教育が子どもたちの選択、感受性、能動性を軽視し、教師と子どもたちの交流や共有を阻んできたことに対する反省がある。このようなカリキュラム観の下で、N初等学校の子どもたちは、教室の中でだけ勉強するのではなく、近隣の自然の中、地域の遺跡、都市部の公演場などさまざまな場所を学習の場としている。授業の時間も40分から80分に変更することで学習への集中度を高め、休み時間を長くすることで思い切り遊べるようにした。学年、学校、地域を超えた人的な交流プログラムを実施し、子どもたちが多様で異質な人々と接する機会も重視している (小さな学校教育連帯、2009: 30-37)。このようなカリキュラムづくりの大部分が、イム先生が海外の事例の勉強や読書を通して得たアイデアに基づいているという。このようなN初等学校の取り組みは、学界やメディアを通して急速に認知されるようになり、韓国の公教育の希望として語られるようになる。イム先生は2009年に自らが執筆した文章の中で、N初等学校の9年間の実践について振り返っている。

「何より大きな収穫は、N初等学校の子どもたちと教師、親が、学びの本質と自らの生活について真摯に省察し、幅広い視野を育んできたことだと思います。しかし、私たちの前途は依然と険しいものだと思います。N初等学校のカリキュラムは、韓国の公教育のオルタナティヴとなるには多くの不備を抱えており、学校と教育、真の知識と学び、教育的な生などの概念は、思考と実践を重ねるごとに私たちの頭を複雑にさせ、混乱に陥ることもあります。また、学校共同体のコミュニケーションが成熟するためにこれからも葛藤と衝突は絶えないでしょう。最近では学閥至上主義や受験競争システムにより苦痛を受ける人々がさらに増え、私たちの学校に『新しい教育』を見出そうと期待や視線が注がれるのも私たちの肩の荷を重くさせます。」(小さな学校教育連帯、2009: 66)

多くの課題を抱えながらも、公教育制度内の学校改革の1つのあり方を提示することに成功したという評価を受けていた2009年、韓国の学校教育を取り巻く政治環境に大きな変化が起こることとなる。それまで間接選挙制の下で選出されていた各地域の教育監が、2009年を機に住民の直接選挙で選ばれることになったのである。イム先生が勤務していた京畿道では、競争主義的な学校教育を一新し、対話と参加を基軸として子どもと教師の幸福を目指す学校づくりを掲げるキム・サンゴン氏が立候補し、多くの市民の支持を得て当選した。イム先生はキム氏の当選を見ながら、市民たちの新しい学校に対する期待を読み取ることができたと振り返っている。そしてキム教育監の当選直後に、イム先生は教育庁の「革新学校」の推進メンバーへの合流を勧められる。「革新学校」のモデルとしてN初等学校が採用されたこともあり、同校の学校改革の主要な推進者であったイム先生が抜擢されたことと推測される。N初等学校の学校改革着手当初と同じように、「革新学校」推進への参加を自らの使命と感じたイム先生は、N初等学校を離れることに対しては不安を抱えつつも、新しいステップを踏み出すことを決定する。

イム先生は、教育庁の公報担当として2009年から2014年までキム・サンゴン教育監を支え「革新学校」事業を進め、2014年7月には新しい教育監を迎えた。5年間の「革新学校」の成果は目覚ましいものであった。2014年6月の地方選挙では、さらに多くの地域で「革新学校」を推進する教育張が当選し、17の広域自治体の中で13の地域で「革新学校」が推進されることになった。「全国でも最も革新学校を精力的に推進した京畿道が、韓国の公教育制度内の学校改革に与えた影響は大きい」とイム先生は評価しながら、今後の課題について次のように述べている。

「学校改革に対する期待が『革新学校』に集中していますが、果たして『革新学校』が改革に対する期待にすべて答えられるかどうかについては心配もあります。国民の期待は爆発的なのにこれを実現していく自発性とパワーを持った教師は限られています。また、私たちが『革新学校』

を通して繰り返し発信してきたのが、『韓国の教育改革は制度や予算の問題ではない。政策の問題でもない。教育のパラダイムや哲学を変えることが大切である』ということです。ところが私たち自身が、期待やニーズに追われて、これまでの研究指定校が犯した過ち、つまり、研究指定校を設け、予算を投入し、プログラムを稼働すれば変わるのではないかという考え方による失敗を繰り返してはならない、という危機感を持っています。目標や成果を求められ続けていたら、アプローチがそのように変質する場合があるからです。韓国の教育を変えるのは、(学校をどのように捉えるかという)パラダイムの問題であり、哲学の問題であるので、そのような部分で性急にならないように心がけています[6]。」

1980年代の教育民主化運動の経験者であるイム先生にとっては、小さな公立学校の再生プロジェクトの成功や、「革新学校」による全国規模の民主主義的な学校づくりといった出来事は、N初等学校赴任前までは全く想像できなかったことであるという[7]。イム先生が置かれていた韓国の学校教育の現実は過酷であり、学校の民主主義を実現する過程は困難に満ちていたが、それを克服し、新しい学校教育を創り上げようとする、イム先生を含む韓国の教師たちの熱意と力は、現在の韓国における学校教育の民主主義の力強い流れを形成してきた。イム先生は1980年代から現在に至る、学校教育の民主主義に向けた激動の過程を経験してきた。そしてイム先生と同僚教師たちが夢見ていた公教育における民主主義的な学校づくりの全国的な展開を目の当たりにしながら、期待感と注意深さを持って今後の韓国の学校改革に備えていた。

注

1　全国教職員労働組合ホームページ(http://www.eduhope.net/)の「全教組綱領」、「創立宣言文」、「全教組歴史」を参照した。
2　韓国の教育監は大統領指名制、間接選挙制を経て地方教育行政に地域住民の意思をより直接反映すべきという趣旨から行われた2006年の地方教育自治の法律

改訂を受け、2007年からは直接選挙制により選出されている。任期は4年、再任は3期まで可能である。
3　韓国の「革新学校」についての詳細は、拙著「韓国の『革新学校』を拠点とする教育改革に関する研究」(『人文科学』第18号、2013年、18－29頁)。を参照されたい。
4　2014年6月18日イム先生に対して実施したインタビューより。
5　同上。
6　同上。
7　同上。

第5章　韓国における「学びの共同体」の受容と展開

第1節　課題設定

　韓国における民主的な学校のあり方を追求する動きは、1990年代後半の代案教育運動から活発化し、代案教育分野の教師と公教育体制内の教師の交流とネットワークにおいて学校のあり方が具体的に論議され、2009年からは広域自治体の教育行政が学校と教師の学校改革を支える基盤がつくられるようになった。教師たちが新しい学校のあり方を具体的に議論する上で、日本で提唱され、実践されている「学びの共同体」としての学校改革のアイデアと実践例が影響力を発揮したことは注目に値する。「学びの共同体」としての学校改革の理念は、「革新学校」の中心的アイデアの参照事例となっており、「革新学校」の教師たちを中心に積極的に実践されている。本章では、「学びの共同体」としての学校改革が韓国に紹介され、韓国の学校において実践されるようになった2001年から、「革新学校」の導入と「韓国学びの共同体研究会」が正式に発足する前である2009年以前の段階に注目し、「学びの共同体」としての学校改革の韓国における受容と展開の特徴を描きたい。そのために次の2つの課題を設定した。1つ目に、韓国のどのような社会的な背景において「学びの共同体」としての学校改革が注目され、受容されたのかを明らかにすることである。2つ目には、2001年の書籍出版を機に初めて韓国に紹介された「学びの共同体」としての学校改革のアイデアが、どのような主体によって受け入れられ、どのような様相で展開していったのかを描くことである。

第2節　日本における「学びの共同体」としての学校改革

　日本での「学びの共同体」の概念の登場は、「対話的実践としての学び―学習共同体を求めて」(佐藤、1995)において、学習概念を「文化」と「文脈」に基づいて再定義しようとする試みに端を発している。佐藤は、学校を「民主主義(democracy)」と「教養の伝承(literacy)」と「共同体(community)」の3つのキャノンによって構成される「教育の公共圏」であるとみなした(佐藤、1999b: 463)。学校の危機はこの3つの領域が崩壊していることにより起きているため、学校の再生はこの3つキャノンを回復させることに鍵があると指摘している。「学びの共同体」としての学校は、「21世紀の学校」のヴィジョンを示す概念として、子どもたちが学び育ち合う場所、教師も専門家として学び育ち合う場所、保護者や市民も学校の教育活動に参加して学び育ち合う場所として定義される(佐藤、2007: 94)。「学びの共同体」は教育学者による21世紀の学校像の提示と、実践に向けた哲学の提案にとどまることなく、提案者の佐藤自身が関わった神奈川県茅ケ崎市立浜之郷小学校における学校改革の実践によって、可視的なものとなった。これによって、「学びの共同体」は、学校教育関係者に哲学と理念を備えた実践可能な学校改革として注目されるようになった。多くの教師、管理職、行政官、教育研究者が浜之郷小学校や岳陽中学校に訪問し、教師や管理職の中には自らの学校の実情に合わせ、「学びの共同体」としての学校改革に着手し始めるものが出てきた。2008年の時点で1,000校以上の小学校が「浜之郷スタイル」の改革に挑戦し、300校以上の中学校が「岳陽スタイル」の学校改革を推進しているという(佐藤、2006: 9)。

　日本における「学びの共同体」として学校改革については、次のような特徴を挙げることができる。第一に、「学びの共同体」としての学校改革は、「授業」や「学習」を一方的な知識と情報の伝達という考え方から、「世界づくり(認知内容の編み直し＝対象との対話)」、「仲間づくり(対人関係の編み直し＝他者との対話)」、「自分探し(自己概念の編み直し＝自己との対話)」の3つが総合された複合的な営み(稲垣・佐藤、1998: 22)と捉える観点への転換、すなわち、学

習観や授業観の再定義を含むものである。また、「学びの共同体」としての学校は、「公共性(public philosophy)」「民主主義(democracy)」と「卓越性(excellency)」の3つの哲学的原理によって導かれる。さらに、「学びの共同体」の方略は他者との聴き合う関係を基礎とする活動システムを構成することである(佐藤、2012a: 121-122)。このように「学びの共同体」は学習指導や学校運営の方法論ではなく、実践者一人ひとりの学校と学習に関するヴィジョンと哲学の変化を通して日々の教育実践と教育の関係性を変えるアプローチである。

　第2の特徴は、学校改革の哲学、ヴィジョンや方略の提示で終わっているのではなく、これに基づいたパイロットスクールの成功とそれを直接観察した教師による他の学校での実践によって学校改革が広がりを示していることである。「学びの共同体」を提唱した佐藤学は、日本の教育研究と学校改革において「学びの共同体」の概念が登場するのは、1993年の「対話的実践としての学び―学習共同体を求めて―」(佐藤、1995)、及び新潟県小千谷市立小千谷小学校の改革事例(1995年から1999年)においてであるとし、この小千谷小学校において挑戦された改革理念が、校長の転勤によって長岡市へ波及し、1998年には茅ヶ崎市教育委員会による「学びの共同体」パイロットスクールの建設へつながったとしている(佐藤、2012a: 120)。茅ヶ崎市教育委員会による「21世紀のパイロットスクール・浜之郷小学校」の創設(1998年)と成功は、「学びの共同体」づくりの学校改革が全国的に拡大する出発点となった(佐藤、2012a: 121)。以降、全国の校長や教師が各地のパイロットスクール(2012年現在約200校)を訪問し教室を観察したことを直接的な契機として学校改革を推進している。毎年、茅ヶ崎市浜之郷小学校、富士市の岳陽中学校、元吉原中学校、田子浦中学校には数百人の教師が訪れ、毎年開かれる各地のパイロットスクールの公開研究会には数百人から一千人もの教師たちが訪問してきた。この15年間に「学びの共同体」の全国各地のパイロットスクールを訪問した教師たちはのべ数十万人にのぼると推定される(佐藤、2012a: 126)。このパイロットスクールの建設と全国各地における学校改革の推進は、もちろん学校の構成員が中心となって行われているが、「学びの共同体」の哲学とヴィジョン、また学校改革実践に豊かな経験を持つ大学の研究者、退職校長などが教

師と協力している点も重要である。

　第3の特徴は国際的な展開を見せていることである。「学びの共同体」の実践的哲学とパイロットスクールの成功は、世界の学校教育関係者にもアピールし、毎年インドネシア、韓国、台湾などから日本の「学びの共同体」の実践学校へ教師たちが訪問し、自国の学校改革の参照事例としている。現在では「学びの共同体」はその実践教師、教育学者などの国際的なネットワークとしての広がりを見せている (Sato, 2014; Son, 2014; Hendayana, 2014; Chen, 2014; Saito, 2014)。「学びの共同体」の国際的展開に関しては、特にアジア地域の実践が活発であるが、それは日本の学校教育が置かれている社会的、政治的な文脈、つまり中央集権的統制と受験競争に象徴される競争主義教育の伝統、また近年ではグローバリズムとナショナリズムと市場万能主義 (佐藤、2006: 27) において類似した背景を持っていることが関連していると思われる。

第3節　「学びの共同体」受容に関する韓国の社会的な背景

　日本では以上のような推進過程を経ている「学びの共同体」であるが、近年韓国で活発な広がりを見せている背景には、どのような韓国の社会的、歴史的な要因が作用しているのだろうか。以下、韓国において「学びの共同体」としての学校改革が受容された背景として、「教師の自律的な学校づくり、授業づくりが制限されてきた歴史的背景」、「学習者の文化の特徴」、「教師の文化の特徴」の3つに分けて検討してみよう。

(1) 教師の自律的な学校づくり、授業づくりが制限されてきた歴史的背景

　最初に韓国における教師の自律的な学校づくりと授業づくりの状況を、日本との比較視点から概観する。日本と韓国は、両国共に近年分権化への志向性が強いとは言え、学校教育の改善において、中央集権型の「上からの」教育改革の影響力が強い国々である。しかし、教育改革の中で教師の自律性が発揮される様子においては、両国は大きな相違を示している。

　まず日本の教育改革の中で注目に値するのは、国家が主導する、保守化や

私事化に向かう教育改革に対抗する学校改革の実践的理論や哲学が、教師や研究者により提出され、その知が蓄積され、共有されているという事実である。日本の民間教育研究運動について論じた佐藤隆が指摘するように、「教育実践の当事者である教師自らが教育研究の担い手でもある自主的、持続的な研究組織（民間教育研究団体）の存在は世界的に見てもきわめてユニーク」である（佐藤、2007: 12）。近年、学校を超えた教師たちのサークルや、学校内における自主的な授業研究など、教師の自発的な学びの場が、研修の制度化や教師の多忙化などにより転換点に立っているとの指摘（佐藤、2007: 13）も看過すべきではない。しかし、教師の仕事における自由を脅かすような時代の変化やさまざまな要求に対抗できる、教師による交流の場や実践の知恵の蓄積が脈々と伝えられてきたことは、他国の教師の専門性や自律性を考える上で有意義な参照軸となり得る。

　一方、韓国の学校や教師は、主体的で自律的な教育の運動や活動への自由が拘束された時期を長い間経験してきた。教育において教育の原理が語られ始められたのは、軍事政権に終止符が打たれた1990年代初めのことである。教育学者のハン・ジュンサンは、「大韓民国建国以来、教育はいつも教育の外的動機と目的のために利用される手段的価値としてだけ認識されてきた。つまり、体制維持のための理念教育と軍事訓練が教育の必須課程として強化され、特に1960年代以降は学校教育が経済成長のための施設としての機能だけ認識されたと言っても過言ではない。いわば、『安くて質の良い教育』という教育界のキャッチフレーズがこれまでの我が国の教育の機能的性質を良く表している。教育が国家安保や経済に従属されていたため、教育の本来の理想を持つことが不可能だったのである」と述べ（ハン、1998: 138）、社会学者のジョハン・ヘジョンは、「韓国社会は『学校はなぜ必要なのか』、『誰のためにあるのか』、『どのような教育が最も理想的な教育なのか』という根本的な質問を絶えず投げかけながらも、これに専念する集団を形成できないまま外部の圧力に振り回されてきたために、それ自体の中に治癒能力をほとんど喪失してしまった状態にあると言える」と、韓国の学校教育が自由を制限されてきた歴史的文脈に触れている（ジョハン、1996）。

韓国において教師による主体的な教育運動や活動がなかったわけではない。しかし、社会、政治的な民主化が確保される以前の韓国における教師の教育の運動は、政治運動に直結されることが多く、本来教育の運動が焦点を置くべき子どもや教室の改善や変化として実を結ぶまで至らなかった。また、植民地期から軍事政権期にかけて教育の民主化運動に関わった多くの教師が逮捕、免職されることになった[1]。

　1990年代軍事政権の終焉を迎え、教育改革にもこれまでの体制維持や経済発展ではない、教育福祉の理念が導入されるようになる。しかし、教育福祉を理念とした教育改革が現実化する前に、韓国は国家的には1990年代後半、国家レベルの経済危機を経験し、学校現場に関しては1970－1980年代の日本のマスコミを騒がせた「学級崩壊」、「不登校」、「いじめ」など、問題現象が頻発することによって混乱に陥るようになる[2]。国家的経済危機を背景に、政府は、社会全般を効率化するとして、市場中心の政府非介入を標榜する新自由主義的経済政策に拍車をかけ、教育改革においても、効率性の原理を優先した改革を推進した。教員に関わる政策では、1999年に行われた教員定年の短縮（65歳から62歳へ）と教員成果給制の導入が代表的である。「若く効果的な教壇づくり」及び「教壇の効率化」を目指した当時（金大中大統領）の教員政策は、他の領域とは異なり、学校には教育の論理が働くという信念を持ってきた学校の教師の大規模な反発を呼んだ。一方、受験に対応する機関としての学校教育の機能がその限界状態を迎えたことによって露になった韓国の学校のさまざまな病理的な状況に対しては、有効な対策や代案が提示されていないまま、大量の早期海外留学や私教育市場の拡大がもたらされている。

　1990年代以降の国家的、社会的なさまざまな混乱の中でも、社会的な民主化の進展とともに、1999年の教員組合合法化など、教育の現場にも徐々に自主性が確保されることになる。しかし教師たちは自主性を確保すべき自身の教育の活動や教育内容の中身を作り上げる前に、学校内外のさまざまな要求に応えざるを得ない状況に置かれるようになる。その一断面を見ることができるのが、韓国における授業の語られ方である。特に、2008年から実施されることが確実化している「教員能力開発評価」において、教師は「授業

専門性一般基準[3]に従って、自身の授業の力量や教師としての資質を、管理職、同僚教師、親、子どもに評価されることになる。「教員能力開発評価」では、教師の授業遂行の力量を評価するために必要な細かい要素で構成された規準に従って、教師個人の遂行を「未洽、基礎、優秀、卓越」で判断する。

また、地域教育庁単位と全国単位で毎年行われる各種授業大会では、全国の授業において優れた技術を持つ教師を発掘し、その教師の授業を普及する取り組みが行われている（韓国教育学術情報院、2005）。このような教師へのさまざまな要求と授業に関係する国家レベルでの事業は、1990年代以降の韓国の学校教育に対する危惧を背景にした、学校教育の改善策の一環でもあるが、その中身は授業や教師の専門性に関する十分な議論や合意を欠いており、有効な対策となり得ていないのが現状である。

(2) 学習者の文化の特徴

2000年から始まったOECDのPISA（Program for International Student Assessment）において、韓国の生徒は持続的に高い学力水準を示してきた。2012年調査でも、OECD 34カ国中数学的リテラシーは1位、読解リテラシーは1－2位、科学的リテラシー2－4位と、不動の高学力を示している。

しかし、その優秀性の裏面にある、学習に関する子どもたちの問題についてはあまり知られていない。たとえばPISAの2012年調査において数学で1位の成績を収めた韓国の子どもたちは、数学に対する内発的動機づけ（intrinsic motivation）に関しては、全体65カ国のうち58位であり、道具的動機づけは62位であった。

また、2013年に中学校3年生と高等学校2年生110万人を対象に全国一斉に実施された「国家レベル学力達成度評価」の結果、「基礎学力不足」の子どもの割合は、2008年に8％を記録した以来、2009年5.4％、2010年4.2％、2011年2.8％、2012年2.6％だったが、2013年は3.4％となり、5年ぶりに上昇に転じている。普通学力以上、基礎学力、基礎学力不足の3つのレベルのうち、最下位である基礎学力不足の割合は、中3が2012年2.2％から2013年3.3％、高等学校2年生も3％から4％へと上昇した。国内では、この結果

を受けて、学力が高い子どもと、低い子どもの間の「学力両極化」が深化しているとの懸念が浮上している。

　子どもの学力と親の学歴及び経済力との相関関係は持続的に指摘されてきたが、それに加え、近年では、学校類型と子どもの学力、親の学歴及び経済力の間の強い相関関係が指摘され始めるようになった。韓国の高等学校の類型については、李明博大統領の執権時の高校多様化政策によって大きな変化があった。本来、国内では、中学校における受験競争の激化を防ぐために、ソウルと釜山など主要都市を筆頭に、高校平準化が実施されてきたため、科学や芸術のエリートを養成する特殊目的高等学校を除いては、事実上1974年から国内に私立の高等学校は存在しなかった。このような画一的な高等学校教育を多様化するという李明博大統領の高校多様化政策の下で、韓国の高等学校は一般高等学校、自律型私立高等学校、特殊目的高等学校、特性化高等学校と類型が多様化された。問題は、新たに設立された自律型私立高等学校が、いわゆるエリート高等学校化し、一般高等学校との間に学力、経済格差が先鋭化している点である。政府は高校多様化を主旨とし、自律型私立高等学校に財政やカリキュラム運営の裁量権を与えたが、多くの高等学校は大学入試に有利な方向で学校を運営することによって、大学入試名門を追求する親と子どもの受け入れ先となったのである。

　2012年教育部が発表した「2012年度ソウル地域自律型私立高等学校、一般高新入生中学校内申成績」を分析した結果でも、中学校の内申成績が上位20%以内の新入生の割合は、自律型私立高等学校の場合、49.7%であったが、一般高等学校の場合は18.1%に過ぎなかった。また、ソウル教育情報研究員に縦断的な研究の2010－2011年の資料を分析した結果によると、一般高等学校に在学する子どもを持った父親の51.9%、母親の34.8%が4年制大学以上の卒業者である半面、自立型私立高等学校の子どもたちの場合、父親の72.9%、母親の54.4%が4年制大学以上の卒業者であった。特殊目的高等学校の場合は、父親の89.6%、母親の75.8%が4年制大学以上の卒業者だった。

　また、親の所得においても、一般高等学校と自律型私立高等学校の子どもたちの間に大きな格差が見られた。一般高等学校の場合、世帯所得が月400

万ウォン未満は48.1％、600万ウォン以上が23.2％であったが、自律型私立高等学校の場合、400万ウォン未満は27.2％、600万ウォン以上が44.8％以上であり、自律型私立高等学校の世帯所得の方が高かった。さらに、自律型私立高等学校と高校選択制を本格的に導入した2010年以降、自律型私立高等学校を除いた一般高等学校の生徒たちの成績が下向き平準化されたことが研究によって明らかになった。「生徒の学業達成度に高校選択制が及ぼした影響―韓国の政策変化を根拠として―」という論文では、2010－2012年度のソウル地域の高等学校２年生の「国家水準学業達成度評価」で得られた国語、英語、数学の成績を分析した結果、2010年の自律型私立高等学校導入を前後して、ソウルの生徒の平均成績の標準偏差が約3.8％下落したと報告されている。自律型私立高等学校の生徒たちの成績は、上昇傾向を見せているが、一般高等学校の生徒たちは政策導入前より数学では標準偏差13.8％、英語では14.8％の平均成績の下落を見せている。このような結果は自律型私立高等学校が成績優秀者を一挙に吸収し、一般高等学校の生徒の学習動機や教育環境のレベルを低下させることで教育現場に混乱と荒廃化をもたらしたことを実証する結果として韓国の学界で注目されている（チェ・ファン、2014）。

　以上の研究調査の結果は、子どもの学力と親の学歴や経済力の間に深い関係があることだけではなく、親の経済力が高い程、高等学校の選択において有利な位置を占めていることを示しており、家庭と学力や進路選択の間に何重もの格差構造が隠れていることを表している。また、経済的により余裕のある家庭の子どもたちが自律型私立高等学校により多く進み、成績が上昇する一方で、一般高等学校の生徒の学習動機や教育環境のレベルが低下することで、高等学校間の成績両極化現象も起きている。このような階層間の不平等現象、学校間の格差の拡大は、学校教育の公平性という観点からは、是正されなければならない。

　韓国の大部分の子どもたちが参加している「私教育」も教育文化の弊害の１つである。韓国で「私教育」とは、公教育に対比される概念として、個人の意思決定により行われる教育を指す。主に「先行学習（学校のカリキュラムに先立って予め内容を学習すること）」や「大学受験対策」が目的とされ、費用は各家

庭が負担している。また、私教育は多くの場合、塾、家庭教師、学習紙、インターネット受講という形態で行われている。韓国の現代教育史で「私教育」という言葉が使用され始めたのは1960年代の初めとされ、私教育過熱の問題は現在に至るまで常に韓国の教育改革の主要な問題となってきた。以下では統計庁の「私教育費調査結果」[4]に基づいて、近年の初、中、高等学校における私教育の動向を概観する。

まず2007年の時点で、韓国の私教育費の全体規模は約20兆400億ウォンであり、その内初等学校生の私教育費が10兆2000億ウォン、中学生が5兆6000億ウォン、高校生が4兆2000億ウォンであった。この私教育規模は、2007年の全国初、中、高等学校のための国家の教育予算である26兆2200億ウォンの76％に当たるものである。また、児童生徒1人当たりの月平均私教育費は、22万2000ウォン、参加率は77.0％、参加時間は週当たり7.8時間であった。

韓国教育開発院が2012年発表した「私教育費の推移と規模予測」の研究報告書によると、1990年1万7652ウォンだった世帯別月平均私教育費は、2010年18万7936ウォンに増加し、20年で11倍増加したことが明らかになった。同じ期間教育費の引き上げ率が含まれた「教育物価指数」を反映した実質的な私教育費も、1990年5万2250ウォンから、2010年15万2346ウォンへと3倍程に急増した。私教育費の現状でとりわけ深刻なのは、貧困層における私教育費負担が極めて大きいことである。所得水準下位10％の階層の1990年の月平均の教育費の負担は公教育費と私教育費がそれぞれ9507ウォンと5021ウォンだったが、2000年に入っては、私教育費支出は2万6348ウォンで公教育費の1万7586ウォンを初めて追い越した。この傾向は最近まで続き、下位所得階層の私教育費の負担は持続的に上昇している。

このように韓国の子どもたちは、優秀な学力と高い教育熱で知られているが、学習に対する内的な動機は非常に低い。また、学力と親の経済力との高い相関関係が見られ、経済格差が学力格差をもたらしているとの指摘がある。さらに近年では政府の高校多様化政策の副作用によって、一般高等学校と私立高等学校の序列化、学力格差、経済格差も新たな問題となっている。私教

育は韓国の古くからの問題で、子どもたちは放課後にも続く大学受験のための勉強で精神的、肉体的にも疲れているだけでなく、親にも大きな負担となっている。以上のような子どもと家庭を取り巻く学習の環境からは、経済的な背景や個性、能力の差を越えて一人ひとりの子どもが尊重され、その学習の権利が保障される学校づくりの必要性を読み取ることができる。

(3) 教師文化の特徴

学校改革の最も主要な主体は教師である。教師がどのような教師文化の中で、どのようなアイデンティティを持って働いているかは、教師のキャリアだけではなく、子どもの学習と学校運営の質に深く関わっている。

韓国の教師の有能さと地位の高さは世界的に知られている。Varkey Gems Foudation（2013）の Global Teacher Status Index は、教師の地位及び職業人気度、教師の年収に対する評価、教育サービスに対する評価を問う項目によるサーベイを行った。その結果、韓国の教師の収入と職業人気度は OECD 諸国中 4 位で、最上位グループに位置した。また、UNESCO が 2013 年発表した Teaching and learning: Acieving quality for all においても、韓国の教師の教育水準と賃金水準の高さが評価されている。また韓国が全国的に高い学力を示しているのは、都市部から僻地に至るまで、どの地域においても、優秀な教師に出会えるためであると指摘している。

反面、Varkey Gems Foudation（2013）によると、「子どもたちは教師を尊敬する」という項目においては、肯定的な反応が 11％ にとどまり、平均の 26％ を大きく下回り、最下位を記録した。教師に対する尊敬度が最も高かった国は中国（75％）で、トルコ（52％）、シンガポール（47％）と続いた。報告書では、韓国において親は子どもたちに教師になるよう励ますが、子どもたちの教師への尊敬度は非常に低いと指摘している。

また、OECD（2010）によると、授業のスタイルと教え方においては、他の先進諸国に後れを取っている。韓国の子どもたちは、協力を必要とする学習に比べ、競争的な学習を好む傾向が強く、授業のスタイルも、一斉学習と個人学習が中心である。この結果は、教師の教授スタイルもまた、生徒の協力

を促す方法であるよりは、競争的な学習環境を促進するものであることを意味している。

　教師の評価と研修について見てみよう。まず評価について言えば、韓国の教師は、教育部が主催し、各地域の教育庁が実施する教員能力開発評価を毎年受けている。教員能力開発評価の目的は、教師の能力の向上及び子どもと親の公教育に対する満足度の向上、公正な評価を通じて教師の指導能力及び専門性を強化し、学校教育の質的向上を図るためとされている。教員能力開発評価は、子ども満足度調査、親満足度調査、同僚評価に分けられ、教師は管理職、同僚、子どもから評価を受けることになる。評価の対象は、授業計画と実行、生徒指導などである。評価の方法は、同僚教師は、普段の観察や、1学期1回以上の公開授業を通して総合的に評価し、親と子どもは、オンラインまたはオフラインのアンケート調査に応じることになる。結果は各教師に告知され、結果に合わせて、優秀教師は学習研究年特別研修、支援が必要な教師は能力向上研修、普通の教師は評価指標に合わせた研修を受けることになる。

　しかしこの評価については、教師や教員団体、親、市民などからその妥当性や効果について疑問の声が上がっている。授業の公開が日常的に行われていない韓国では、年に1－2回の公開授業をもとに、同僚教師や親はその教師の授業の能力を評価することになる。しかしこの公開授業は、多くの場合、形式的に行われることが多い。教師たちは、これを「見せるための授業」、「演劇授業」と呼ぶこともある。公開のために準備された、日常とはかけ離れた授業という意味である（ソ、2008: 98）。

　このような、公開のために準備された授業の中で、教師と子どもは、表面上では多様な活動を活発に展開するが、このプロセスの中で、一部の子どもたちは教師と教育的な関係を結ぶことができず、互いに疎外を経験することになる。また、韓国での教師の授業評価には、細かく項目に分けられたチェックリストが用いられてきた。チェックリストによる教師の授業評価に関してはいくつかの問題点を指摘できる。まず、脱文脈的に授業が評価されることである。昨日の授業と今日の授業と明日の授業の関連性は考慮されず、授業

に参加する子どもたちの個性や能力の多様性も十分に勘案されない。また地域社会と学校と学級の条件と特性、教師の個性や意図も考慮されない。これらは考慮されるべきではなく、評価の客観性を維持するために排除されるべき要素とされる。さらに、チェックリストによる評価は、評価者の一方的な観点によるものである。評価者は授業者が授業についてどのような考え方を持っているのか、子どもに対してどのような観点を持っているのかを知ることもなく、一方的に評価して終わってしまう。授業を教師中心で見ることも問題である。本来の授業評価は、教師が授業をどのようにデザインしたか、どのように実行したか、子どもが目標に到達したか、教師の発言は適切だったか、授業で用いる資料は適切だったかなどを中心に行われる。子どもがその授業で何を経験し、何を学んだか、何を学べなかったのかは追究されない（ソ、2007: 99-100）のである。

　次に研修について見てみると、韓国の教師の研修は、大きく3つに分けられる。機関中心研修、学校中心研修、個人中心研修である。機関中心研修は、教育部、地域教育庁など国家の機関が中心となって実施する研修として、資格研修、職務研修、特別研修、国外研修などに分けられる。多くの場合、休み中に行われ、講師は大学教授や教育専門職、校長、教頭、教師で構成される。一方で学校中心研修は、各学校が自主的にプログラムを構成して、実施している。研修の形態としては授業研究、協議会、課題研究、職員セミナー、伝達講習、一般教養、教育理論、実務などである。個人中心の現職研修は、教師が自ら資質を高め、自己発展を図るために自発的な動機によって行う研修である。大学院進学、現職研究、教科研究会、学習活動、サークル活動、見学など、最近は教師の自律的な研究を助成するための研究費支援を国家や教育庁が行っている。このような教師の現職研修については、研修制度の形式的な運営、研修に対する教師の熱意の不足、教師の必要を十分に汲み取ったプログラムの不足、研修内容と学校現場の乖離、伝統的な教授と学習の方法、研修結果の低い現場活用度などが問題点として指摘されている（キム・カン、2003: 418-419）。

　韓国の教師はその能力の高さと社会的な地位の高さにおいて認められて

いる一方で、伝統的に保たれてきた「師」としての尊敬度は崩壊しつつある。特に近年の子どもたちにおいては、教師を尊敬しないと答える割合が増えている。授業のスタイルと学習の捉え方においては、韓国の教師は、伝統的、保守的な考え方を持っていると解釈できる。また、子どもたちが世界的に高い学力を持つように指導することには成功しているが、実質的な授業のスタイルや学びの捉え方は保守的である。教師の能力を評価するシステムや、研修の体制も、保守的で柔軟性に欠けている部分がある。ここでは十分指摘できなかったが、教師文化の特徴として、同僚教師同士で授業を公開しない、互いの授業に対して干渉しないという閉鎖性もあり、同僚教師は専門的な発達を中心に連帯する関係性であるよりは、孤立し、部族化している傾向もある。このような教師をめぐる状況からは、教師が教育の専門家として地域や親、また子どもから尊重され、子どもの学習を支援する教職専門性の向上を中心に同僚教師と連帯する文化が学校の中に築かれる必要があることに気がつく。

第4節　「学びの共同体」としての学校改革の韓国での受容過程

　韓国の学校教育をめぐる社会的な背景を検討してみると、子どもの学びと教師の専門的な成長を促進すべき韓国の学校教育においては、公共性と民主主義が十分成熟していない側面が見られた。韓国の学校教育において、大学入試の対策に偏っている点、特定の子どもたちにだけ質の高い教育が提供されている点、保守性と閉鎖性により、教師の連帯が阻まれている点などは改善されなければならない。そういった意味で、「学びの共同体」は、民主主義、公共性、卓越性の追求を中核にした学校改革として、韓国の学校の現在を診断し、未来像を展望する上で有意味な学校改革の哲学と方略として注目を浴び、全国の教師によって実践されている。以下では、2000年代初めから、「革新学校」導入前であり「韓国学びの共同体」研究会発足前の2009年まで、韓国において「学びの共同体」の学校改革がどのように進展してきたのかを、時期別に分けて検討する。

(1) 受容と実践の第一段階
—大学研究チームの形成と研究指定校における実践 (2000年－2006年)

「学びの共同体」は、すでに日本において多くの学校と教師によって実践が積み重ねられている学校改革と授業改革の実践的な哲学及び理念として2000年代の初めに韓国で紹介され、日常の授業の中での子どもたちとの対話と質の高い授業を求める教師たちに浸透していった事例として見ることができる。「学びの共同体」が初めて韓国に紹介されたのは、佐藤学(1999)『教育改革をデザインする』が2001年に韓国語に翻訳、出版されたときである。「教育の公共性と民主主義のために」という副題がついた同書が出版されたときの韓国の教育界は、1990年代後半の学校崩壊議論や子どもの学校からの離脱を経て、民主主義的で公共的な学校教育のあり方を悩んでいた時期であると言える。しかし、民主主義的な学校教育のあり方は、公教育の外側に設立された代案学校などから提案されることはあっても、国民の教育の大部分を占めている公教育側からは発信されることは少なかった。しかし、公教育内の教師たちの多くは、日々の子どもたちとの関係や授業のあり方に疑問を持っていた。そのような教師たちに、「学びの共同体」の実践的な哲学はアピールし、自身の教室に学びの共同体を築くための実践を始める教師たちが出てきた。韓国にも学校や教師による改革の意志や、現在の学校の役割や機能に疑念を持つ世論は形成されていたが、これまでの受験と競争を中心に編成されてきた学校教育に代わる授業や学校に対する具体的で体系的な理論や哲学については十分な議論や研究はなされていなかった。そこで、1970年代中盤以降の校内暴力、対教師暴力、1980年代のいじめ、不登校、高等学校中退問題など、韓国より早い段階で学校に関わるさまざまな厳しい問題に直面してきた日本において、民主主義と公共性の原理で学校の機能や役割の再編を通した子どもの学びの回復と教師の専門性の確保を提唱し、パイロットスクールでの実践の成功で実際の学校改革としても実を結んだ「学びの共同体」の学校改革の実践が、一部の韓国の研究者や教師の関心の対象となったのである[5]。

「学びの共同体」に対する関心は2002年から始まった日本への学校訪問に

つながり、休み期間を利用して多くの韓国の教師が日本の学校を訪れ、授業や授業研究会の参観を行ってきた。教師たちの学校訪問は2015年現在まで続いている。「学びの共同体」としての学校改革の取り組みに体系的に着手した最初の主体は、佐藤の著作を初めて韓国に紹介した孫于正氏が当時所属していた国立釜山大学校の教育学部の研究チームであった。研究チームは2004年から日本における学校改革の動向及び「学びの共同体」の理論と実践を学習することから始め、韓国の教師の教育改革に対する意識調査などを含む、韓国における「学びの共同体」に立脚した学校改革に着手した。2005年には、研究チームの学校改革に関する革新的なアイデアが釜山市教育庁に評価され、研究チームの研究が釜山市内の公立初等学校の学校改革事業として採用された。ここでは、釜山大学校の研究チームが2年間の学校改革の結果をまとめた報告書（Hahn, Son and Jeon, 2006）から、学校改革の経過と特徴を示したい。研究指定を受けた釜山市内の公立初等学校は、「学びの共同体」としての学校づくりのモデル校として、釜山大学校の研究チームの支援の下、学校単位での学校改革に着手した。研究学校としては釜山市内の社会経済的に安定したマンション街に位置したB初等学校（全校児童数1453人、教職員59人）が釜山市教育庁により指定された。釜山大の研究チームは2005年3月から2006年12月まで「学びとケアの学校共同体づくり」研究学校開発としてB初等学校に関わることになる。釜山大の研究者たちは、1ヶ月に2回B初等学校を訪問し、学校づくりにおけるヴィジョンと哲学の共有の重要性を強調し、勉強と競争ではない学びとケアが中心となる授業への転換、そして持続的な授業公開と授業研究会が実現するようにサポートする役割を果たすことになる。研究チームはB初等学校の改革の実践を振り返る研究報告（Hahn, Son and Jeon, 2006）の中で、B初等学校の改革が「2年の間、課題を多く抱えながら、ゆっくりではあるけれども、着実な変化を示した」としながら、2年間の改革の実践を3つの時期に分け、それぞれの段階で経験した変化と困難を示している。まずB初等学校における改革の第1期は、「出会いと葛藤の時期」とし、研究チームから提案された「学びとケアの学校共同体づくり」という哲学や授業観は、「なかなか教師たちに受け入れられなかった」と

している。当初教師たちは、研究チームにより提案された日本の「学びの共同体」の授業例を見て、「私たちがこれまで進めて来た授業の方が優れている」と言い、研究チームから提示された授業に対する原則と方法は「具体的ではないので、そのような抽象的なガイドに従うことができない」という反応を示した。そして第1期の中で直面したもう1つの困難は、B初等学校の校長との葛藤であった。B初等学校は、研究学校に指定された当初校長が「学びの共同体」に対する積極的なヴィジョンを持っていたが、間もなく校長が転出することになり、現在の校長とは学校改革の哲学の共有において大きな葛藤を経験した。そして最後まで、校長が自主的に学校共同体を築くことをB初等学校の第一の目標とすることはなかったと述べている。

改革の第2期は「理解と適応の過程」として、2005年夏に集中的な教師のワークショップを持つことを契機に、徐々に変化が見え始めた時期である。教師は教室を開くことへの抵抗が低まり、2005年3月から9月まで、104時間の授業が研究チームに開かれ、21の研究授業が共有された。この時期多くの教師が、自身の授業に対する観点が少しずつ変わってきていることを肯定的に語っている。ある女性教師は、「授業が変わりました。第7次教育課程では自己主導的な学習と協力学習が強調されているけれど、自分の教室で実践することは難しかったです。「学びの共同体」としての授業づくりを開始してから、授業内の子どもの活動が増えていきました」と語っていた。

第3期は「定着、しかしまだ不安定な時期」とされている。2006年度新学年を迎え、12人の新しい教師が転任し、既存の教師は研究について後輩教師に教える姿が見られた。教室を開くことと授業研究会への教師の抵抗も和らぎ、授業は大部分教師主導から子ども中心へとに転換されていた。子どもへの教師のケアがより頻繁に見られるようになった。しかし依然として問題は残る。たとえば子どもへの教師の関心には偏りが見られ、特定のグループ、特に学習面で優秀なグループの子どもへの関心がより多く見られた。また、短い時間に多くの内容を教えようとする傾向があった。授業中の子どもとの関係では、子どもの表現や考えが出てくるまで待てない教師の姿も見受けられたとされている。授業以外のところでは、校長が学校改革においてリーダー

シップを発揮していない点と、研究学校に在籍することでメリットポイントが教師に与えられる制度のため、プロジェクトが終わると教師の動機が下がるといった問題が残っていたとされる。

(2) 受容と実践の第二段階
―代案学校における実践 (2006年－2009年)

　前項で紹介した研究指定校における「学びの共同体」の実践は、教師の動機、校長のリーダーシップなどの制約により、研究指定校解消以降続くことはなかった。そのバトンを受け継いだ主体は、「代案学校」であった。代案学校における「学びの共同体」としての学校改革に関するアイデアの受容と実践、そして衰退については、前章のE学校の事例を通して詳しく記述した。代案学校は、韓国社会における学校教育のオルタナティヴを提供する教育機関として設立されたが、その中のいくつかの学校は、学校づくりのアイデアと内容、方法を追求する中で「学びの共同体」としての学校改革に出会い、これを自身の学校の方針として取り入れ始めた。その代表的な事例校の1つが、前章で取り上げたE学校である[6]。

　E学校は「民教育と公教育の接続」、「公教育への革新的なモデルの提示」を設立当初からの目標とし、実験的な教育実践を常に外部に発信してきた。そして韓国の学校教育の負の文化を乗り越え、新しい学校教育モデルを構築する過程で「学びの共同体」としての学校改革の哲学と方略に出会った。当初教師たちは、公共性、民主主義、卓越性を基盤とした「学びの共同体」としての学校づくりに深く共鳴し、同校の学校像の構築と学校づくりに「学びの共同体」の哲学と方法を導入することを決めた。しかし、実践過程の中で教師たちは困難と混乱を経験する。韓国社会の根深い大学受験を中心とした学校文化、外部からの常に斬新な価値を発信することに対する要請、教師たちの抵抗や疲労感、教師間、そして教師と親の間での「学び」のコンセプトの乖離などさまざまな原因により、「学びの共同体」の追求は3年余りで停滞した。しかし、第3章で示したように、E学校における「学びの共同体」としての学校改革の始動と蓄積は、その後の韓国の公教育改革に大きな示唆

を与えることへとつながる。

　以上のように、導入初期の2001年から2009年において「学びの共同体」としての学校改革のアイデアと方略を積極的に受け入れた主要な主体は、大学の研究機関とその協力関係にあった研究指定学校、そして代案学校であった。研究指定学校や代案学校以外にも、個別教師、学年単位の教師、学校内のインフォーマルな勉強会をベースに授業改革を実践した例や、コンサルタントの協力により短期的に学校単位の学校改革に取り組んだ事例[7]があることを確認することができた。

　以上のような社会的な背景の中で、「学びの共同体」としての学校改革は2000年頃から韓国の一部の学校で実践され始めた。最初は釜山大学校の教育学科の研究チームが中心となり、釜山市内の公立初等学校で学校改革の実践を研究指定期間の約2年間行った。また、「学びの共同体」としての学校改革に共鳴する一部の初等学校の教師たちが学年単位で研究会を組織し、授業の公開と授業研究会を行う事例もあった。しかしこの時期の学校改革実践は、いずれも途中で持続が困難になり、単発的な実践にとどまる結果となった。持続が困難な理由としては、研究指定期間が終わると動機が続かなかったことや、管理職の理解不足、教師間のヴィジョンの共有の失敗、教師の多忙、教師と親の「学び」のイメージの不足による実践の困難などがあった。

　2006年頃からは、いくつかの代案学校において「学びの共同体」としての学校改革が学校づくりの方針と方略として採用された。代案学校における実践は、公教育に対するオルタナティヴの提示という代案学校ならではの機能と連動して、一定程度の成果を収めた側面もある。E学校が学校の基盤を形成する時期に「学びの共同体」の理念は大きな影響を与え、授業公開や授業研究会のあり方、授業における教師の役割の実践を通して他の代案学校を始め公教育体制内の教師たちに1つのオルタナティヴな学校モデルを提示したのは事実である。そして現在推進されている公教育改革である「革新学校」の始動の段階においてもE学校の学校改革のモデル校として参照された。このように、「学びの共同体」としての学校改革は、韓国の学校教育の社会的、歴史的な背景とニーズの中で、学校改革の新しく有用なヴィジョンを提示

してくれるものとして韓国の教育界において受容されていった。2000年から2009年の初期段階において、公立学校や代案学校において実践の試みが行われ、一定程度の成果もあったが、この時期の学校改革実践はそれぞれの学校の教師が抱える困難と現実の壁に阻まれ、持続的な学校改革となったとは言い難い。しかし、韓国社会において公共性、民主主義、卓越性を掲げた学校改革を教師の自主的な意志によって始めたことそれ自体は、韓国の教育改革全体を考えたときに大きな一歩であることには間違いない。また、2009年以降、「学びの共同体」としての学校改革は、韓国の学校教育をめぐる社会的、政治的な変化に支えられ、韓国の公教育改革の中心的な理念として浮上し、多くの行政官と公立学校の教師に支持されるようになる。その詳細については第4部で述べることとする。

注

1 韓国教育史上最初の教育実践運動として認められるのは1960年4・19教員労組運動(教育の自主性と学園民主化及び教員の身分確保のための教権運動)であるが、5・16軍事政権の弾圧により挫折した。また、1980年代には、1970年代大学生活を経験した進歩的な教師たちを中心として小グループの教師運動が次々と起こったが、多くの教師は逮捕、免職された。(ナ・ビョンチュン『1980年代教師運動に関する研究:全国教職員労組運動を中心に』(慶熙大学校経営大学院碩士論文、1990年))。

2 1990年代後半韓国におけるメディアの「学校崩壊」企画シリーズ
 - 무너지는 교실 (1999.8.23. - 31. 조선일보 기획시리즈)
(「崩れる教室」1999年8月23日-31日、朝鮮日報企画シリーズ)
 - 교실붕괴: 학생도 교사도 학교 가기 싫다 (1999.9.23. 시사저널)
(「教室崩壊:子どもも教師も学校に行きたくない」、1999年9月23日、時事ジャーナル)
 -KBS 추적 60 분 (1999.10.21) < 무너지는 교실 . 절망하는 아이들 >
　KBS 追跡60分(1999年10月21日)〈崩れる教室、絶望する子どもたち〉
 -KBS 일요진단 (2001.3.26) < 주제: 교육 개혁 해법 없나?>
　KBS 日曜診断(2001年3月26日)〈テーマ:教育改革、解法はないのか〉

-MBC 100 분 토론 (2001.5.24, 한완상 부총리) <주제 : 공교육 부실 징후>

MBC100 分討論 (2001 年 5 月 26 日、ハン・ワンサン副総理)〈テーマ：公教育不実兆候〉

3 〈授業専門性一般基準の構成及び「良い授業」の特徴(韓国教育課程評価院「授業専門性一般規準案内」(2007 年)より)〉

【授業専門性一般基準の構成】

大領域	中領域	基準要素
知識	内容知識及び内容教授法	内容知識の理解
		内容教授法及び誤概念認知
	生徒理解	発達、認知学習
		個人差
計画 (知識と実践の連携)	授業設計	学習目標設定及び陳述
		一貫性ある授業設計
実践	学習環境造成及び学級運営	安全で効率的な物理的環境
		活き活きした学級の雰囲気と学習文化の造成
		効率的な学級運営と生徒指導
	授業実行	事前知識活性化と動機誘発
		理解と思考を促進する授業戦略
		有意味な学習活動及び課題遂行
		効果的な資料活用
		明瞭な意思疎通及び適切な言葉の使用
		効果的な質問使用
		理解点検モニタリング及びフィードバック
		柔軟な状況への対処
		構造化された授業の展開と効率的な時間
専門性	授業反省及び専門性発達	教師の授業の反省
		同僚教師との協力
		親との協調
		専門性発達への努力

【良い授業の特徴】
- 授業準備と計画が徹底した授業
- 授業目標に到達する授業
- 面白い授業-生徒たちが積極的に参加する授業
- 教師-生徒の相互作用が活発な授業

- 生徒を理解し、目線を合わせる授業
- 効果的な授業模型・方法を適用した授業
- 内容が明確に伝わる授業
- 授業資料やメディアが良く整えられた授業
- 評価を通して生徒の理解と関心を高める授業
- 教室環境が良く整備され、効果的な学級運営
- 教師が反省し、研究する授業

4 統計庁「2007年私教育費実態調査結果」(2008年)。全国272の初、中、高等学校の保護者約34,000人を対象とした調査である。

統計庁「2012年私教育費調査結果」(2013年)。全国1065の初、中、高等学校の保護者約44,000人を対象としたものである。

5 「学びの共同体」は、2006年9月5日盧武鉉政権当時の大統領諮問委員会教育部門において開かれた「革新・未来・そして教育の戦略」という国際会議で韓国が参照すべき海外の改革動向として取り上げられた。
(Sato, M., Vision, Strategies and Philosophy for School Innovation in Japan ; Designing School as Learning Community, *Proceeding for Korean Presidential Committee on Educational Innovation, Future, and Educational Strategies*, 2006.)

6 E学校以外にもガンジー学校、ソンミサン学校、プルンクム学校などで、2006年から2008年にかけて学校単位における学校改革が行われた(2015年1月「韓国学びの共同体研究会」代表孫于正氏からの情報提供による)。

7 「韓国学びの共同体研究会」の代表孫于正氏がコンサルタントとなり、2004年から2006年にかけて釜山の公立初等学校3校と公立特殊学校1校、そして慶尚南道の初等学校2校において学校単位の学校改革が挑戦された(2015年1月「韓国学びの共同体研究会」代表孫于正氏からの情報提供による。)

第3部 「革新学校」を中心とした公教育改革の始動と実践(2009年－2015年)

> **第3部と第4部の背景** ── 2009年から2015年における韓国の教育改革の動向と学校の現状

第3部と第4部の時代設定の理由

　政府の教育改革の動向と、学校と子どもをめぐる教育の現状からは容易に見えて来ないが、2009年から現在に至る期間において、教師たちによる学校を変えるための実践は着実に進み、授業と子どもの学びの変化、教師の専門性向上として具体的に結実しつつある。第2部と第3部で取り上げた韓国社会における「公教育危機」を背景として積み重ねられた新しい学校を追求する動きは、当初公教育制度の外部か、農村部にある小さな公立学校から具体的な学校づくりとして展開してきた。しかし、2009年、京畿道における「革新学校」を推進する「進歩教育監」の登場を機に、新しい学校づくりの実験の舞台は一挙に公教育制度内の学校へと移るという新しい局面を迎えた。全国において「革新学校」として、既存の大学受験に偏った競争的な学校教育から抜け出し、民主主義的で質の高い学校教育を目指して運営されている学校は、2011年には181校、2013年に350校、2014年に581校と着実に増え、2014年6月の地方選挙における13の自治体の「進歩教育監」の当選により、2015年には1835校に拡大する予定である。第3部では、このような状況を踏まえ、「革新学校」の開始とともに新しい局面を迎えた韓国の新しい学校を追求する動きについて検討する。

　また、民主主義的で質の高い新しい学校づくりの実践が公教育制度内の学校改革の主要な課題となるにつれ、「学びの共同体」としての学校改革の哲学や方略も、「革新学校」を運営する上で具体的な参照例としてさらに注目を浴びるようになった。2011年6月京畿道の「革新学校」の方向性を議論する国際シンポジウムにおいて「学びの共同体」は韓国国内の事例、北欧諸国の学校改革事例とともに、「革新学校」の主要なモデルとして提案された。また、国内に紹介されて以来、公立の一部の教師か代案学校の教師により主に注目され、少数のコンサルタントが学校と連携して改革に取り組んでいた

「学びの共同体」は、2010年に「韓国学びの共同体研究会」として正式に発足することとなる。これまで「学びの共同体」としての学校改革を実践した経験を持つ学校は全国に約300校、その内約30校は地域の拠点学校として授業や校内研修の公開を行っている。また研究会に所属している教師は約3,600人で、月例研究会を持つ地域研究会の数が全国に24あるなど、その規模が拡大し、着実に体系化が進んでいる（Son, 2014）。「学びの共同体」としての学校改革は、韓国に紹介された当初は、代案教育の一環として取り上げられていたが、公教育における学校改革に関する議論と実践が進んでいく中で、そのヴィジョンと方略が参照されることが多くなった。そして現在では「革新学校」と連動しながら、韓国の公教育の学校改革に関する具体的な議論や実践を支える1つの基盤となっている。そこで第4部では、「学びの共同体」としての学校改革が「革新学校」と連動しながら実践される様子を、学校レベルと教師レベルにおいて検討した。特に「革新学校」の中で「学びの共同体」としての学校改革のヴィジョンと方略を採用している学校と教師の学校改革の経験に注目し、どのような契機で学校改革に取り掛かり、具体的にどのような困難を経験しているのかを明らかにする。以下では、第3部と第4部の時代的な背景である2009年から2015年に焦点を当て、韓国全体の教育改革の動向を概観した後で、学校と子どもの学びをめぐる問題状況を確かめる。その次に、第4部に登場する学校改革事例の背景となる「学びの共同体」としての学校改革の2009年以降の展開について補足を加える。

政府による教育改革の動向（2009年－2015年）

「競争」、「自由」、「多様化」が招いた格差拡大と序列化
――李明博（イ ミョンバク）政権の教育改革（2008年－2013年）

　教育において「福祉」や「公平」という理念を強調していた盧武鉉政権に続く李明博政権の教育改革における基調は、「競争」、「効率」、「自由」そして「多様化」であった。李政権の教育改革では前政権である金大中政権や盧武鉉政権で強調されてきた「平等」の理念よりは、「優秀性」の追求に重点が置かれ、需要者のニーズを満足させる学校教育、学校間の自由な競争を通じた学校教

育の質の向上、グローバル・スタンダードに見合った学校教育などが目標として設定された。

「競争」、「効率」、「自由」、「多様化」などの改革のキーワードは、李政権により施行された政策に表現されている。全国一斉学力調査(韓国語では「学業成就度評価」で、別名「一斉考査」とも呼ばれる)の実施はその代表例である。当初政府は、学力調査を通して基礎学力が低い児童生徒を把握し、支援することを学力調査実施の目的としていた。しかし2008年から4年間にわたって行われた一斉学力調査の影響は、肯定的とは言えないものであった。小学校から高等学校の調査結果は学校内外に公示され、学校と地域教育庁間の競争を煽る結果となった。一部の地域では、学力調査の成績を上げるために、夏休みや冬休みにも試験対策のための授業を行った学校もあると言う。

他にも、李明博政権時に教育界に大きな変化をもたらした施策として「高校多様化政策」がある。韓国の高等学校は、1973年以来多くの地域において平準化政策の下に置かれている。ところが2008年3月李明博政権が自律型私立高等学校を導入、生徒の学校選択権を拡大し、カリキュラム運営、教職員の採用、学校財政運営における学校の自律性を保障するための法的根拠を整えると発表したことで、高校平準化の基盤は揺るがされることとなった。代表的な平準化地域であったソウル市はこれを受け、学校選択制を導入した。自律型私立高等学校は、一般の高等学校に比べカリキュラムや財政運営の面で裁量が与えられて、新たな名門高等学校としての位置を確保した。結果的にソウル市では、高校平準化が維持されながらも、自律型私立高等学校と一般高等学校の間の格差が広がることになった。政府は当初、公教育内に優れた高等学校教育機関を設置することを通して、私教育を縮小させるねらいを持って高校多様化プロジェクトに取りかかったが、自律型私立高等学校が新たな名門高等学校として浮上することで、これらの学校に入るための私教育市場は逆に拡大する結果となった。

高校多様化政策が招いた大きな弊害の1つは、一般高等学校の教師、生徒たちの動機が低下したことである。韓国の多くの地域は高校平準化政策の下にあるため、ほとんどの生徒たちは抽選で高等学校に入学する。高等学校入

試が行われるのは、科学高等学校、外国語高等学校、芸術高等学校など特殊高等学校と呼ばれるいくつかの学校だけであった。成績最上位の生徒たちの多くはこれらの特殊高等学校に進む。ところが、自律型私立高等学校が登場することで、成績上位から中位の生徒たちが自律型私立高等学校に進学することになり、一般高等学校は、成績中位から下位の生徒たちが集中するといった、高等学校の序列化現象が明確になったのである。韓国の高校平準化の体制は、李政権の高校多様化政策によって事実上完全に解体したと見る者もいる（キム、2010）。しかし問題は、高校平準化が解体し、高等学校が序列化したことそのものと言うよりは、どの学校に進学するかが、生徒の能力だけで決まるのではなく、親の経済力や教育力によって左右される傾向が強くなったことである。このような高校進学における格差の拡大は、学校教育における公平性や公共性の保障を阻むものであると言わざるを得ない。

優秀性と福祉の同時追求のゆくえ
―朴槿恵（パククネ）政権の教育改革（2013年－）

2013年2月発足した朴槿恵政権は、「夢と才能を育てる幸福な教育」をキャッチフレーズとし、「素質と才能を呼び起こす教育」、「公平な教育機会」、「教育競争力の向上」、「生涯学習システムの構築」を課題とした教育政策を展開するとしている（**表6－1**を参照）。これらの課題を実現するための具体策として、自由学期制、終日ケア学校（放課後子どもの世話ができない親のために保育、教育を提供するためのプログラム）、高校無償教育を提案した。中でも児童生徒の「夢と才能」を育てるための中心的な制度として、自由学期制が注目されている。自由学期制とは、中学校期間の3年間の中で、1学期の間、生徒たちが試験の負担やストレスから解放され、各々の夢と才能を探すことができるような授業を行うことを指す。自由学期中は、ディスカッションや実習など参加型の授業を行い、期間中に進路の模索や多様な体験活動ができるようにカリキュラムを柔軟に運営する。2014年1月現在全国42の研究学校で試験的に運営され、2015年には全国の中学校の70％で実施することが確定しており、2016年3月からは全面的に実施が予定されている。自由学期

表6-1 朴槿恵政権教育国政課題(イ・ウォングン、2013: 74-75)

国政推進戦略	国政課題
夢と素質を育てる教育	学校教育正常化推進
	大学入試の負担軽減のための大学重視の簡素化
	大学特性化及び財政支援の拡大
	教員の教育に専念できる環境づくり
専門人材養成及び生涯学習体系の構築	専門人材養成のための職業教育強化
	専門大学を高等職業教育中心機関へと集中育成
	100歳時代国家生涯学習体制の構築
庶民生活及び雇用安定支援	教育費負担軽減
低出産克復と女性の経済活動の拡大	無償保育及び無償教育の拡大(0-5歳)
犯罪から安全な社会の具現	学校暴力及び生徒危険ゼロのための環境づくり
地域均衡発展と地方分権の促進	地方拠点大学の育成

制の導入や文理系統合型カリキュラムの導入に伴い、教師のカリキュラムの再構成や授業づくりの力量が問われるようになる。教育部が主催する「教育課程再構成ワークショップ―教科書の著者となる」など、そのための教師によるワークショップなども行われ始めた(韓国教育新聞、2015年1月19日)。しかしこのような大々的なカリキュラム改革に対して、学校教師の中には肯定的な反応よりは不安の声が蔓延している。全国教職員労働組合が国家水準教育課程改訂に関する全国中等教師の意見に対して行ったアンケート調査(中等教師1005人参加)によると、中学校自由学期制を2016年から全面導入することに対して、73.6％の教師が反対している。反対の理由としては「学校と社会のインフラが追いついていない」(99.1％)、「自由学期制プログラム構成の難しさ」(97.4％)、「進路職業体験活動に偏重したプログラム運営」(87.9％)、「週当たり授業時数の増加」(84.5％)を挙げている(アジュ経済、2014年9月11日)。教師たちは、競争的な教育制度と環境に対する改革が全面的に行われない以上、自由学期制は趣旨が変質する可能性が高いという意見を示している。何より、個別生徒に応じた職業体験プログラムなどを教師が新たに準備する必要性があり、教師の負担が大幅に増えることに対する懸念が続出している。

また、朴政権による学校カリキュラムの大幅な改訂作業も進んでいる。教

育部は、2015 年改訂教育課程において「人文学的想像力と科学技術に対する素養を広く備えた人材育成を目標」に、「文理系統合カリキュラム」を導入すると発表した。これまで文系の生徒は「人文・社会」に重点を置いたカリキュラム、理系の生徒は「数学、科学」に重点を置いたカリキュラムを履修していたが、これからは文理系の区分を取り払い、「統合社会」や「統合科学」といった教科名で幅広く教科を学習するといった趣旨のカリキュラムである。「文理系統合型カリキュラム」については、2014 年 9 月に総論が発表され、2017 年から初等学校 1, 2 年生、2018 年からは中学校 1 年生と高等学校 1 年生が新しい教育課程による授業を受けることになる（中央日報、2015 年 1 月 22 日）。

さらに大学入試改革も進んでいる。2015 年 1 月 22 日大統領府における政府業務報告では、大学入試において人性[1]評価を強化する方針が報告された。2014 年制定された人性教育振興法により学校、家庭、社会が協力して児童生徒の人性を強化する「人性教育 5 カ年総合計画」を樹立し、大学入試の際に人性の評価項目の反映率を引き上げるという構想である。

朴大統領が提示する教育改革の方向性については、高校無償教育や大学の学費の削減、終日ケア学校など、福祉を追求する流れと、前政権で強調されていた競争の教育体制を維持する流れが共存していると言える。しかし学校教育の現場にとっては、「自由学期制」、「文理系統合型カリキュラム」、「大学受験における人性評価項目の強化」など、教師の授業実践と業務量に大きな影響を与える改革が断行されていることによる混乱は免れ難いと予想されている。

近年の学校と子どもの学びをめぐる問題状況

次に、近年の韓国の子どもたちの学習の現状を中心とした学校の問題について考えてみたい。OECD の国際学力調査である PISA (Program for International Student Assessment) 調査では、韓国の子どもたちが調査開始以来高い成績を得ている。第一回調査の 2000 年度以降、韓国の生徒は持続的に高い学力水準を示してきた。2012 年調査でも、OECD 34 カ国中数学的リテラシーは 1 位、読解リテラシーは 1 − 2 位、科学的リテラシー 2 − 4 位と、不動の高学力を

示している。生徒の学力だけではなく、教育政策、教師の質など教育全般においても高い評価が行われており、韓国は「成功している教育制度」を持つ国として評価されている (OECD, 2013b)。国際的に「韓国の教育は優秀だ」という意識は、国内で広く受け入れられているが、これは韓国の学校教育の深刻な一面を見えづらくしている側面も持つ。PISA による子どもたちの世界トップ水準の成績や、政策と教師教育への高い評価という韓国の教育の一面が誇大され、一部ではこのような意識がこれまでの競争主義的な学校教育を是認し強化する言説として機能しているのではないかと懸念される。

　それでは韓国の学校教育の優秀性に隠れている、教師と子どもたちをめぐる学びの現実を、教室での出来事を通して見てみよう。ある教師は次のように語る。「韓国の子どもたちは世界で最上位の学力を示している。反面、初等学校（小学校）から高等学校の、学力が低い子どもから高い子どもまで、また専門系の高等学校や特殊目的高等学校（英語、科学、芸術分野のエリート育成のための難関高等学校）を問わず、授業の崩壊が全方位で起きている。このような授業の崩壊は、ただ学習に対する意欲を失い、授業が成り立たないという事態以上のものである。現在多くの教師は、子どもたちが授業をという時間を通して教師と結ぶ関係そのものを拒んでいるという事実に戸惑を覚えている（イ、2014）」。また別の教師は、次のように嘆く。「今、教室にはたくさんの言葉が溢れているにもかかわらず、その言葉は空虚な沈黙と騒がしさに消されている。初等学校には授業中に席に座らず教室を徘徊する子どもがいる。授業中に叫んだり、教室の床で転がることもある。教師の言葉と子どもの言葉は、互いに行き違い、交わらない。中学校や高等学校では、大半の子どもが授業中机に突っ伏している。寝ている子もいれば、寝ていなくても無気力に、ただそこにいる子もいる。教師の言葉を聞いてくれる子どももいるが、それは受験問題に出てきそうな説明をするときである（オム、2013）」。

　これらの教師の言葉は、もちろん、韓国のすべての教室の現実を反映しているのではない。しかし、教師の本業である授業の中で子どもたちとの知的、社会的な対話が絶えてしまった苦しみを表現する教師の言葉は、近年さまざまな媒体を通して発表されており、多くの人々がこれらの教師の言葉に共感

しているのが現実である。

　子どもたちの現実はどうだろうか。韓国の子どもたちは、各種国際学力調査で世界トップクラスの学力を示しているのとは裏腹に、「自分は幸福である」と答えた子どもの割合はOECD加盟国中最下位（韓国方定煥財団・延世大学校、2011）で、「学校が楽しい」と答えた子どもたちもPISA調査参加国の中で最下位（OECD、2013a）であり、また「学校を辞めたいと思ったことがある」子どもの割合は全体の40.3%（『ヘラルド経済（韓国紙）』2014年2月14日）であった。韓国の教師も子どもたちも、その能力を高く評価されている反面、日々の学校生活は決して満足のいくものでない可能性が高いことが明らかになっているのである。

　まず、子どもたちの心はなぜ学校から離れてしまったのか。社会的な要因から垣間見ることができるのは、一部の層の子どもたちを除き、大多数の子どもたちが学校という場所で、早い段階から競争における挫折を味わい、自身の未来を展望することが困難になった現実である。古くから韓国の親の教育熱の高さは有名である。この教育熱こそが、歴史の中でのさまざまな困難にもかかわらず韓国が現在の社会的、経済的発展を遂げられた要因であるという見方も一理あるだろう。しかし行き過ぎた教育熱が受験戦争と私教育の過熱などの弊害をもたらしているのもまた現状である。現代においても、親の我が子に対して持つ期待は、世界中のどの国の親よりも高い。PISA調査でも子どもに大卒以上の学歴を持って欲しいと願う親は87%でその割合は参加国の中で最も高いということが明らかになった。ドイツの32%という数字とは対照的である。また、韓国の親の62%は子どもが30歳の時点で管理職や専門職に就いていて欲しいという希望を持っているという（OECD, 2013a）。このような家庭を基盤とした教育熱、もっと正確に言うと、有名大学に進み、良い職に就いて欲しいという親の願望は、名門大学への入学を学校教育至上の目標とした学校文化の形成と無関係ではない。

　ところがこの競争を基盤とした学校文化は、近年国家の教育政策により制度化、システム化されているところに大きな問題がある。上述したような「高校多様化政策」はその代表的な例である。1970年代以来多くの地域において

維持してきた高校平準化が「高校多様化政策」により崩壊し、高等学校の序列化が加速することで、高等学校間の学力格差が拡大し、高等学校入学における家庭の社会経済的背景の影響が強まっている状況について指摘した。

　このような状況を問題視している韓国国内の研究（キム、2008；シン、2004）では、学力、あるいは学歴という資本が、もはや社会の誰もが獲得できるものではなく、「過去に比べて遥かに多様な資源と戦略を動員できる少数」だけがアクセス可能な制限された価値となってしまったことに対する懸念が表れている。現在の学校教育のシステムでは、社会文化的に恵まれない子どもたちが勉強を通して貧困から脱出できる可能性は極めて低い。自身の階層的な条件と学校の関係を見破った子どもたちは、学校において未来の展望を喪失し、学ぶ意味を失っていくというのである。

　今一度、韓国の子どもたちの学習の状況に目を向けてみたい。すでに述べたように、韓国の子どもたちの学力は、国際的に最上位のレベルである。その一因には、子どもたちの学習時間の長さがある。OECDの調査によると、韓国の子どもたちの1週間の平均学習時間は約49時間で、OECD平均の33時間より16時間も長い。正規の授業時間以外にも、放課後に子どもたちは塾や家庭教師などの私教育の場で勉強をしている。私教育を受ける経済的な余裕がない家庭の子どもたちのために政府が実施している「放課後学校（放課後学校で行われる補習プログラム）」も広く活用されている。ところが、韓国の子どもたちの学習に対する興味や動機は世界最下位である。つまり、韓国の子どもたちは、世界で学習に最も興味と関心の度合いが低いのに、最も長時間勉強しているのである。この現象をどのように説明したらよいのか。

　一部の韓国の研究者や教師は、韓国の子どもたちの学習の動機は、家庭から強要されたものである場合が多く、子どもたち自身による「なぜ学ぶのか」を問う過程が欠如されていると指摘している（イ、2014；ジョハン、1996）。また韓国の中学生と高等学校生のアイデンティティの形成過程を深層的に分析した研究では、通常青少年期には子が親への情緒的依存から徐々に独立し、仲間関係の重要性を自覚し始めると言われているのに対して、韓国の青少年たちの社会化のプロセスには、親の影響力が非常に強く作用しているという

事実が明らかになった。これは、韓国社会で青少年期の最も重要な課業とみなされる大学入試とその結果が、個人の人生経路に及ぼす影響が非常に大きいからであり、入試の準備過程とその結果において親に強く依存していることと関連があるとし、韓国の青少年の多くが、社会の学力競争の下でつくられる「成功的な大学入試を準備する生徒」としてのアイデンティティを受容していた、と述べている。この研究によると、中高生の多くの家庭では、「大学受験の勉強さえ頑張れば、親からの称賛や経済的な支援を得ることができる」ので、子どもたちは親の要求を受容し、親への依存を強めていく。そして親の要求を受容し、「勉強を頑張る生徒」の生活を標榜する中で、彼らは学歴主義や競争主義を自然なものとして受け入れる。また、子どもたちも親の支援を有効に活用している。勉強を頑張った代価として得られる経済的支援を通して、彼、彼女らは勉強からのストレスを発散するために青少年をターゲットとしたさまざまな形態の消費者の文化に参加しているのである。これらの現象を踏まえ、研究者は結論づける。「韓国社会に青少年はいない。『生徒』あるいは、『成人に類似した存在』がいるだけである」と（キム、2009）。

　「大学に入るまでは」と青少年期を猶予することを子どもに要求する親たちもまた、熾烈な競争を経験している当事者である。親世代における大学受験の成功と失敗そして社会生活での競争の文化から来る集団的な疲労とストレス、トラウマが世代を超えて再生産されているのではないだろうか（イ、2010）。

2009年からの韓国における「学びの共同体」としての学校改革の展開について

　上記のような子どもたちの学習をめぐる状況は、現行の学校教育の改善要求に拍車をかけ、本書で取り上げている「革新学校」の導入や「学びの共同体」としての学校改革の展開の背景となった。ここでは第4部の2009年以降の韓国における「学びの共同体」としての学校改革の事例の背景について、「革新学校」との連動や韓国国内における「学びの共同体」としての学校改革への批判という点から補足を加える。

　2009年からは、「学びの共同体」として学校改革にとって画期的な変化が

訪れ始める。それは、これまで公立学校の少数の教師や研究者によって支持されるか、あるいは、教育の公的な領域の外で主に実践が行われていた「学びの共同体」としての学校改革のアイデアが、行政の教育改革の哲学として採用されたのである。2009年からは、韓国全国の17の広域自治体の中でも6の自治体が導入している「革新学校」の方向性や方略において「学びの共同体」は主要な参考事例として作用し、「革新学校」の多くの教師たちにより実践されている (佐藤、2012b；ソン・イ、2011；キム・ソンチョン、2011)。「革新学校」を最も精力的に推進している京畿道教育庁が開催した「国際革新教育シンポジウム—学校革新と創意知性教育の世界的な動向 (2011年6月2日－3日)」には、世界の革新教育の事例として、フィンランド、デンマーク、スウェーデンという北欧諸国の学校改革事例とともに日本の「学びの共同体」としての学校改革の事例が紹介された。「革新学校」において「学びの共同体」としての学校づくりの理念と方略が影響力を及ぼした背景にはいくつかの要因があると考えられる。最初に、「革新学校」を提唱し、推進している教育監を始め中心的な行政関係者は、2000年代の初めに紹介され、韓国内で注目を浴びてきた「学びの共同体」としての学校づくりに接しており、その一部は日本の実践校の視察を行っている。「革新学校」の提唱と準備に関わった行政官、教師の大部分は、1990年代後半から2000年代初めの新しい学校教育を追求する動きの中で、代案教育運動や小さな学校運動に関わったメンバーであり、「学びの共同体」としての学校改革にも接した経験を持つ者たちである。また、「学びの共同体」としての学校づくりを標榜し、実践していたE学校が、「革新学校」導入初期のモデル校および拠点校になり、「革新学校」の教師たちに「学びの共同体」のアイデアに基づいた授業と授業研究会のスタイルが交流されたことにより、「学びの共同体」の理念や方略は「革新学校」で新たな授業や研修のあり方を追求する教師の新たな言葉を形作っていったことも背景にある。さらに、これまでの競争的で教師主導的な授業のあり方や研修のあり方から抜け出し、子ども中心的で対話的な新しい授業と研修のスタイルを求める教師たちが、「学びの共同体研究会」のコンサルタントと協力して、学校単位で学校づくりを行っていることを挙げることができる。

一方で 2010 年には、研究機関としては初めて「学びの共同体」の研究と実践に関わった国立釜山大学校の元教授であるソン・ウジョン氏が中心となり、「学びの共同体研究会」が正式に発足した。「学びの共同体研究会」では、毎年 1 回開かれる全国の実践教師の研究会の開催運営、月例の地域研究会の運営と開催、全国の学校へのコンサルタントの派遣、行政機関や学校における研修の開催、「学びの共同体」関連書籍の出版などの業務を行っている。現在全国の約 300 校が「学びの共同体」に基づいた学校改革に参加しており、その内の 30 校はパイロットスクールの役割を話している。24 の地域において教師の研究会が運営されており、約 3600 人の教師が「学びの共同体」としての学校改革に学校単位及び個人単位で取り組んでいる (Son and Shin, 2014)。本書第 2 部において取り上げた初期の (2000 年 - 2009 年) 実践と比較して、2010 年以降の「学びの共同体」としての学校改革は、「革新学校」政策と連動し、また、「学びの共同体研究会」の組織的な整備と支援により、全国単位での持続的な学校改革実践へと進展しつつある。

　「学びの共同体」としての学校改革が韓国国内で普及するにつれ、これに対する批判も登場してきた。韓国で全国の学校教師と連携し、協力学習の普及に取り組んでいるキム・ヒョンソプは、「革新学校」の方向性と教育哲学に影響を及ぼした教育方法や理念を紹介する際、「学びの共同体」を取り上げている (キム・ヒョンソプ、2011)。キムは、次のように「学びの共同体」が韓国の学校改革に及ぼした影響に言及している。

　　「『学びの共同体』モデルは、既存の授業方式の問題点を診断し、革新するのに大きく寄与した。特に公教育革新のモデルとして望ましい方向を提示し、日本の教育現実と類似した韓国の教育現実を革新するのに大きく役に立った。単純な教授学習方法論を超え、構成主義の観点から教室をどのように革新するのかについて哲学的基盤とその具体的な授業研究事例を提示した。授業を理解する観点を、教師中心の教授から生徒中心の学びへ転換するのに大きく貢献した。また、生徒たちの協同的学びを超え、教師たちの共同体な学びを強調することで、教師の専門的学習

共同体を強調した。つまり、授業の革新のためには何よりも授業公開及び協議会の運営など、教職文化の革新が必要であるという点に気づかせてくれた。ジャンプの課題を通して生徒たちが自分のレベルからジャンプすることができるようにアプローチするという点で、他の代案教育的観点と区別され、学業達成だけを強調する韓国の公教育の現実に適した革新モデルとして脚光を浴びた（キム・ヒョンソプ、2011: 60）」。

しかし一方で「学びの共同体」の学校改革を韓国に適用することに限界もあると指摘されている。すなわち、日本と韓国では子どもたちを取り巻く文化が異なり、韓国の子どもたちは授業の中で「聴く」ことより、積極的に発言することを求める教育文化の中で成長したため、「学びの共同体」が掲げる「聴き合う関係」や「静かな教室」を実現するのは難しいということ、次に「学びの共同体」は理念や哲学は提示しているが、具体的な教授方法や技術を十分に提示していないという点、最後に、韓国には「学びの共同体」としての学校改革を支える力量のある専門家の数が十分ではないという点である。

また学校改革や授業の批評の研究を行っているソ・グンウォンは、日本の学校改革事例である「学びの共同体」が韓国で脚光を浴びていることに対し、これまで韓国政府や教育学者が性急に外国の教育制度や教育方法を導入したことを批判しながら、海外の学校改革事例ではなく、韓国独自の方法を編み出すことが必要であると主張している（ソ、2011: 221）。「学びの共同体」の内容については、上記キム・ヒョンソプ（2011）の批判と同様、子どもたちと教師の間に学びの共同体が実現するための具体的な方法論を提示していない点を指摘している（ソ、2011: 234）。これらの批判からは、「日本発祥の学校改革の理論と実践をいかに韓国の特有の文脈の中に活かしていけるのか」という課題を見出せる。一方で、キム・ヒョンソプ（2011）とソ（2011）の提唱する学校改革の方法論はそれぞれ協力学習と教育人類学に基づく授業批評を通した授業づくりであり、「学びの共同体」としての学校改革の方略とはアプローチが異なっている。今後はこのような学校改革へのアプローチや理念の差異を確認しながら、学校改革や授業改革をめぐる議論が韓国の教育学研究にお

　　　　　　　　　　　　　　　　　　　　第 3 部と第 4 部の背景　177

いて蓄積されていく必要があるだろう。
　以上のような背景を踏まえ、第 3 部と第 4 部では「革新学校」と「学びの共同体」としての学校改革の展開について詳細に論じていきたい。

注

1　「人性」は「1. 人の品性。2. 各個人が持つ思考と態度及び行動の特性（国立国語院）」と定義されるが、学校教育の文脈で用いられるときは、道徳性、社会性や情緒、または人間らしさというニュアンスを含んでいる。生まれ持った特性に加え道徳性や社会性、情緒面を考慮に入れていることから、学校教育における「人性教育」が強調される。

表6－2　韓国における教育の全般的動向及び「革新学校」と「学びの共同体」としての学校改革の展開(2009年－2015年)

	2009	2010	2011
教育の全般的動向	－自律型私立高校の導入：多様な教育ニーズを受容するために2010年から学校の自律性が強化された私立学校の設立を推進すると発表。 －入学査定官制度の拡大をめぐる議論：大学入試と関連して、点数だけではなく、生徒の経済的な背景など、非計量的要素を勘案し個別ケースに応じた選抜試験を開発する入試関連専門職を拡大することをめぐる議論。	－3月：私教育の縮小と受験過熱防止を目指し「入学査定官制度」を拡大すると教育部が発表。 －4月：李明博大統領の中心的教育政策である「私立型自律高校」の拡大。全国43校に。 －6月：京畿道に続き、ソウルでも「進歩教育監」(カク・ノヒョン氏)が当選。ソウル市と京畿道で「進歩教育監」が就任し、「革新学校」、無償給食、生徒人権条例などを提案。李明博大統領が進める教育の方針に対抗するものが多く賛否の議論が先鋭化した。	－8月：「無償給食」をめぐる賛否が先鋭化する中、ソウル市民に「無償給食の賛否」を問う住民投票が行われるものの、投票率が25.7%に過ぎず、開票に至らなかった。 －12月：大田市の女子中学生が校内暴力を理由に自殺。全国的に「校内暴力」の実態が明らかになり、社会問題化した。
「革新学校」の動向	9月：京畿道初代直接選挙教育監選挙にてキム・サンゴン候補の核心的な公約として「革新学校」が登場。京畿道における「革新学校」の始動。	6月：ソウル市、江原道、光州市、全羅南道、全羅北道において「進歩教育監」が当選。2011年本格的な実施に向けてモデル運営を開始。	9月：ソウル市、京畿道、江原道、光州市、全羅南道、全羅北道において181校の「革新学校」が運営。
「学びの共同体」の展開	－4月：シンポジウム「授業が変われば学校が変わる」開催(主催：スクールデザイン21、仁川教育フォーラム、良い教師運動、全国教員組合、真教育研究所、ハジャセンター学びの工房、共にひらく教育研究所)。 －4月：「授業を中心として学校教育を改革する学びの共同体」開催(主催：全教組光州支部、光州教育大学校、光州広域市教育委員会、光州全羅南道教育連帯、KBC光州ドリーム)。 －4月：「教室授業改善研究－授業が変われば学校が変わる、学びの共同体中心とした授業の創造」開催(慶尚南道協同学習研究会)。	－8月：「韓国学びの共同体研究会」発足。 －8月：「第1回学びの共同体研究会」開催(主催：韓国学びの共同体研究会、共にひらく教育研究所、Eduniety、後援：F高等学校、京畿道教育庁「革新学校」推進委員会)。	－6月：京畿道教育庁主催国際シンポジウムInternational Symposium on Educational Innovationにおいて「学びの共同体」がモデル事例として提案される。 －8月：「第2回学びの共同体研究会」開催(主催：学びの共同体研究会、共にひらく教育研究会、Eduniety、後援：ソウル市教育庁、参加者：807人)。

2012	2013	2014
－私教育費削減対策として先行学習禁止を法制化することに対する議論。 －大学の授業料を現在の半分にする政策をめぐって政府と大学間の葛藤が続く。 －「自律型私立高校」をめぐり、高校序列化に対する議論。 －現在教師が管理職、同僚、親、生徒から評価を受ける「教員能力評価」に対する適切性に関する議論。不適格教師の退出などをめぐる賛否議論。	－朴槿恵政権発足(2013－)。 －自律型私立高校の設立により、一般高校の学力や動機の低下が懸念される中、政府は「一般高校教育力量強化方案」を発表。 －9月：「自由学期制」の導入：朴槿恵大統領の代表的教育公約であった「夢と才能を伸ばすための自由学期制」が47の中学校でモデル運営開始。 －10月：教育部は2017年から韓国史を大学修学能力試験の必須科目化すると発表。 －10月：教育部が私立初等学校で実施している「英語没入教育(English immersion education)」を規制。	－2月：朴大統領の教育公約であった「先行学習禁止法」が国会本会議を通過。これにより、初・中・高校は2学期から学年の範囲と水準を越える試験問題を提出できなくなった。塾産業や自律型私立高校の親を中心に反対の意見は根強く、見直しを要求している。 －6月：地方同時選挙において。17の自治体の内13の自治体において「革新学校」を推進する「進歩教育監」が当選した。
全国の「革新学校」は356校へ拡大。	全国の「革新学校」は581校へ拡大。	6月：地方同時選挙において17の内13の自治体において「革新学校」を推進する「進歩教育監」が当選。2015年度には全国1835校の「革新学校」の運営が確定。
－8月：『学校の挑戦－学びの共同体を創る』の出版。 －8月：『学びの共同体－孫于正教授が伝える希望の教室革命－』の出版 －8月：第3回「学びの共同体研究会」開催(後援：全州教育文化会館、約1200人が参加)。	－3月：『教師の挑戦－学びが変わる授業哲学－』の出版。 －8月：第4回「学びの共同体研究会」開催(共同開催：韓国学びの共同体研究会、光州市教育庁、後援：光州大学校、約1000人が参加)。	－8月：「韓国学びの共同体研究会」の5年間の軌跡が記録された『教師の学び』の出版。 －第5回「学びの共同体研究会」開催。参加者959人。 －12月：『学びの共同体講演会』開催(忠清北道教育庁、忠清南道教育庁、大田市教育庁、世宗市教育庁共同主催)。

第6章 「革新学校」を拠点とした教育改革
―教育行政と学校現場の協力による学校改革の始動

第1節 課題設定

　第2部で論じたように、1990年代後半から韓国では、代案教育運動、新しい学校運動、「学びの共同体」としての学校改革のように、公教育の内外で新しい教育を求める動きが活発化してきた。そしてこれらの新しい教育を求める動きが連動し、教育行政と学校が連携する形での公教育改革が2009年に「革新学校」という形で始動した。「革新学校」は京畿道教育監の選挙でキム・サンゴン候補が公約として掲げたことで注目された。既存の学校改革の政策は教育部や地方教育庁が主導する行財政支援という形で行われたのに対し、「革新学校」は、進歩主義的な教師の研究会や団体を中心として展開してきた「学びの共同体」としての学校改革や「小さな学校運動」が校長公募制などの政策と結びついた形で推進され、教育実践の具体的な改革を視野に入れているのが特徴的である (チャン・キム、2011)。「革新学校」は進歩的な教育監が当選したことで初めて構想され、導入されたのではなく、時代の変化に相応しい公教育に対する学校教育の当事者たちの期待と、教育の本質に集中しようとする教師たちの実践の積み重ねから生まれたものである (パク、2013: 18)。本章では、このような「革新学校」を学校構成員の問題意識や変化に対する意志を地域の教育庁が汲み取り、教師の専門的成長を中心とした具体的な支援を行う実践的な改革として注目し、次の三点の課題を中心に考察を進める。第1に「革新学校」が最も活発に運営されている京畿道に着目し、教師の実践を支援する教育行政の特徴について述べ、「革新学校」導入の意

味について考える。第2に京畿道の「革新学校」指定校であるJ中学校における調査を通して、教育実践の変化を追求する教師の意志がどのように具現化しているかについて示す。第3に、2014年同時地方選挙以降の革新学校の全国的拡散と革新教育の地域単位での推進について述べる。

研究方法としては京畿道教育庁の「革新学校」関連文書及び関連報道資料、また全国の革新学校に関する文書の分析と、2010年5月から2011年6月にわたって「革新学校」運営校において実地調査を行った。

第2節　「革新学校」導入と支援の方略
―京畿道教育庁の例

1990年代中盤から、韓国社会では教育行政と教育実践の両面で、民主的な学校改革の基盤が徐々に整えられてきた。しかし、大学入試に偏った学校教育の改革が公教育の外側で活性化したことが物語るように、公教育内の学校で競争的な教育環境の改善を全面的に行うことは容易ではなかった。この状況を大きく変えたのが、公立学校を学校改革の拠点とする「革新学校」の取り組みである。

(1)「革新学校」の導入と概要

2009年に行われた京畿道教育監選挙を皮切りに、競争的な教育環境を批判しながら「革新学校」を公約として掲げる進歩派の教育監が、韓国全国17の広域自治団体の中の6つもの自治体において当選を果たした[1]。教育監は住民の直接投票により選ばれていることから、各候補の中心的公約であった「革新学校」への住民の支持と期待を読み取ることができる。特にソウル市と京畿道はその合計人口が全人口の約半数に上り、全国で教育熱が最も高いとされる首都圏であるため、この地域で同時に進歩的教育監が就任したことは大きな注目を集めた。

「革新学校」を公約として掲げた候補が教育監として当選した地域で「革新学校」は教育庁の重点政策として具体化された。教育庁は大学入試に偏重し

た競争的な学校教育のあり方に代わる「共に学び、成長する楽しい学校」という学校改革のヴィジョンを示し、地域内で応募のあった学校から支援対象校を選定する。「革新学校」として指定された学校に対しては、学校改革に必要な財政的、内容的支援を行う。したがって「革新学校」は、当該教育庁の政策であり、同時に韓国内の新たな学校の類型として位置づけられる。

全国の6つの地域の教育庁が進めることになった「革新学校」の取り組みは、対象となる学校が「自律的な学校経営体制の構築」、「教え、学ぶことが中心となる運営システムの構築」、「専門的な学習共同体の構築」、「児童生徒を尊重するヴィジョンの共有」、「親、地域社会の参加と協力」を通して「共に学び、成長する楽しい学校」へと変化できるよう支援するものである。教育庁は学校運営やカリキュラム編成を学校裁量に任せ、公教育のモデルとなり得る革新的な学校運営に必要な財政的、人的支援を4年間行う。1クラス当たり児童、生徒数25人以下、学年当たりの学級数が6以下の学校に対して運営とカリキュラム編成に裁量権を与え、年間約1億－2億ウォンを4年間集中的に支援する（表6－3参照）。「革新学校」として指定された学校は、学校運営委員会が公募を通して校長を選任することができ、校長は30％の範囲内で教師を招聘できる。教師たちが児童、生徒の教育に集中できるように教務補助職員、カウンセリング専門教師なども配置される（京畿道教育庁、2011）。2011年9月の時点では181校の「革新学校」が運営された。

6つの広域自治団体の中でも最も「革新学校」運営に意欲的なキム・サンゴン当時京畿道教育監は、2009年4月に京畿道教育監選挙で初の「民選教育監」として当選し、2010年6月の地方選挙において再選を果たした。キム氏は候補当時、「革新学校」を第1の公約として掲げ、「公教育の革新モデルである革新学校を設立し、新しい公立学校のあり方を提示する」と宣言した。当選後の就任式においてキム教育監は、4年間の任期中の最優先課題として「革新学校の拡大及び革新教育地区推進」を発表し、入試に従属した競争と序列中心の教育に終止符を打ち、教育の本質に忠実な教育を実践するとした上で、「学校文化の革新を通して教室と授業を生かし、生徒が学び合う幸せな学校を作る」と述べた（京仁日報、2010）。就任後、2009年度後半期に13校、2010

表6−3　全国における「革新学校」の現況（2011年9月）[2]

地域	「革新学校」の名称	運営学校数				年間1校当たりの予算（ウォン）
		初等学校	中学校	高校	合計	
江原道	江原幸福プラス学校	4	5	0	9	約1億
京畿道	革新学校	45	32	12	89	約1億
光州広域市	ビッコウル革新学校	2	2	0	4	1億5千万−2億
ソウル特別市	ソウル型革新学校	13	13	3	29	平均1億4000万
全羅南道	ムジゲ学校	19	9	2	30	約9000万
全羅北道	革新学校	12	6	2	20	約1億

年度に30校、2011年度に46校を指定し、2011年9月には89校の「革新学校」が運営されていた。2013年には200校までに拡大する計画であるとしていた。画期的とも言える教育改革が京畿道を拠点として行われている事実の背後にある地域的文脈にも言及する必要がある。京畿道はソウル市近郊に位置する首都圏地域である。人口と面積ではソウル市を上回り[3]、地域内総生産は17の地方広域団体の内ソウル市に次ぐ全国第2位を占めている。また、教育の面では高い教育熱を見せながらも、道内に31の市郡を抱えるという多様性のゆえに、上述した代案学校の設立を含め、教育的な実験が行われてきた地域でもある。したがって京畿道における改革事例は、「新しい教育の試みは都市の一般の学校では難しい」という通念を覆し、多くの地域で参照できる学校教育のモデルを提示できる可能性を持つと考えられる。

(2) 京畿道教育庁の「革新学校」への支援の方略
―教育実践への支援

京畿道教育庁は「革新学校」を中心的政策として位置づけ、「革新学校」を拠点とし、道内の学校を民主的で質の高い学習が実現する学校へと改革するために「授業革新、教室革新、学校革新、行政革新、制度革新」という5つの革新課題を設定した（表6−4参照）。5大革新課題は19項目の実践課題、

表6－4　京畿道「革新学校」5大革新課題と実践課題（京畿道教育庁、2010）

革新課題	実践課題
Ⅰ授業革新	1創造的なカリキュラム運営／2学びを中心とした授業の革新／3評価方法の革新／4教員の力量強化
Ⅱ教室革新	1人権を尊重した教室づくり／2尊重・配慮・共有のある教室文化づくり／3多様な潜在力が尊重される教室づくり
Ⅲ学校革新	1教育共同体による学校づくり／2単位学校の責任経営／3ケアのある安全な学校づくり／4「革新学校」指定の拡大と運営の内実化／5学校文化革新
Ⅳ行政革新	1カリキュラム中心の支援行政サービス強化／2教育活動中心の協力事業推進／3教育事業コンサルティングによる教室の質の向上
Ⅴ制度革新	1人事制度の改善／2学校評価システムの改善／3教員能力開発評価の改善／4入試制度の改善

更に49項目の細部課題[4]に分けられており、その範囲は教室内の授業から教育行政に及ぶ広いものである。京畿道教育庁で「革新学校」運営に中心的に関わっている奨学官（head supervisor）はこの課題について、「革新の始めと終わりは学校であるという考えから、学校改革のヴィジョンの共有を通して、学校の自発的な改革の取り組みを行政が支援するための5大革新課題を打ち立てた」と述べている（ユン、2011）。

　以下では京畿道教育庁が提案した「5大革新課題細部事業推進計画」の中で、「革新学校」への支援という部分に焦点を当て、教育庁が「革新学校」指定校を支援するための具体的な方略について検討する。特に、同計画書において、他の革新課題よりも授業の革新を先頭に位置づけている点に注目する。これは、既存の教育改革が学校現場と乖離していたことへの反省に基づいていると考えられ、教師、生徒両者にとっての学習と成長の中核を成す授業の革新を改革の中心に据えたものと思われる。他4つの革新課題からも、生徒の質の高い学習と教師の専門的な成長を重視する方向性を見出すことができる。以下では、「革新学校」における京畿道教育庁の教育実践への具体的支援策について検討する。

①授業のあり方の転換—教師中心の授業から学習者中心の開かれた授業へ—
　まず5大革新課題の全体からは、同教育庁が目指している学校像と教育行

政のあり方を読み取ることができる。学校像としては、教師の専門性と子どもの学習を中心に据え（Ⅰ授業革新）、多様な背景の子どもが尊重され（Ⅱ教室革新）、責任とケアで結ばれたコミュニティとしての学校が描かれている。また教育行政に関しては、教師の教育実践への支援を中心とした行政体系を構築し（Ⅳ行政改革）、教師と生徒にとって競争的環境を招く制度の見直し（Ⅴ制度革新）を図っている。

　それでは教師の専門的な成長と生徒の学習を重視する教育庁のスタンスに注目しながら、「革新学校」への支援について詳しく述べることにしよう。「革新学校」における授業の形態について、京畿道教育庁は「教師中心の授業から学習者中心の授業への転換」及び「コミュニケーションと協力に基づいた授業」を奨励している（表6－4、I-1、I-2）。これらの授業のイメージは、教師が中心となり一方的に知識や情報が伝達される授業から、探究型のグループ活動、プロジェクト型学習が中心となったコミュニケーションのある質の高い授業への転換を含むものである。「革新学校」として指定された学校が学習者中心の授業を実践するため同教育庁では、学習者中心のカリキュラムに関連する資料の製作と普及、学習方法に関する研修の開催、外部専門家による学校へのカウンセリングの実施を行っている。学習者を中心とした授業を実施する上では、学力的な面だけではなく、生徒たちのあらゆる面における多様性を尊重するよう奨められる（II-1、2、3）。

　また、「革新学校」において特徴的なのは授業の公開を日常化するように勧めている点である（I-2）。ローティが教師組織の特徴を「卵の殻の構造」と指摘したように、締め切った教室の中で教師が特権化し、教師相互が孤立を深める状況が指摘されて久しい（Lortie, 1977）。韓国でも近年教師による授業の私事化や教室の閉鎖性が問題視されてきた（キム・ソン、2005: 151）。「革新学校」では授業を同僚教師に公開することを通して、知識と経験が共有され、教師が継続的に学習できる環境が作られると考えられている（I-4、III-5）。また授業を保護者や地域の住民に開くことで、保護者の学校教育への参加を導き出し、信頼を高めることを目指している（III-1）。

　授業を同僚や外部者に公開するといった意味では、韓国では学校行事とし

ての親の授業参観や教員能力評価のための研究授業の公開といった機会が設けられてきたが、いずれも日常の授業とは懸け離れた、1回性の強いものであると指摘されてきた。これまで教師の授業を評価する立場にあった教育庁が、教師の専門性の発達と学校教育への信頼の回復のために授業を開くことを奨励するようになったことは、行政の学校教育に対するスタンスが大きく変化した例だと言えよう。

②教師の学習の機会の拡大

教師の学習と成長の機会を確保しようとしている点も特徴として挙げられる。教師たちが授業に対する専門性と研究能力を備え、学校改革の推進力となるための学習の場を提供している(I-4)。京畿道教育庁が提案している教師の学習の場は、大きく3つに分けられる。1つ目は、校内における授業研究会である。上述のように教師は同僚に日常的に授業を開き、授業の実例を検討する校内研究会を定期的に開くよう勧められている。2つ目の学習の場は、教育庁が直接主催する教師の成長段階に合わせた研修会や研修制度である。初任者月例研修、臨時教員職務研修、教科職務研修、中堅教師のサバティカル制度がこれに当たる。3つ目は「革新学校」に指定された学校が開く公開授業研究会に参加し、授業の実例と教師の授業研究会から学ぶ「研修院学校」制度である。同教育庁が提案している教師の学習の特徴は、これまでの教師の研修で多く見受けられた大学の研究者や行政官による講義式の研修のスタイルから、教師が児童生徒の学習をどのように読み取り、支えるかという、より実践的な内容へシフトしていることにある。

③教師が授業に専念できるための業務支援

5大革新課題のうち、「行政革新」課題の冒頭に述べられているのは、「教員行政業務軽減」である。教師の多忙の原因となっている公文書の処理を始めとする行政的な業務を軽減させ、授業や児童生徒の指導に専念できる「授業中心の学校組織」へと転換させることが目的であるとしている(IV-1)。慣行的な手続きや非効率的な学校業務を段階的に廃止する他に、教師の業務量

を調査、分析し、適切な業務量を決め、それに基づき業務分担をするという。学校には教務行政全担チームを設置し、教師の行政業務をゼロにまで減らすことを目指す。「革新学校」に指定された学校には行政的な業務を担当する職員以外にも、臨床カウンセラー、読書指導士、科学補助教師、福祉士を配置することで教師がより授業に専念しやすい環境を作るとしている。また、2011年度より細分化された項目による教員能力開発評価が全国で実施されているが、評価方式の見直しを通して教師の負担を和らげ、教育実践に集中できる環境を提供しようとしている(V-3)。

京畿道教育庁の「革新学校」推進における支援の方略からは、教師の教え、学ぶための機会と環境を確保することで児童生徒の公正で質の高い学習を実現しようとする方向性を読み取ることができた。以下では教育庁の方略が学校改革の現場で教師の実践をいかに支えているのかについて検討する。

第3節　教師の学習と成長が中心となった学校改革
―京畿道始興市 J 中学校の事例

「革新学校」に指定された学校において、教育実践の改革は教育庁の支援を受けながらどのように具現化しているのだろうか。筆者は2010年5月から2011年6月の間5度にわたって、2010年に「革新学校」に指定された京畿道始興市の公立 J 中学校を対象に調査を行い、教師に対するインタビュー記録、授業研究会や説明会の記録、授業の記録、学校運営資料[5]の分析を行った。J 中学校を事例として選定した理由は、「革新学校」運営開始以来の学校の変化が報道等を通して肯定的に評価され(キョン、2010)、2011年度からは教育庁により「革新学校」の拠点学校にも指定されたからである。以下では「革新学校」事業に向けた教育庁の取り組みを教育行政、教師の授業と関連する活動を教育実践と捉え、J 中学校の学校改革における教育行政と教育実践の関係の特徴について述べる。

(1) 教師の変化に対する意志を汲み取った学校改革

　J中学校はソウル、仁川(インチョン)から程近く首都圏の住居や工業を分担する都市である京畿道始興市(シフンシ)に位置している。894人の生徒と56人の教職員を抱える公立中学校である。受験中心で一方的な授業スタイルによる生徒間の学習意欲のばらつきや教師としての専門性向上の必要を認識していた同校の教師たちは、2009年京畿道教育庁による「革新学校」の導入を知り、応募を決めたという。同校の校長のハン先生は、生徒と教師が中心となる民主的な学校づくりの実験が、これまでは公立学校の外部か、農村部や僻地の小さい学校を中心に行われてきたことを指摘し、「都市の学校でも行う必要がある。『革新学校』を通して都市部の学校に適用可能な授業モデルを示したい」とその動機を説明していた。

　教師たちの変化に対する動機はどうであろうか。J中学校における「革新学校」運営に中心的な役割を果たしている革新部長で教職歴20年のジョ先生は、保護者は「学校教育では暗記式、詰め込み式の授業がなされ、より高いレベルの学習をするために私教育を受けざるを得ないという認識」を持っていると述べ、授業の質を向上させることで、保護者や生徒の学校教育への信頼を取り戻し、教師としての矜持を回復したかったと述べている。また、ジョ先生は、これまで経験してきた同僚教師との関係を、他の水流との交わることがない「停滞した水溜り」という比喩を用いて表現していた。教師として成長するためには、常に同僚との交流や外部からの刺激を通して、自身の実践を省察することが必要であるが、多忙さやお互いの授業は干渉しないという慣習のために、校内で同僚間の学習の機会を持つことが難しかったというのである。ジョ先生にとっては、授業への自信の回復と、専門性発達のための同僚との関係構築が、「革新学校」を開始する上での動機であったことが窺える。そういった面で、京畿道教育庁が「革新学校」を通して掲げる学校改革の方向性——たとえば教え、学ぶことが中心となる運営システムの構築、専門的な学習共同体の構築、児童生徒を尊重するヴィジョンの共有——は教師たちに訴える力を備えたものといえる。それでは教師たちの変化への意志が、「革新学校」を通してどのように具体化しているのかを以下で検討する。

(2) 学校改革の方略
—生徒の学習と教師の専門性の発達を中心に据える

　校長と教師たちの学校改革への意志が基盤となり始まったJ中学校の「革新学校」としての取り組みの焦点は、京畿道教育庁が学校改革の方針として提案している、生徒の学習経験と教師の専門性発達の中核となる授業である。

　①授業のあり方の変化

　2009年3月から、J中学校は授業の形式を教師中心のものから生徒中心へと変化させることを決めた。それまでの授業形式として支配的であった教師中心の講義式の授業を、4人グループによる協同学習が中心となる授業へと転換させたのである。一部の教師だけではなく、校内の教師全員が協同学習への転換を実践することで、学校全体として生徒中心の協同的な授業の実現を目指している。つまり同校は授業の焦点を教師から生徒へ、また能力別の効率的な授業から、多様な能力を持つ生徒が協同的に学ぶ授業へシフトさせたと言える。J中学校は2009年度まで英数科目において取り入れていた上・中・下の習熟度別指導を廃止し、あらゆる学力レベルの生徒が同じ教室で学習するようにした。

　数学を担当しているシム先生は習熟度別指導から協同的な授業への転換を経験しながら、教師自身の授業中の役割が徐々に変化していると認識していた。シム先生は「教師の説明が中心だった授業をしていたときは、45分の授業を通して一部の生徒しか授業の目標を達成できないためもどかしさを感じていた。しかしグループを中心とした協同的な授業に転換してからは、教師から全員の活動の様子がよく見え、子ども同士の学習を支えることができるようになった」と言い、これを「一部の優秀な生徒のための授業から教室にいる生徒全員が互いに学び合うことでベストを尽くせる授業」への転換だと表現していた。

　②教師の授業研究に対する支援

　J中学校の教師たちの中には、受験に偏った授業に代わる新たなスタイル

の授業を模索するために、同校で「革新学校」が開始される前から学校を超えたインフォーマルな研究会や前述した代案学校における研究会に参加することを通して個人的に研究を進めてきた者もいる。しかし多忙な教師にとって学習の機会を個人的に確保することは容易ではない。「革新学校」ではこのような教師の専門的な成長の場を、校内に制度的に設けることを1つの方針としている。

J中学校の2010年度及び2011年度「革新学校」運営の重点には、「授業を公開し、公開された授業に対して授業専門家のコンサルティングと、同僚教師同士の研究を行うことで授業の質を高める」と記されている。授業公開と授業研究の具体的な推進の方針として、すべての教師が、1学期当たり2回以上保護者や同僚に日常的な授業を公開することに決めている。また、公開された同僚教師の授業を参観するときは、教える技術に焦点を当てて評価するのではなく、生徒たちがどのように学習しているかに焦点を当てて観察するよう奨励していた。

このような方針の下、J中学校は毎週水曜日を授業公開及び授業研究の日と定め、公開された授業に基づき、放課後教師同士で行う授業研究会を開いている。2010年度には合計23回の授業研究会が開かれたが、これには、年2回の保護者を対象とした公開と、年4回の外部の教師や親に対する公開なども含まれている。

京畿道教育庁は「革新学校」の方針として上記のような教師の定期的な研究会の開催を学校運営の重点に置くことを奨励し、教師たちが専門性向上のための時間を確保するために人員の加配を行っている。J中学校の場合、2011年に教務行政3人、科学補助教師1人、福祉士1人、読書指導士1人が追加配置され、教師の雑務軽減や授業のサポートが行われている。

協同学習が中心となる授業への転換は、一見すると教師の教室における役割の縮小に見えるかもしれない。しかし、生徒の協同的な学習を実現するためには、深度ある教材研究と生徒理解が欠かせないのであり、より高い専門性が要求される。そのための探究が授業研究会において行われており、全校の教師がこれに参加するための制度や業務における配慮が学校運営のレベル

でなされていた。

③学校改革過程の外部への公開

「革新学校」の推進目的の1つに、競争的で受験対策に偏った学校教育に代わるモデルを提示することがある。J中学校においてこの学校モデルの提示は、大学進学者数やテスト点数など数値的な結果を示すことで行われるのではなく、日常的な児童生徒の学習の様子と教師の授業実践及び同僚との学習の様子を公開することで行われる。京畿道教育庁は、広い面積を有する京畿道を4つの圏域に分け、それぞれの圏域に対して2－3校の「革新学校」を拠点学校として設定し、地域の教師や保護者に学校を公開している。J中学校はその拠点学校の1つで、地域内だけではなく、全国の学校の管理職や教師、保護者が「革新学校」の運営事例を参観するために訪問していた。

京畿道教育庁が定めた拠点学校としての役割以外にも、学校を超えて、新しい教育のあり方について研究するために組織された教師のインフォーマルな勉強会にJ中学校の教師が講師として招かれ、「革新学校」運営の経験を共有するという事例も見受けられた。このようにJ中学校の教師たちは同校に訪問してくる親や他校の教師、また「革新学校」に関心を持つ人々に対して、学校改革の方向性や現状を伝える機会を定期的に持っていた。他者に学校を開き、変化の目標やプロセスを自らの言葉で伝える作業は、学校改革における教師の位置を、末端で仕事を処理する者ではなく、積極的な実践者、参加者とするものとなっていた。

以上、「革新学校」指定校であるJ中学校の事例を通して、教師たちの専門的な成長が教育行政によって支えられながら、学校改革が進展している様子を描き出した。この事例を通して、教師が中心となる学校改革を支援するための教育行政の役割について3点の示唆を導き出すことができると考える。第1に、教育改革のヴィジョンは教師たちが日常的に認識する変化への意志を反映したものであるとき、教師たちは改革に対して当事者意識を持つことができる。(1)に述べた教師の変化への要望は、「授業観の転換」と「授業研究会の設定」という改革の指針として応えられ、この中で主体的に変化を追

求することが可能となっていた。第2に、学校の変化を追求するための方略が教師の本務である教え、学ぶことの探究を促すものであるとき、教師が改革に持続的に参加できる。第3に学校を地域や他校に開くことで、教師は改革のプロセスや方向性を自身の言葉で言語化する作業を行う。これを通して学校改革への目標意識を強化することができるのである。

第4節 「革新学校」の全国的拡散と革新教育の地域単位での定着の試み

(1)「革新学校」の全国的拡散

　京畿道で初めて開始された「革新学校」実験は、2014年にもう1つの転機を迎えた。2010年の地方選挙以降全国17の広域自治体の中で6の自治体で「革新学校」が推進されていたが、2014年6月4日に行われた地方同時選挙では13の自治体で革新派の教育監が一挙当選し、いわば「革新教育監の時代」が幕を開けることとなった。公教育制度内の学校における、受験偏重型教育の克服と新しい学校教育の構築が全国のより広い範囲で始まることとなったのである。2011年9月には全国6つの広域自治体で181校、2013年9月には474校、2014年に581校にまで拡大していた「革新学校」は、2014年6月の地方選挙における13の自治体の「進歩教育監」の当選により、2015年には1835校に拡大する予定である。2014年の選挙の結果新たなに「革新学校」の導入が決まった広域自治体では、2014年度末までに「革新学校」の選定を終え、2015年度から「革新学校」の運営を開始する（**表6-5**）。表6-5の「学校改革の方向性」には、各地域の教育庁が掲げている「革新学校」の方向性が示されており、各地域によって差異が見受けられるが、同時に、「参加」、「コミュニケーション」、「共同体」、「協力」といった共通的なキーワードを確認することができ、民主主義的で公共的な学校づくりといった大きな方向に共に向っていることがわかる。

第6章 「革新学校」を拠点とした教育改革　193

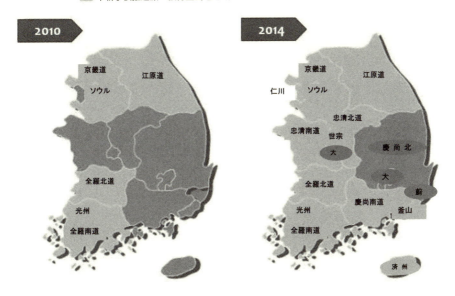

図6−1　2014年6月4日地方同時選挙における「革新学校」推進地域の拡大

表6-5 2015年度全国の革新学校[6]（2015年1月現在）

地域	「革新学校」の名称	学校改革の方向性
江原道	江原幸福 プラス学校	・社会全般に蔓延した学閥主義による入試中心の学校教育を改善し、創造性と正しい人性を備えた人材育成する。 ・教育共同体の自発性と創造性に基づいた学校長の自律的な責任経営支援を拡大し、公教育に対する信頼を向上させ、新しい学校文化を創造する。
京畿道	革新共感学校	参加とコミュニケーション、尊重と配慮、開放と協力の文化を創り上げる学校。
光州広域市	ビッコウル[7]革新学校	新しい学校文化の形成を通して教育の主体が協力し、公教育を正常化する成功事例を創出する。また、子どもたちに教育共同体を通して学びの楽しさを感じさせる、競争と入試に傾いた学校ではない、共に学び共有する新しい学校をつくる。
ソウル特別市	ソウル型革新学校	生徒、教師、親、地域社会がコミュニケーションし、参加し協力する教育文化共同体として学びとケアの責任教育を実現し全人教育を追求する学校。
全羅南道	ムジゲ[8]学校	学校の自律化、多様化、特性化を通した未来志向的学校モデルの創造。
全羅北道	全北革新学校	・新しい学校教育モデルの創造と拡散。 ・自己主導的な人生を生きる生徒の尊厳を守る成長を図る ・幸福な教育共同体の形成。
釜山広域市	釜山革新学校	釜山の特性に合った幸福な学校像を創出し、地域間教育格差の解消と教育均衡発展を通じた公教育の新しい学校モデルの形成。
仁川広域市	仁川型革新学校	民主的な学校運営体制を基盤として倫理的な生活共同体と専門的学習共同体文化を形成し創造的な教育を実現する公教育革新のモデルを創出。
世宗特別自治市	世宗革新学校	一時的な制度や政策ではない、共に成長する学びとケアがある学校文化への変化を追求。
忠清北道	幸福の種学校	教師の業務軽減と民主的な学校運営体制、教師の専門的な学習共同体の構築、創造的なカリキュラムの構築。
忠清南道	幸福共有学校	・参加とコミュニケーションで学校運営体制改善。 ・集団知性を通した学校教育力強化。 ・生徒中心の教育でカリキュラムと授業を革新。
慶尚南道	ヘンボク[9]学校	教育共同体が共に創り上げていく学びと協力のある未来型学校。
済州特別自治道	タホンディベウム[10]学校	教育共同体の構成員である教職員、親及び地域社会が協力し尊重しながら学びを実践する学校。

運営学校数				
初等学校	中学校	高等学校	特殊学校 (擁護学校)	合計 (1835)
27	18	9	—	54
978	403	46	3	1430
19	13	3	3	38
26	13	5	—	44
44	18	3	—	65
80	35	7	—	122
1	6	1	1	9
6	4		—	10
4	1		—	5
11	7	3	—	21
13	5	3	—	21
7	4		—	11
4	1 (初・中統合校)	—	—	5

(2) 革新教育を地域に定着させるための試み
―「革新学校」を越えて

このように「革新学校」が大規模に拡散するにつれ、同地域内の革新学校と非革新学校の間の格差を指摘する声もある。そのための地域教育庁の取り組みについても加えておきたい。「革新学校」は何より民主主義的な学校文化の創造を中心的な課題としている。したがって「革新学校」における学校文化とカリキュラムの革新は、該当学校の中に閉ざされるべきではなく、各「革新学校」を拠点として授業や学校運営のあり方を地域の他の学校に公開し、共有することが重要であるだろう。そのための取り組みの一例として、京畿道教育庁は、「革新学校」に指定された学校だけ学校文化の革新を図るのではなく、「革新学校」を拠点にして民主主義的な学校教育を地域単位で構築していくために、2011年から「革新教育地区事業」を通した地域の

表6−6 「革新教育地区事業」の課題と推進内容（京畿道教育庁、2014）

課題	推進内容
地域教育ガバナンスの構築	地域革新教育協議会の運営マニュアルの普及
	地域革新教育協議会委員研修
	地域社会関連機関のネットワーク構築
	地域教育プログラムの開発及び協力体制の構築
革新教育地区の質管理	革新教育地区教育監懇談会
	革新教育地区コンサルティング
	革新教育地区関連部署ワークショップ
革新教育地区支援	革新教育地区、諮問委員会及び運営協議会運営（京畿道教育庁）
	革新教育地区のコンサルティング団運営（地域教育庁）
	革新教育地区の行財政支援
革新教育地区の力量強化	革新教育地区学校長懇談会運営
	学校革新リーダー職務研修（地域教育庁）
	読書討論教育職務研修（地域教育庁）
成果管理及び「革新学校」一般化事業	革新教育地区総合評価
	創造的カリキュラム運営管理
	「革新学校」クラスター連携運営

学校改革協力体制の構築を推進している。現在京畿道の6の自治体(光明市、九里市、始興市、安養市、烏山市、議政府市)において、教育庁と地域行政、そして「革新学校」による学校改革の協力モデルの構築が推進されている。京畿道における「革新教育地区」とは、京畿道教育庁と京畿道内の基礎自治体が協約を通して京畿革新教育政策を推進することで地域住民に信頼される公教育革新を推進するために教育監と自治体の長が指定した市郡、または市郡の一部地域を意味する。新しい教育協力モデルの構築を通した学校教育の正常化、地域社会と連携した多様で創造的なカリキュラムの運営を通した未来の人材の育成、地域社会のインフラを活用した児童生徒の参加型プログラムの運営などを主な目的としている(表6-6)。

　これまでの教育庁と学校の関係は、施設事業を中心としたトップダウン形式のものであり、地域社会と学校は学校の施設開放をめぐる葛藤を経験する場合が多かった。革新教育地区事業では、教育庁と学校の上下関係及び学校と地域社会の葛藤を解消し、民主主義的で質の高い学校教育を行政、学校、地域で共に構築していくためのものであり、教育庁は学校が教育の革新に力を入れることができるようなプログラムや人材提供を含む財政行政支援を行い、地域と学校もより良い地域の学校教育と人材育成のためにコミュニケーションを重ねる機会を設けている(表6-7)。以前の教育行政-学校-地域社会が学校のハードウェアの改善をめぐるトップダウンの関係性を示し、コミュニケーションは相互に閉ざされていたとすれば、革新教育地区事業においては、学校教育の質の向上を中心に教育行政-学校-地域社会が互恵的な関係性と信頼関係を形成し、コミュニケーションと協力を行うことが目指されている。このような教育行政-学校-地域の民主主義的で公共的なあり方の転換を教育庁が全面的に推進しているという事実は、韓国の教育改革が質的に大きな転換を遂げていることを意味している。

　「革新学校」としての学校改革は、韓国国内で蓄積されてきた受験対策に偏った競争的な学校教育への失望と、民主的で質の高い教育への渇望を推進動機としていた。本書の先行する章で「革新学校」が度々登場していることも物語っているように、代案教育運動、新しい学校運動、「学びの共同体」

表6-7 これまでの教育庁－学校－地域の関係と革新教育地区における協力関係の比較（京畿道教育庁、2012）

	これまでの教育支援事業	革新教育地区
教育庁⇒学校	・Top-down式の一方的政策伝達	・研修、コンサルティングを通した権利職、教師の革新教育に対する理解増進
学校⇔自治体及び教育庁	・学校の財源では推進することが難しい大規模の施設事業の支援を要請 －学校長の個別の努力 －類似事業に対する重複支援 －施設事業を中心とした支援 －革新教育政策とはかけ離れた事業支援	・一元化された窓口（教育支援庁）を通した革新教育地区事業申請➡計画書の審査後人材及びプログラムの支援 －個別学校の多様なカリキュラム運営 －学校長の不必要な行政力の浪費を除去 －一元化された窓口を通した予算支援
地域社会⇔学校	・（地域社会）学校施設の開放及び生涯教育に対する要求 ・（学校）施設開放に対する拒否 －地域社会内での学校役割の縮小 －親の学校への接近性の低下 －地域住民が不満を惹起 －自治体財政支援阻害の要因	・（学校、教育支援庁、自治体）親の研修 ・（学校）親との相談 －教育に対する理解増進 －革新教育の必要性に対する共感を形成 －児童生徒－親、親－教師の関係改善➡親の力量強化を通した才能寄付

としての学校改革など90年代後半以降の教育の民主化に向けた教育運動及び教育実践の積み重ねは、「革新学校」の導入と推進を支えている。そして公教育体制内における新しい学校への地域住民の期待は、住民選挙における「革新学校」を掲げる教育監の当選という形で表出された。全国で最も「革新学校」の規模が大きい京畿道の事例からは、これまで教育庁が学校に教育改革の課題を指示するといった推進方式から抜け出し、教師の教育実践を支援する形で学校を中心とした学校改革を進めようとしていた。とりわけ教師の教え、学ぶことが活性化するように授業、教室、学校、行政、制度を革新することが「革新学校」の重要なねらいであった。また、京畿道J中学校の事例から、教育行政が教師の変化への意志を汲み取り、教師の本務である教え、学ぶことの探究を促し、自らの学校改革の経験を外部者と共有する機会を設

ける役割を遂行することで、教師が学校改革の実践者、参加者となり得る可能性が示唆された。

　本章では「革新学校」の可能性に焦点を当てたが、今後検討されるべき課題も少なくない。2015 年度からはさらに地域が拡大され、17 のうち 13 の広域自治体において「革新学校」が運営される。市民の学校教育への不安と失望が大きかっただけに、「革新学校」という新しい学校改革のあり方に市民がかける期待は大きい。各地域の「革新学校」の名称（表 6 － 5 参照）からも窺えるように、近年「革新学校」は韓国の公教育の希望、幸福な教育といったような言葉によって理想的に語られ、過度な期待をかけられている面も否めない。学校改革は長く、遅い道のりであることを考慮したときに、このような行き過ぎた期待や早急な成果への要請はリスクとなり得る。そういった意味で、次のような「革新学校」運営に関する課題を慎重に検討していくことは重要である。まず教育行政のレベルでは、教育庁が教師の専門性に対して持つ観点と政策への反映過程をより詳細に把握する必要がある。また、教育庁から各学校に大きな財政支援が行われているが、各学校が教育実践の改善のために財政をどのように使用するかに関する議論が望まれている。教育実践の面では、授業の革新を試みている教師たちが抱える不安や困難を、個々の学校の具体的な文脈から読み取ることが重要である。本章では詳しく触れなかったが、J 中学校でも教育実践の変化への意志と、授業スタイルの急激な転換や、拠点学校としての負担感の間でジレンマに陥っているという一部教師の声が聞かれた。京畿道教育庁を始め、道内の他の「革新学校」や、異なる段階の学校（初等学校や高等学校）、さらに他の地域における「革新学校」の展開に対する後続的な研究を通して、これらの問題が教育行政と教育実践の協力の下で解決に向かい、持続的な学校改革へと進める方途を追究する必要がある。

注

1　教育監は 1960 年から大統領指名で任命されてきたが、2006 年の地方教育自治の法律改訂以後住民の直接投票により選ばれている。2010 年には初めて全国一

2　全国教員組合発行新聞『教育希望』2011年3月26日付、京畿道教育庁『2011年「革新学校」推進計画』、江原道教育庁『2011年江原幸福プラス学校推進計画』から筆者が作成。

3　2010年現在京畿道の人口は12,071,884人、面積は10,183.89㎢であり、人口9,794,000人、面積605.25㎢のソウル市の規模を上回っている。※韓国統計庁「2010年人口住宅総調査」を参照。http://kostat.go.kr

4　細部課題49項目は紙幅の都合上割愛した。

5　J中学校2010年度と2011年度にそれぞれ提出された『学校教育計画』、『学校教育年次報告書』、『授業公開及び授業コンサルティング運営計画』

6　「平常時の授業を公開することで、公開に伴う教師の負担を軽減し、授業公開を自然に受容する学校文化が創出されるようにする」※J中学校『2010年授業公開及び授業コンサルティング運営計画』(2010年、2頁)。

7　たとえば「『革新学校』を準備する教師の会」(オーマイニュース2010年11月22日)。

8　イメージの出処：アジュ経済。「革新学校」推進地域名の詳細については、表6－5を参照されたい。なお、「革新学校」非推進派の教育監当選地域は、大田広域市(テジョン)、慶尚北道(キョンサンブクト)、大邱広域市(テグ)、蔚山広域市(ウルサン)である。

9　各地域教育庁の「革新学校」のページ及び教育庁が発表した「革新学校」推進計画、報道資料を参考にして筆者が作成

江原道教育庁江原幸福プラス学校　http://happyplus.gwe.go.kr/

京畿道教育庁「革新学校」情報センター　http://hyeoksinschool.goe.go.kr/

全羅南道教育庁ムジゲ学校　http://rainbow.jne.go.kr/main/main.php

光州広域市教育庁ビッゴウル「革新学校」　http://newschool.gen.go.kr/main/main.php

ソウル特別市教育庁(2015)ソウル型「革新学校」運営基本計画

仁川広域市教育庁(2015)仁川型「革新学校」

世宗特別自治市「革新学校」、ニューシス「世宗市教育庁、世宗『革新学校』3月開校準備完了」(2015年2月16日)。

忠清北道教育庁　http://www.cbe.go.kr/site/pledge/sub.php?menukey=429&mod=view&no=395862

忠清南道幸福共有学校　http://www.chungnamilbo.com/news/articleView.html?idxno=314187

全羅北道教育庁全北「革新学校」　http://www.jbe.go.kr/02education/12_01.asp

釜山広域市教育庁釜山「革新学校」　http://hyeoksinschool.pen.go.kr/main.php

慶尚南道教育庁 (2014) 慶南「革新学校」づくりの正しい理解
済州特別自治道タホンディ学校、京郷新聞「済州型「革新学校」『タホンディ学びの学校』5校指定へ」(2014年11月25日)。
10 光州をハングルで表現した言葉で、「光の町」という意味である。
11 「虹」という意味の韓国語である。
12 「幸福」という意味の韓国語である。
13 済州島の方言で、「共に学ぶ」という意味である。

第4部 「革新学校」以降の「学びの共同体」
　　　としての学校改革(2010年－2015年)

第7章 「革新学校」における校長と教師の学校文化の革新への追求
— F 高等学校の事例

第1節 課題設定

　本書第3部までは、韓国における文民政権発足と同時期に本格的に活発化した学校改革の社会的な背景について検討し、教師を中心とした具体的な学校改革運動及び実践の特徴について述べてきた。第4部においては、韓国における公立学校の改革の始動に注目し、学校内部において教師たちが学校教育を変化させるために、日々どのような実践を行い、またどのような困難に直面しているのかに光を当てたい。

　本章では、韓国社会における「新しい学校づくり」の新しい局面を開いたと言っても過言ではない「革新学校」が2009年より開始され、多くの公立学校が民主的で質の高い学校教育を追求する歩みを始める中、実際の「革新学校」において、どのような「学校改革の物語」が編み出されているのかを明らかにしようとした。対象となった「革新学校」は、全国の中でも最も「革新学校」へ力を注いでおり、学校数も多い京畿道に所在する公立F高等学校である。同校は2010年に「革新学校」を推進する公立高等学校として新設され、2015年現在に至るまで「革新学校」として学校改革を進めている。開校から4年が経過し、同校は京畿道の「革新学校」の拠点校となり、道内及び他地域の多くの教師の研修の拠点としての役割も果たしている。また、F高等学校は、民主的な質の高い学校教育の創造のための学校改革ヴィジョンとして、「学びの共同体」としての学校づくりの哲学と方略を一部採用している。そこで本章では、以下の2つの課題を設定し、F高等学校の学校当事者たち

が、学校改革の中で具体的にどのような経験をしているのかに迫りたい。第1に、学校改革を推進する上でリーダーシップを発揮している同校の校長が、どのような学校像を目指し、どのような方略を駆使してそれを実現しようとしているのかを明らかにする。第2に、同校の学校改革を進める上で重要な方針の1つとなっている「学びの共同体」を実践している教師たちの語りから、どのような教育的な契機が教師たちを「学びの共同体」の実践へと導いたのか、また実践の中で経験する困難は何であるのかを明らかにする。筆者は2011年から2014年にかけて、6回にわたり同校を訪問している。校長、教師へのインタビュー記録と、授業と授業研究会の参観記録をもとに、校長と教師の学校改革における経験に関する語りを抽出し、再構成する形で記述していきたい。

第2節　F高等学校の学校改革の背景

F高等学校が位置している龍仁(ヨンイン)市は、京畿道の中央部に位置する、人口934,059人(2013年現在)を抱える都市である。工業と農業を主な産業とし、ソウル近郊部であることから、ベッドタウンを形成していることも特徴である。F高等学校は龍仁市に2010年に新設されると同時に京畿道教育庁により「革新学校」として指定された。韓国の高等学校は、地域によって平準化されている場合と、そうでない場合がある。平準化地域では、成績とは関係なく、地域内の抽選によって進学する高等学校が決まる。また非平準化地域では、中学校での成績によって進学のための選考が高等学校別に行われる[1]。非平準化地域の場合、それぞれの学校が持つ特徴や、進学する生徒たちのレベルがほぼ固定しているため、新しく設立される学校は敬遠されがちであり、中学校卒業者の中で、成績が高等学校進学の条件に満たない生徒や、不登校の生徒たちが進学してくる傾向が強い。2010年に新設されたF高等学校も、例外ではなかった。開校当初450人の募集定員のうち応募したのは150人にも満たなかった。第1回入学生となった5学級146人の生徒たちの大部分は、中学校の内申点は最も低いレベルであったという。同校への進学の動機は、

周辺に新設されたマンション街への引っ越しや、近隣地域であり平準化地域である水原市において希望しない学校に配置されたことによる不満によるものなど、消極的なものが多かった。成績や生活指導においても、学習に対して無気力な生徒の割合が大きく、進路について計画を立てていない生徒が多かった。校長のカン先生は開校当初の生徒たちの「約80％が喫煙者であり、学校内外での喫煙や問題行動を理由に、地域の住民は同校のことを『嫌悪施設』とまで呼んでいた」と言う。しかし学校改革を開始して4年が経過した2014年には、同校における生徒の問題行動は激減し、学力も向上し、龍仁市内の高等学校の中で大学進学率において上位に入る学校へと変化した。そしてF高等学校は、「革新学校」の成功的なモデルとして、革新教育を語る上で必ず登場する事例となった。(慶尚道民日報、2014 ; ネイル新聞、2014)。設立当初に比べ同校に対する認知度は上がり、最初は地域内からの入学希望者は少なく、道内のさまざまな地域から入学していたが、2013年の同校による調査によると、学校区の住宅街の入学対象者の50％以上がF高等学校への入学を希望していることが明らかになった[2]。このような地域住民の認識の向上の背景には、校長のカン先生が近隣の住民会議に定期的に出席し、地域住民と学校保護者を対象とした「保護者アカデミー」を年間4回開催するほか、保護者懇談会も定期的に開催するなど地域住民の学校参加への働きかけの影響もある。調査当時である2014年度には、校長1人、教頭1人、教師56人、管理職や教師以外の職員として事務職員3名、技能職員1名、会計職員4人、調理師6人が在籍していた。

第3節　校長の学校改革の物語

　さまざまな困難な要素を背負ってスタートを切ったF高等学校であるが、校長と教師たちは生徒たちとのコミュニケーションを大切にしながらも質の高い学校づくりへの熱意と信念を持って開校に臨んだ。同校の校長は、「革新学校」の趣旨に従って、公募を通して選ばれ、校長の学校改革の哲学に共感する教師たちと「革新学校」での勤務を希望する教師たちが配置された。F

高等学校の初代校長となったのは、同じ龍仁市内の中学校で倫理を教えていた教職22年目のカン先生である。カン先生は、これまでの教職生活の約20年間、韓国の学校教育の問題について悩み、問題を共有できる教師たちを組織し、教育運動をリードしてきた人物である。カン先生が2006年から組織し、展開している「参与疎通教育の会[3]」という教師の研究会では、民主的な学校文化の創造と授業方法の革新や生活指導、生徒のケアと癒しを中心的テーマとし、全国の教師の連帯と研究を進めてきた。

カン先生が教師の研究会を組織したのは、教師個々人がいくら素晴らしい授業の実践をしたとしても、お互いが孤立していれば学校は変わらないという認識から、教師が連帯する必要性を感じたからである。たとえば、韓国の中学校と高等学校は、生徒たちへの受験に対するプレッシャーが大きい上に、校則や管理が厳しいゆえに、生徒たちは学校から監視されている、または、間違ったことをすれば罰せられるという意識を持っているという。行き過ぎた管理と統制の下では、教師と生徒が信頼関係を築くことは困難であり、個々の教師の学級運営能力と授業がすばらしいとしても、学校を民主的な空間とすることはできない。そこで、カン先生は、このような問題意識を共有できる教師や親と連帯し、学校文化をどのように変えるべきか、そのために授業や生活指導をどのように工夫していくべきかについて悩んできたという。

さらにカン先生は、韓国の学校をどのように変えていくか、という問題意識を、「参与疎通教育の会」にとどめることなく、前述した代案教育運動に関わる教師や市民運動家との交流によって共有し浸透させようとしてきた。このような交流と活動は、後に京畿道の教育政策となる「革新学校」の主要な動力の1つとなった。

それでは、カン先生はどのような学校教育の現実に対して問題意識を抱き、どのような学校づくりを目指しているのだろうか。カン先生は学校と教師はすべての生徒たちの学習を保障すべき責任を持っており、市民としての素養を持った生徒たちを育てなければならないという。F高等学校の場合、学習に対する無力感を抱いている子が多く、学校からは統制、管理されている感覚を持ち、教師から信頼されていると感じる経験が乏しい生徒が多い。その

ような生徒たちのために、カン先生は学校を「安心できる居場所」であり、「理解され、支えられ、尊重される」場にしたいと考えている。そうしたときに、「学びの楽しさ」を経験し、「将来への展望」を持つこともできる。強制的な校則を一方的に押し付けることで学校に適応させようとするのではなく、生徒たちが自分自身を尊重し、学校を大切に思うようになることが重要である。それが結局のところ、学力の向上や進路指導にもつながる。そのような考えから、F高等学校では、権威的で強制的な生活指導ではなく、対話を中心とした民主主義的な教育を実践している。このような意味を込めて、カン先生はF学校の目指す姿を、「参加とコミュニケーションを中心とした希望と信頼の学びの共同体」と表現した。

　第6章ですでに述べたように、「革新学校」は、大学受験を中心とした競争的な学校教育を再編し、民主的で質の高い新しい学校教育のモデルを提示するために地方自治体が進めている教育改革である。高等学校は、大学入試を直前に控えており、実験的な学校改革をするには制限が多いという考えから、「革新学校」に指定されるケースは全国的に少ない。高等学校の「革新学校」指定を困難にしている主な要因の1つは、親からの不安の声である。「革新学校」が掲げている「協同と協力を中心とした授業」や「創造性の教育」を推進する学校では、受験に必要な学力が育たないのではないか、という懸念である。F高等学校はまさにこのような不安と懸念の声と、同時に新しい高等学校教育のモデルに対する期待を背負って、高等学校の「革新学校」としてスタートを切った。カン先生は、これまで韓国の学校教育の問題と格闘し、新しい学校のモデルを模索してきたが、教育庁が進める「革新学校」という制度は、韓国の学校教育に新たな示唆を与えうるものとして期待を寄せている。

　京畿道は「革新学校」を「民主的な自治共同体と、専門的な学習共同体による創造的知性教育を実現する公教育革新のモデル学校」と定義し、「革新学校」を追求する基本的な価値として、「公共性（学校教育のレベルと環境を質的に向上させ、教育機会と可能性における差別をなくす）、創造性（教育内容と方法において創造的知性教育を実践）、民主性（民主的自治共同体を形成し、教師と生徒の参加の文化を実現し、権利意識と責任を自覚した民主市民の育成）、力動性（専門的

学習共同体の形成を通して集団的な知性が発揮され、多様な教育を開発し、力動的な卓越性を追求）、国際性（平和、コミュニケーション、協力を追求する未来志向的な世界人を育成する総体的な教育改革を追求）」をかかげている（京畿道教育庁、2014）。カン先生はこのような「革新学校」の基本的な方向性に賛同し、「革新学校」として行政からの財政的、人的サポートを受けながら、新しい学校づくりに挑戦することにした。

　カン先生はこれまでの韓国の学校教育の問題と、変わるべき姿について次のように指摘する。「これまで学校は、子どもの学びと成長に寄与する場所として十全に機能してこなかった。目まぐるしく変化する未来社会のニーズに合わせて、学校のシステムと内容を革新する必要がある。学校と教師が権威的な姿を脱ぎ、子どもと親、地域社会と関係を再編成しなければならない。これまで韓国の学校は、学校そのものと教師が巨大な力を行使してきて、子どもの姿が見えなかった。子どもたちが学校の主人公として声を発し、堂々と学校運営や学習に参加する経験をするよりは、学校や教師から言われるがまま受動的な姿勢でいるか、権威に反抗することを学び、社会に出ていく場合が多かった[4]。」そしてこのような学校のシステムと関係性の再編を図るのに、「革新学校」という形で地域のバックアップを受けることができることは意味があると判断した。そしてカン先生と「参与疎通教育の会」で研究をともにしてきた教師3人、また「革新学校」への配置を希望する教師たちが、F高等学校の開校を準備するようになった。

　カン先生は「革新学校」としてF高等学校はどのような学校像を描き、実現していくべきかに対する明確なヴィジョンを持っていた。それは、韓国の教育の問題が集約されているといっても過言ではない一般高等学校における「新しい学校教育モデル」を提示することである。成績優秀な生徒だけが生き生きとした学校ではなく、どのような個性と能力を持った生徒でも、学校の主体となり、授業と学校自治に積極的に参加する学校、教師は教師という権威に頼るのではなく、授業の専門性と生徒へのケアのマインドを持って日々成長する学校、そして親も学校と教師を信頼し、ともに学校を創り上げる主体となれる学校である。しかし、韓国社会における高等学校教育のモデ

ルとなるためには、大学進学の実績を看過することはできない。F高等学校への入学生たちの多くが、地域で最も学力が低く、将来に対する展望を持っていなかったという厳しい現実の中でも、カン先生は大学進学を含む、生徒の進路指導における成果を出さなければ、モデル学校としての十全な役割を果たすことはできないと語る[5]。

　このような、カン先生の理想的とも捉えられる高等学校における学校改革の開始をめぐっては、さまざまな声が聞かれた。「大学入試を控えている高等学校の段階で、教育的な実験をすることはリスクが大きすぎるのではないか」、「中学校の段階で学業を諦めていた生徒たちがいる高等学校が、他校にもアピールできる生徒指導や進学指導の『モデル』を本当に提示することがでいるのか」などの厳しい声がある一方で、韓国の競争主義的な権威的な高等学校教育の改革が至急であると考える人々から寄せられる期待も大きかった(龍仁市民新聞、2010年3月10日)。

第4節　学校像の実現のための実践

　上記のような校長の学校改革に向けた明確な意志は、学校の教育目標と運営目標にも表現されている。一般的に学校がかかげる教育目標や教育課程が、校長や教師たちの教育的理想や現状に基づいた言葉で構成されている例は少ないのが韓国の現状であることに鑑みたとき、F高等学校は、校長と教師たちの学校像、教師像、生徒像、親像が学校の教育目標と教育課程、運営目標に反映されている。

　まず教育目標としては、「熱情と貢献力を備えた未来市民の育成：自尊人(自身の品格を自ら高めることができる人)、貢献人(自身の熱情と競争力と隣人と分かち合うことができる人)、知性人(生を企画し、主体的に行動できる正直な人)、世界人(想像力でヴィジョンを創り、世界を抱く人)」を挙げている。そして、このような生徒の育成を支える学校像、教師像、生徒像、親像を図のように表現している。また、学校改革の課題領域として、「5大革新課題」を提示している(図7－1)。

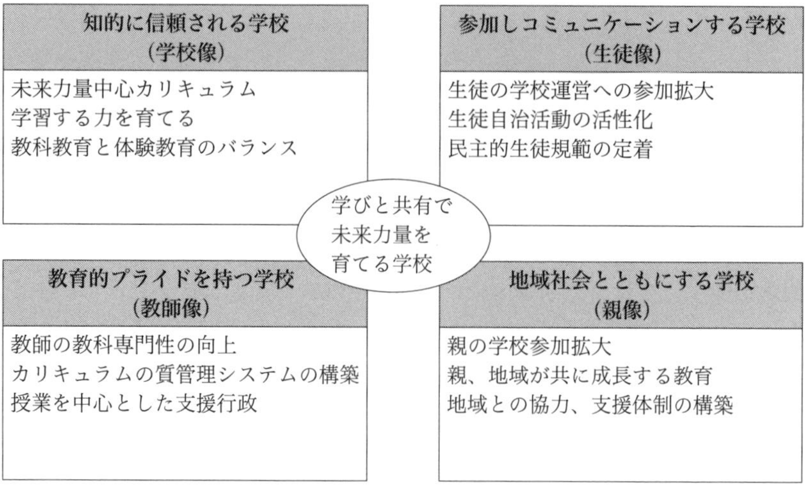

知的に信頼される学校 （学校像）	参加しコミュニケーションする学校 （生徒像）
未来力量中心カリキュラム 学習する力を育てる 教科教育と体験教育のバランス	生徒の学校運営への参加拡大 生徒自治活動の活性化 民主的生徒規範の定着
教育的プライドを持つ学校 （教師像）	地域社会とともにする学校 （親像）
教師の教科専門性の向上 カリキュラムの質管理システムの構築 授業を中心とした支援行政	親の学校参加拡大 親、地域が共に成長する教育 地域との協力、支援体制の構築

中央：学びと共有で未来力量を育てる学校

図7-1　F高等学校の学校像、教師像、生徒像、親像[6]

表7-1　F高等学校5大革新課題[7]

(1) 授業革新

実践課題	細部課題
創造的カリキュラム運営	創造的なカリキュラムデザイン 統合カリキュラム及び基礎教養カリキュラムの運営 創造的体験活動の運営
学びと共有を中心とした授業革新	学習者中心の教授方法の多様化 コミュニケーションと協力の授業づくり 日常的な授業の公開 基礎学力責任指導
評価方法の革新	叙述型、論述型評価の拡大 常時遂行評価運営及び内実化 成長参照型通知表の活用で学校－親間協力学習管理
教師の力量強化	教師専門性強化のためのオーダーメイド型研修の実施 教科研究会中心の授業研究活性化

(2) 教室革新

実践課題	細部課題
人権尊重の教室づくり	体系的な人権尊重プログラム運営 体罰代替教育プログラム運営

幸せな教室づくり	尊重／親切／配慮／共有のある教室文化づくり 生徒／親の相談活性化
夢のある教室づくり	多様な成長の潜在力が尊重される教室づくり オーダーメイド型進路及び進学指導

(3) 学校革新

実践課題	細部課題
教育共同体がともにする学校づくり	生徒中心生徒自治活動の内実化 親の学校教育への参加拡大及び研修の強化 教職員会の活性化 学校－地域社会教育協力体制の構築と運営
単位学校責任経営制実現	カリキュラム中心学校経営、自律性と責務性確保 学校経営の民主的意思決定と権限委任拡大
ケアのある安全な学校づくり	学校安全システム構築と運営 学校暴力予防教育及び危機生徒の支援強化 学びのケアの放課後学校拡大
「革新学校」運営内実化	学校革新全教職員討論会開催 親及び地域社会を対象とした「革新学校」アカデミー運営

(4) 行政革新

実践課題	細部課題
カリキュラム中心支援行政サービス強化	教員行政業務軽減の段階的推進 教務行政と一般行政の統合モデル運営 創造的教育活動支援行政
教育活動中心の協力事業推進	革新拠点学校運営で「革新学校」間の新しい教育協力モデルの構築 教育費支出の慣行改善
効率的教育行政で教育の質の向上	教育活動コンサルタント支援団運営 学校内教育情報統合管理体制の構築と運営 教育活動中心の教育施設改善

(5) 制度革新

実践課題	細部課題
補職教師人事革新	補職教師補職制度革新 教職員会議を通した補職教師推薦制度導入
校内教員人事改善	専門性と同僚性を考慮した校内人事 人事諮問委員会制度の内実化
教職員会議制度の改善	伝達式教職員会を止揚 学校運営に対する教員の自発性と学校教育活動の拠点を決議する会議定着

表7－1の革新課題からは、これまでの韓国の学校教育において問題になってきた教師主導的で一方的な授業、大学受験対策に偏重した競争的な授業、生徒の人権が尊重されない教室、生徒や親、教師の参加の機会が少ない学校運営方式、教師の行政業務の過多、学校内の形式的、権威的な意志決定過程などを意識していることが読み取れる。またこれらの慣行を止揚し、それに代わる民主主義的で公共的な授業、教室、学校運営、行政、制度のあり方を構築するためのものであると考えられる。上に挙げた学校改革の課題の中でもカン先生がとりわけ力点を置いている課題を2つ挙げたい。それは「生徒たちの積極的な学校参加」と「教師たちの授業専門性の向上」である。

まずは「生徒たちの積極的な学校参加」についてである。校長のカン先生は、これまでの学校で生徒たちは、教師の指示や命令に従う受動的な存在として位置づけられてきたという問題意識から、生徒たちが学習においても、学校運営においても、また自身の将来を展望するにおいても主人公にならなければならないと考えている。学校は生徒たちが主体性を持って学校生活に臨むようにサポートしなければならない。学習に関しては、「自己主導的学習」を強調し、生徒たちが自ら自分の人生の進路を考え、設定できるようなさまざまな学習と体験の機会を設けている。授業の時間と放課後の時間を活用して、文化活動、創作活動、市民団体及び福祉機関におけるボランティア活動、職業体験ができるようにしている。また、学校運営に生徒たちと親の声を学校運営に積極的に反映することにも心を配っている。たとえば、開校当初、同校では、他の学校で「校則」と呼ばれる「学生生活規定」を、教師、生徒、親の討論によって制定した。これは、同校が「生徒の人権と自治が尊重される生活指導」を目指しているからである。体罰や賞罰制度で生徒の生活を統制している学校が多い現実の中で、民主的な対話のプロセスを通して自分たちの生活のルールを制定しようとする校長と教師たちの思いからである[8]。

また、教師たちは一般的には「上から」定められた教育内容を伝達し、多くの公務をこなし、教師同士の関係は断絶され殻に閉じこもる傾向があるとしながら、毎日の授業の中で生徒の学習を充実させ、教師と生徒間の緊密な関係づくりをすることの重要性を強調している。具体的には、授業研究の

充実化を重要な課題として設定し、各教師が授業を同僚教師や親に公開することを日常化し、授業をめぐる悩みを共有し、ともに研究していくことで授業の専門性を高めていくことを目指している。すべての教師が、年間7回授業を公開する。2013年度の場合、学年公開が4回、親と外部への公開が2回、同じ教科の教師への公開が1回行われた。基本的に毎週水曜日を授業公開の日とし、水曜日は5時限で生徒を帰宅させ、6時限に公開授業が行われる。外部への公開研究会の際には、全国の学校から教師の参観者が集まり、同校への注目度の高さを窺い知ることができた。公開授業後の授業研究会には、大学研究者や「学びの共同体研究会」の講師など、外部コンサルタントを招聘し、授業改善と生徒理解に対する幅広い視点を獲得しようと努力している[9]。

　F高等学校の公開授業及び授業研究会は、これまでの韓国の学校における校内研修の問題点も踏まえた上で開催されている。公開授業が日常の授業とはかけ離れ、その日のためにだけ準備された「演劇授業（ソ、2007）」になりやすい点、授業研究会で意欲的な少数の教師や先輩教師だけが公開授業について助言、コメントしやすい点、授業研究の焦点が教師の技術に当てられ、生徒たちの学びという観点は見逃されている点など、一般的な校内研修の問題点と言われている諸点に対する改善策として、同校では、「1教師1発言（すべての教師が発言する）」、「授業公開週刊には1教師1日1授業参観（1週間に3時間以上は同僚教師の授業を参観する）」、「日常の授業を公開する（公開のために特別に準備した授業ではない）」といった、公開授業と授業研究会の原則を定め、共有しているという[10]。

　以下の**図7－2**は、F高等学校が外部の参観者を招いて開催する公開授業研究会で、参観者全員に配布された資料である。また、**表7－2**は、韓国の校内研修の公開授業において、授業の評価者となる参観者たちに一般的に配布される授業評価のチェックリストである。表7－2のチェックリストは、授業を「導入過程」、「展開過程」、「整理過程」に区分した上で、さらに各過程における評価項目を細分化している。評価者は各項目についての教師のパフォーマンスを1から5までのレベルで評価する。このようなチェックリス

トを用いる授業研究は、授業は評価の対象となり、公開を行う教師にとっては準備と実行、また公開後の評価会の全過程においてストレスを経験するようになる。このような環境では日常的な授業の公開は望めず、公開授業の評価の結果として日々の生徒たちの学習をどのように支援し、質を高めるかといった視点が得られるとも考えづらい。また公開をする教師と評価をする教師の間に同僚性が築かれることを期待できない。このような性質の授業公開や校内研修の問題点を踏まえ、F高等学校では、教師の教える行為や技術を評価するのではなく、生徒一人ひとりの学びと、生徒間、教師－生徒間の関係の中で生まれる学び、またそのような学びを教師がどのように支えているのかといった視点で授業を見るように勧める。そして授業が終わった後には、公開された授業をめぐってすべての教師が必ず発言をするという民主的なコミュニケーションの方法を取りながら、教師が共に生徒たちの学びを見取る方向で授業研究会を持っている。このような公開授業と授業研究会のあり方によって、「評価」を中心とした教師間の関係は止揚され、生徒の学びとケアを充実させるという課題を中心に教師間には同僚意識が芽生えるようになる。

　F高等学校で実践されている公開授業と授業研究会は、日本の「学びの共同体」の校内研修のあり方（佐藤、2006: 276-284）から多くのヒントを得たものである。校長が「学びの共同体」の校内研修のあり方に賛同している点と、2011年度、2012年度の研究部長のユ先生がこのような校内研修を積極的に推進したことが背景にある。

```
2013 年度第 2 回公開授業

 F 高等学校生徒の学び中心授業公開＆授業研究会

1. 授業で何を見るのか
 ・この授業が良い授業なのか、そうでないのかという観点ではなく、生徒一人ひとり
  にとって「学び」がどのように起きているかを見てください。
 ・教師の授業の技術に注目するよりは、教師がどのように生徒の学びを支援している
  のか、という観点から見てください。
 ・授業の中で生徒間、教師－生徒間に聴き合い、学び合う協力的な学びと共有のポイ
  ントをキャッチしてみてください。
2. 授業研究会
 ・日時：2013 年 10 月 23 日（水）15：40 － 17：00
 ・対象及び場所：F 高全体教師及び訪問者（2 階多目的室）
 ・研究会スケジュール
  ①授業者紹介及び感想
  ②参観者の授業観察感想
  ③質疑応答
  ④コンサルタント総評（孫于正教授）
3. 班の観察教師（F 高 2 年担当教師、国語科教師中心）
```

班	生徒名	観察教師
1	（生徒名省略）	（教師名省略）
2		
3		
4		
5		
6		
7		

〈参考〉 F 高等学校の授業共有

1. 生徒の学び	(1) 生徒一人ひとりは学んでいるか。
	(2) 生徒たちが協力的な学びと共有によって知識の創造過程を経験しているのか。
2. 教師の授業デザイン	(1) 教師はどのように生徒たちの学びを支援しているか。
	(2) どのようなポイントで生徒間、教師－生徒間に協力的な学びと共有が起きているのか。
3. 授業の適用	(1) この授業から学べる点は何か。
	(2) 私の授業に適用できることはあるか。

図 7 － 2　F 高等学校の公開授業及び授業研究会の概要及びガイドライン[11]

表7-2 韓国の一般的な授業評価において使用される授業評価項目[12]

授業日	学年	教科	単元(題材、領域名)	授業者	氏名

要素	評価内容	遂行水準				
		5	4	3	2	1
導入過程	①学習目標及び主題を明示的に提示したか。					
	②授業を開始する際に以前の授業との関連について知らせたか。					
	③生徒たちが学習目標に到達できるように動機づけをしたか。					
	④該当単元に適切な資料を収集し、指導計画を立てたか。					
	⑤学習目標と一貫した評価基準と方法を計画したか。					
展開過程	⑥体系的な授業となるように教授学習過程案が構造化されているか。					
	⑦教科内容と生徒のレベルを考慮し、適切な授業方法を適用したか。					
	⑧生徒が能動的に学習に参加するよう学習活動を考案したか。					
	⑨資料の量は適切で、適切な方法で提示したか。					
	⑩学習活動に対する生徒の参加度が高くなるよう誘導したか。					
	⑪授業の全過程において教師-生徒の相互作用が多く起こったか。					
	⑫教師の声の大きさ、速度は適切か。					
	⑬教師のジェスチャーが適切で、生徒の個別学習状況を点検指導しているか。					
	⑭教師はすべての生徒に視線を送っているか。					
	⑮生徒の学習に対する好奇心を刺激しているか。					
	⑯生徒を褒め、激励しているか。					
	⑰授業の雰囲気は整っていて、学習雰囲気がよいか。					
整理過程	⑱授業を終える前に主要な学習内容を確認したか。					
	⑲授業目標到達を確認できる評価を実施したか。					
	⑳形成評価方法が目標到達を把握するのに適切であるか。					
総合意見		計				

F高等学校の教師たちは、学校が力点を置いている公開授業と授業研究会において同僚性を築き、授業の専門性を高めている以外に、教師たちが結成した校内のインフォーマルな研究サークルを通して交流を持っている(表7-3)。

表7-3 インフォーマルな教師の研究サークル[13]

サークル名	頻度	活動内容
読書サークル	隔週	読書討論を行う
「学びの共同体」勉強会	隔週	授業実践を共有する。サークルでニュースレターをつくり、全校の教師と共有する。
学校革新	月1回	「革新学校」の哲学と重点課題を中心として、モニタリングと研究活動を行う

第5節　教師の「学び」をめぐる教師たちの挑戦と葛藤
―F高等学校内「学びの共同体」勉強会における教師たちの語りから

「学びの共同体」は、生徒たちが学び合い、教師が学び合い成長し合い、親も学校に参加し学び合う場所としての学校像を提示している。教師は授業の研究を中心として生徒たちを共に見とることで同僚性を構築し、授業の専門家として日々成長する。このような学校の実現は、教師それぞれの授業における専門性や関心の多様性は認めつつ、学校改革のヴィジョンと哲学は共有した環境、つまり学校単位での学校改革においてより確実な実現に向かうだろう。F高等学校の場合は、「参加とコミュニケーションを通じた信頼の学びの共同体」という学校ヴィジョンを掲げているが、それを実現するために特定の方略を採用しているわけではない。校長のカン先生は、学校改革が特定の哲学や方略に傾くことを敢えて避け、大きな学校ヴィジョンの中で、教師一人ひとりの関心に従って多様な学校改革方略を採用することにしている[14]。したがって同校の授業公開や授業研究会においては、「学びの共同体」

としての学校改革の考え方だけでなく、協力学習 (cooperative learning) の理論や、教育人類学を基盤とした授業批評論などが採用され、多方面での授業専門家がコンサルタントとして同校の授業研究会に参加している。校長のカン先生が「学びの共同体」としての学校改革の哲学と方略を民主的な学校づくりのために効果的な方法として一部受け入れながらも、唯一の方略として採用し実践しない理由は、「学びの共同体」が本当に韓国の高校生が身につけるべき学力の向上を保障してくれるのかに対して確信がないためだという[15]。2011年からは、カン先生とF高等学校開校以前から、「参与疎通教育の会」で交流を持ち、F高等学校における学校づくりにおいて重要な役割を果たしている当時教育研究部長のユ先生が、「学びの共同体」の哲学と方略を深く理解していることから、授業公開や授業研究会の実施において「学びの共同体」が参考例となっている様子が窺え、ユ先生の呼びかけにより、校内に「学びの共同体の勉強会」が結成され、2週に1度授業を中心にした研究会が持たれている。以下では、2012年4月23日の放課後に持たれた「学びの共同体勉強会」における教師の話し合いから、F高等学校の教師がどのようなきっかけで「学びの共同体」を自らの教室に構築しようと考えるに至ったか、また、実践を行う上でどのような具体的な困難に出会っているのかに関する語りを紹介したい。

2012年4月23日の勉強会には、ミン先生 (社会科、男性)、ソ先生 (美術、女性)、ジャン先生 (英語、女性)、コ先生 (数学、女性)、ジュ先生 (哲学、女性)、ナ先生 (経済、女性)、研究部長のユ先生 (理科、女性) の7人が参加し、日本の「学びの共同体」の実践事例の中で、同校と状況が類似している高等学校の困難校の事例を読みながら、普段実践しながら直面している困難や感じている手応えについて話し合う会として進められた。「学びの共同体勉強会」に参加している教師は、F高等学校に赴任する以前から、自らの授業の実践において参考にし、校内または校外の教師と実践を共有した経験がある教師もいれば、同校への赴任に伴い、初めて接した教師もいた。

まず、教師たちは、教職生活の中でどのようなきっかけで「学びの共同体」を自身の教室に実現させようと思ったのか。教師たちの語りの中に表現され

表7-4　2012年4月23日の「学びの共同体勉強会」参加教師の情報

教師名	担当教科	F高等学校への赴任	「学びの共同体」の実践経験
ミン	社会科	2011年度～	F高に赴任して初めて接した。
ソ	美術科	2012年度～	F高への赴任前メディアで初めて接した自らの授業で実践したのは赴任後。
ジャン	英語科	2011年度～	F高に赴任して初めて接した。
コ	数学科	2011年度～	F高赴任以前から、韓国国内の実践校や研修に多数参加。前任校で勉強会を結成。
ジュ	哲学科	2011年度～	2011年度に教育研究部長のコ先生を通して初めて接する。以後、実践校や研修に積極的に参加している。
ナ	経済科	2012年度～	5年前に「学びの共同体」の書籍で同僚教師と勉強会を開始、校内の数人の教師と授業公開を始める。
ユ	理科、教育研究部長	2011年度～	2009年日本の「学びの共同体」実践校への訪問をきっかけに、自身の授業で実践し始める。「韓国学びの共同体研究会」の地域研究会のスタッフ。F高等学校では、教育研究部長として、公開授業と授業研究会を含む教師の研究とかかわる業務を担当している。同校の「学びの共同体勉強会」の呼びかけ人。

ていた契機の1つ目は、「日常的な授業に関する悩み」であった。美術科のソ先生は、授業中に「協同学習」を導入することに対して、憧れと同時に恐れを抱いていたという。教科の特性として、美術の時間の活動は、個人的なものになりやすい。しかし、ソ先生は大学時代に、個人活動として完成された作品を、他者と鑑賞し合うことの楽しさと意味深さを経験しており、自身の授業の中にも協同的な活動を導入したいと考えていた。ところが、ソ先生が自身の授業に協同的な要素を取り入れる上で壁となったのは、自身の中の「恐れ」であったという。「作品をつくりながら感じたこと、考えたことを友だちと共有しよう、という私の提案を生徒たちは聞き入れてくれるだろうか。本当に生徒たちは互いに耳を傾けるだろうか」といった思いが壁となり、協同的な学びの構想まではするものの実践には至らなかったという。F高等学校に赴任して、周りの教師たちに励まされ、授業に協同的な活動を導入し始

めた。協同的な関係を生み出すための「問い」を考え、プリントで配布し始めた。現在では、生徒たちが美術作品を創作する過程において、他者の作品を鑑賞したり、自身の作品を他者に伝わる言葉で表現するなど、生徒間に少しずつ関係性が生まれてきているという。

　英語科のジャン先生は、大学受験を最優先に考えている高校生たちに英語を教えることに対する悩みを抱えていた。韓国の高等学校の英語の授業は、多くの場合修学能力試験（日本のセンター試験に該当する）の対策に追われ、生徒に問題を解かせ、教師はひたすら問題の解説をする、といった授業が行われている。高等学校の受験対策に重点化した授業については、「講義形式の一斉型の授業が最も効率的」という暗黙の了解があるが、ジャン先生は、本当にそうなのかという疑念を抱くようになった。講義形式で問題の解説を続けても、思うほど多くの知識量を伝えられるず、生徒の参加率が高くない現実に直面していた。このように自身の授業スタイルに悩んでいるときに、「学びの共同体」における協同的な学習に関心を持つようになった。

　また、経済を教えているナ先生も、「試験問題をひたすら解説する授業に耐えられなくなっていた」と前任校までの経験を振り返る。問題を解説する形式の授業を、ナ先生自身が「面白い」と感じることができず、それを日々行うことが心理的な負担になっていたという。毎日の授業に倦怠感を覚えていたときに、近隣の学校であるF高等学校では、「学びの共同体」を始めとする、生徒を中心に据えた授業を行っており、それに関する教師の研修も開かれていることを知り、同校への異動を希望したという。

　「学びの共同体」を実践するようになったきっかけの2つ目は、他の実践校の生徒と教師の学びの姿を見て、自身の授業にも取り入れたいと考えたことである。哲学を教えているジュ先生は、2011年度にF高等学校へ赴任し、教育研究部長のユ先生が校内で行った「学びの共同体」に関する講義を聞いて、そのヴィジョンや方略に共感したという。それ以降関連書籍も読んだが、いざ自身の授業計画を立てようとすると、どうすればいいかわからなかった。同時期に、学校単位で「学びの共同体」としての学校改革に取り組んでいる同道内の議政府（ウィジョンブ）女子中学校の公開研究会に参加することになった。議政府女

子中学校の公開授業において最も印象深かったのは、生徒たちの「学びに向かう態度」であったという。授業が始まる前、ざわざわしてした生徒たちは、授業の始まりが告げられるとすぐに、静かになり、学習に臨む態度を示した。また、「仲間と共に学ぶ」態度も印象的であった。クラスは4人一組のグループで構成されていたが、あるグループでは、4人のうち1人の生徒がプリントに答えを書けないでいた。他の3人の生徒たちは静かに待ちながら、答えの書けない生徒が質問を投げたらそれをよく聞き、応答していたという。この何気ない生徒たちの姿からジュ先生は衝撃を受けたという。それ以降「どのようにしたら『共に学ぶ態度』を生徒たちの中に培うことができるのか」といった問いを持ちつつ、自身の教室でも「学びの共同体」を積極的に実践するようになった。

　3つ目のきっかけとして、「1人の生徒を同僚教師が共に、継続的に見守ること」の良さを挙げる教師もいた。韓国の高等学校では一般的に毎年学級の担任が変わり、教科担任制であるため教師も生徒も一日のうちに多くの教師と生徒に出会う上に、教師の同僚性は希薄であるため、学校の全教師が共に生徒の学びと成長を支える文化は形成され難い。F高等学校は、開校当初から民主主義的な学校づくりの一環として授業の公開と授業研究会を方針としてきたため、教師たちは自然と生徒の成長や変化について話す機会を持ってきた。

　数学を教えているチェ先生は、現在自身が数学の時間に教えている2年生の女子生徒が、1年生のときは現在と全く違う状況にいたことを、授業研究会での他の先生の話を聞いて知った。F高等学校では英語と数学に関しては習熟度別指導が行われており、その女子生徒は数学の「下位」クラスに所属しているが、同クラスの中で最も意欲的に学習に臨む生徒の1人であるという。彼女の意欲とケアに支えられている仲間も多く、チェ先生にとっては「頼りになる生徒」の1人であるという。ところが、1年生の彼女の姿を知る先生たちの話から、現在の彼女の様子は「信じられない変化」を遂げたものであることを知った。1年生のときの彼女は、朝の会から帰りの会までひたすら机に突っ伏して寝ている生徒であったという。

哲学科のジュ先生は、同月にあった公開研究会は、自身が同校へ赴任してから「最も幸せな一日」であったと振り返る。公開研究会では数学科の同僚教師が授業を公開したが、その授業には現在ジュ先生が哲学を教えている生徒たちがいるクラスであった。ジュ先生の哲学の授業での生徒たちの姿を、数学の授業を受けている生徒たちの姿に重ねながら授業を参観すると、生徒一人ひとりに対する新たな発見が多くあった。哲学の時間には目を輝かせている生徒が、数学の授業では仲間に依存的になり、活動に対して躊躇う場面もあり、反対に、哲学の授業では発言をしない生徒が、数学の授業では積極的に仲間を支えていた。そして、数学の公開授業で、生徒たちはより自然な形で協同的な活動を行っていた。そしてその公開授業で生徒たちが協同的な学習に集中できた理由は、数学の能力や先行学習において多様な背景を持った生徒たちが誰でも挑戦したくなるような魅力的な課題を提示したからではないかと考え、公開を行った同僚教師の課題の創り方から学びたいと思うようになった。生徒の多様な学びの姿を発見し、同僚教師の授業を通した自身の授業の発展可能性を期待できたことは、ジュ先生に教師としての幸福感をもたらした。

　以上のようなきっかけを通して「学びの共同体」を自身の授業の中で実践しようと決めた教師たちは、実際の実践過程でどのような経験をしているのだろうか。教師たちの語りの中で度々登場していた実践過程で経験する困難の1つは、「報償のない学習は可能なのか」という問題である。数学科のコ先生は、F高等学校へ赴任する前から、教師の教育運動団体や「革新学校」が開催する「学びの共同体」関連の研修に参加した経験を持つ。また前任校で、関心のある同僚教師に声をかけ、「学びの共同体」としての授業づくりに関する勉強会を組織し、どのように実践することができるかについて悩んできた。コ先生を始め、勉強会に参加した教師たちは、「講義式の授業」や「教師中心の授業」から抜け出し、生徒を中心とした学びと生徒間の協同のある学びへと転換することを願っていた。しかし、これまで教師が主導する授業に慣れていたコ先生は、どのように生徒の中から学びを起こすことができるのか、生徒間の学び合いを生起させることができるのかが全く分からなかった

第7章 「革新学校」における校長と教師の学校文化の革新への追求　225

と振り返る。

　そのような中、教師たちは韓国の学校で普及している「協力学習 (cooperative learning)」[16]の理論と実践に出会うようになる。「学びの共同体」の授業づくりにおいては、「学び」や「学び合い」、また教師と生徒の関係性に対する哲学的な部分は強調されているが、具体的に、授業の中で教師がどのような方法で学び合いを導きだせばいいのか、詳細な方法論が示されていないため、教師たちは実際の授業をする上で戸惑いを覚えていたという。それに対して、協力学習は、グループ学習における生徒一人ひとりの役割や教師の段階別の役割が構造化されて提示されているため、グループ学習を本格的に初めて開始する教師にとっては実践しやすい面があった。協力学習によるグループ学習が徐々に形になっていく中で、教師たちはジレンマに陥るようになる。協力学習においては、課題を達成できたグループにに対して言語的また非言語的な形で「報償」が与えられる。コ先生の場合は、課題を達成できたグループや個人に対して言語的に褒賞を与えるか、プリントにスタンプを押してあげることで、グループ学習の動機を維持していたという。しかし当初出会った「学びの共同体」における協同学習は、外部的な報償で生徒の学習を左右するものではなく、生徒間、教師と生徒間に結ばれた関係性と高い課題への挑戦によって実現するものであった。コ先生はF高等学校への赴任をきっかけに、「報償」の部分を果敢に捨て、生徒－生徒間、教師－生徒の支え合いの関係と高い課題への挑戦を中心とした「学びの共同体」に立脚した協同学習に挑戦することを決めた。しかし、結果は惨憺たるものであったとコ先生は語る。前任校の生徒たちはF高等学校の生徒に比べ全体的に学力水準が高く、グループ学習の課題と役割が与えられればある程度参加をしていた。しかし、学力の水準と意欲の水準が全体的に低い同校の生徒たちは、グループ活動を導入しても、参加度が低く、提示した課題に対する理解度も著しく低かった。グループ内のほぼすべての生徒が課題を理解できないので、協同が起きなかったという。ある日コ先生は、生徒たちに、「この数学の授業を通して、数学的に思考する楽しさを、仲間とともに味わって欲しくて、苦戦しているが、上手くいかないので苦しい思いをしている」と正直に伝えたと

いう。そして臨時的な対策として、グループ内の学力レベルを教師が人為的に調整すると発表した。それ以来グループ内に1人か2人、数学に興味があって理解水準が高めの生徒を配置した上で協同的な学習を進めている。以前よりは少しずつ学習の中で生徒たちの協同が起こり始めた。しかし、グループの人為的な構成や、スタンプなどの外的な動機を取り入れていることには躊躇いを感じている。

　勉強会に参加している他の教師も、学習や協同的な取り組みに対する生徒の動機を自然な形で引き出すことが本当にできるのかについて疑問を持っていた。社会科のミン先生は、「高等学校では、教師が大学受験で生徒の動機を駆り立てるのがあまりにも一般的になっている。『この問題は大学修学能力試験に出るよ』という言葉で、授業に集中させることもしばしばである」と語る。また勉強会に参加している大部分の教師が、生徒たちの授業への参加の度合いを上げるために、課題をクリアした生徒個人やグループにシールやスタンプを与えるという外部からの動機づけを用いていた。教師たちは、「大学受験」と「外部からの報償」という生徒への動機づけ方略を自身の授業から取り除くことに恐れを抱いており、生徒間、教師と生徒間の関係性と、高い水準の学習課題への挑戦だけで質の高い学習を実現するという「学びの共同体」が目指す授業のあり方を理想的に思いながらも、それに対する確信は持てていない様子が窺えた。

　学習の動機をどのように捉えるかという問題以外にも、生徒が学び合い、教師が学び合う学校空間を築く上で教師たちが感じている困難には、「高3の壁」がある。大学受験が人生の一大事と捉えられる韓国の高等学校において、3年生の授業で何か新しい取り組みを始めることは至難であるという。高等学校3年のときは、教師も生徒も、大学受験対策に十全に取り組み、授業は主に生徒に修学能力試験の問題を反復的に解かせ、正解を開設する形で進められる。こういった状況で、高等学校3年生の教室で学び合いの授業を実践すると、生徒にクレームを言われるだけはなく、親からの不安や不満の声を寄せられるという。F高等学校では、もちろん全学年において競争主義的で大学受験対策に偏重した授業を乗り越える実践をするという方向性を打

ち立てているが、高等学校3年生については、大学受験や親の反応を気にせざるを得ないと、校長も教師たちも語る。また、高等学校3年生を担当している学級担任や教科担任の教師たちも、他の学年より遅い時間まで進められる3年生の授業に対応していたら、授業研究会など校内研修への参加が難しい場合が多いという。

教師たちが感じているもう1つの困難として、同校が「革新学校」であるために課せられる授業や授業研究以外の負担が挙げられていた。「革新学校」そのものはもちろん、F高等学校が掲げている授業を中心とした教職専門性の向上のため、公開授業や授業研究会が行われていることは望ましいが、同校は教職専門性の向上だけではなく、生徒の人権プログラムを始めとする教育プログラム、進路指導、保護者と生徒との相談、親や地域住民との懇談会、他校からの参観者や取材への対応、「革新学校」の拠点校としての研修の開催など、さまざまな役割に対しても同程度のフォーカスが置かれているという。この日の研究会において教師たちは、「教師の協力は、授業と生徒たちの成長を媒介として行われるべき」であるとし、他の業務を削減してでも、授業を中心とした教師の協同により重点が置かれるべきであると考えていた。その点については、校長がリーダーシップを発揮して、授業と授業研究を中心に他の学校イベントや業務を削減して欲しいと希望していた。

第6節　F高等学校の学校改革の課題と成果

F高等学校は競争的で個人主義的な学校文化から、協同と対話を中心とした授業と学校運営へと革新する取り組みを進めることを通して、他の多くの学校に新しい学校教育のあり方を示す役割を果たしている。開校当初のさまざまな困難にもかかわらず、現在では、革新高等学校に限らず「革新学校」全体の中でも、成功的なケースとして位置づけられている。一方で、実際学校改革に関わる校長と教師の語りからは、多くの困難を読み取ることができた。カン先生と教師が実際学校文化を変える挑戦をする中で出会う大きな課題の1つは、学校改革の取り組みに対する親の共感を導き出し、親を協力

者とすることである。特に非平準化であるこの地域で、比較的学力が低い学校が生き残る方法がある、とカン先生は語る。それは、生徒たちをなるべく長く学校にいさせることだという。夜間自律学習を実施し、放課後に色々なプログラムを開き、土曜日にも何かの理由をつけて登校させたら、親たちは学校から色々してもらっていると感じ、教師たちも教育に熱意を持っていると捉えるようである。しかし学校に長くいるからと言って、生徒たちが学び、成長しているわけではない。逆に、生徒たちを学校に長時間拘束すればするほど、生徒たちは荒れていくことを経験してきた。生活指導の側面では、厳しく細かい校則を提示した方が、親は学校を信頼してくれる[17]。

しかしF高等学校は、そのような強制的で処方的な指導を行わないことを校長も教師たちも決意した。たとえば、他の学校は3回校則を違反したら停学処分をするところを、F高等学校では、3回説得して、それでもルール違反をしたら、教師と一緒に登山をする。教師が統制や管理ではなく、対話と理解を通して生徒たちを指導しようとしているのである。しかしこのような方法は、親に容易には理解してもらえない。

F高等学校が目指している授業を変える課題についても、同様のことが言える。同校では受験対策的な授業、また、教師による説明と暗記を中心とした授業から、グループによる協同学習、生徒が主体となる授業への転換を試みている。このような授業の転換の趣旨を親に説明する際に、親たちは学校の大きな方向性やヴィジョンについては共感してくれるという。ところが、大学進学の問題となれば、親たちの中からは「グループでの学習で本当に受験に必要な学力がつくのか」、「先生による説明の方が学力向上においてより効率的ではないか」という疑問の声が頻繁にあがるという。このような現実を目にしながら、カン先生は、「管理と統制を中心に動く学校以外の学校文化を経験したことがないために、『共に生きる』、『学び合う』ことのメリットと楽しさを分かりあえない親たちを、いかに学校改革の協力者、味方にするかが大きな課題となっている」と語る[18]。

管理と統制を動機とした生徒指導、受験対策に偏った授業にとらわれているのは、親だけの問題ではない。このような学校のイメージは、韓国の学校

が幕を開けたときから現在まで、少なくとも半世紀以上にかけて蓄積されてきたものである。特に高等学校は、初等学校や中学校に比べて、韓国の教育のシステムが持っている問題が最も先鋭化する学校段階であるとカン先生は考える。学校文化を変えることが最も難しいが、変化の必要性が最も高いのも、高等学校である。「革新学校」である同校が、公教育の新たなモデルを提示するためには、生徒との対話、多様な体験活動だけでは十分でないと認識している。幸せな学校、楽しく学べる学校にとどまるのではなく、高等学校の重要な役割である進学や就職においても実績をあげなければならない。「長い間韓国の高等学校において蓄積されてきた負の文化を乗り越え、生徒も教師も幸せな学校をつくりたい。そして高等学校も変わりうるということを地域の学校に示したい。これまでの高等学校が、成績の良い少数の生徒だけが成功できる学校であったならば、学校構成員の誰もが成功できる学校をつくりたい」。そのような夢に向けたカン先生と教師たちの挑戦が続けられている。

　開校から3年が過ぎ、入学してきた生徒たちも卒業を迎えた。第1回卒業生は116名だったが、そのうち108名が大学に進学した。合格者の半数以上は、韓国内で質の高い大学が集中していると言われるソウル、京畿道、仁川など首都圏の大学に進学したという。この結果は、学校開校当初の状況を考えると目覚ましいものであり、韓国のいくつかのメディアも、「革新学校」の成果として報道している(『ハンギョレ新聞』2013年6月2日；『京郷新聞』2013年1月1日)。ある新聞は、F高等学校の在学生や卒業生へのインタビューを通して、「革新学校」であり困難な状況の中で新設された同校の成果を報じている。在学生からは、「中学校のときは先生が一方的に話すのを聞くだけでした。でもこの学校では小グループになって授業をするので、私でも参加することができました。自分も勉強をしている、ということを初めて感じました」、「この学校では勉強をしているというよりは、勉強をする方法を学んでいる気がします。」などの声が聞かれた。

　2013年2月に卒業した第1回卒業生たちは、「中学校のときは、成績が落ちたら教師や親、友だちから無視されることが多かった。しかしこの学校に

来て、自分も歓迎されているんだということを初めて感じた」、「1年生のとき、1ヶ月以上家出をした後、学校を退学になるかも知れないと思った。しかし学校に戻ったときに先生は『どこに行っていたの。よく戻って来たね。また一緒に頑張ろう』と声をかけてくれた。授業中に寝ていたら10回以上起こしてくれた先生もいた。『勉強して』ではなく、『学校においで』と言ってくれた。そのような教師のおかげで、学習への意欲も湧いた」と高等学校時代を振り返る。

　F高等学校は、公立の一般高等学校でありながら、非平準化地域の中の新設校、さらに「革新学校」という特殊な環境の中で学校改革をスタートした。周囲の名門校とは違い、希望して入学してくる生徒たちはほとんどいない。さらには、学力や生活上困難を経験している生徒が多いという厳しい環境でのスタートとなったが、管理職と教師たちの、生徒一人ひとりを大切にし、質の高い授業を行う学校にしたいという熱意は、地域の教育庁に支えられ、少しずつ、実を結んでいた。カン先生が悩んできた韓国の学校の権威的、競争的、閉鎖的な側面は、未だに韓国の学校文化の主流かも知れないし、F高等学校の実践は、「特殊なケース」と見做されてしまうかも知れない。それにもかかわらず、「成績ですべてを判断される」、「勉強ができる子だけが尊重される」学校文化の中で傷つき、挫折した生徒たちが、この学校で自信を回復し、将来への希望を見出したことは、同校の学校改革の貴重な成果であることは間違いないし、韓国の今後の教育改革が参考にすべき結果であるだろう。

注

1　16の広域自治体のうち、ソウルと釜山を含む7の地域は完全平準化地域、江原道と忠清南道は完全非平準化地域、京畿道を含む他の7の地域には平準化している行政区とそうでない行政区が共存している。京畿道の場合、11の市郡は平準化されているが、21の市郡は非平準化地域である。平準化は段階的に進められる方向にあり、F高等学校が所在している龍仁市も2015年度から平準化地域に編入されることが確定している。

2　F高等学校「F高教育課程計画書－参加、コミュニケーション、信頼の学びの共

同体」(2014年)。
3 「参与疎通教育の会」は、「学びを通して成長し、共有を通して幸せになる学校づくり、ケアと癒しを通して子どもたちの成長を助ける教師となるために緊密なネットワークを構築し、教師、生徒、親、ひいては地域社会とコミュニケーションしながら教育の本質を追求」するために組織された、学校を越えた教師のネットワークである。(「参与疎通教育の会」ホームページより。http://www.chamtong.org/moim/association/AI017_VP_002.do?comtySeq=C20081225162509319086、2015年1月10日取得。)
4 2011年5月24日カン先生に対して実施したインタビューによる。
5 2011年5月24日カン先生に対して実施したインタビューによる。
6 F高等学校「F高教育課程計画書－参加、コミュニケーション、信頼の学びの共同体」(2014年)。
7 F高等学校ホームページより。2014年5月2日取得。
8 2011年5月24日カン先生に対して実施したインタビューによる。
9 F高等学校「F高教育課程計画書－参加、コミュニケーション、信頼の学びの共同体」(2013年)。
10 同上。
11 F高等学校「2013年度第2回公開授業」(2013b年)から、筆者が要約して作成した。
12 実際ある高等学校で使用されている授業評価書(http://cafe.naver.com/gamsa-sam/2029より)。
13 F高等学校「F高教育課程計画書－参加、コミュニケーション、信頼の学びの共同体」(2014年)より。趣味サークルは除いた。
14 2011年5月24日カン先生に対して実施したインタビューによる。
15 2011年5月24日カン先生に対して実施したインタビューによる。
16 Kagan, S. & Kagan, M., *Kagan Cooperative Learning*, Kagan Cooperative Learning, 1997.
17 2011年5月24日カン先生に対して実施したインタビューによる。
18 2011年5月24日カン先生に対して実施したインタビューによる。

第8章　学校改革における教師の経験
―「学び合い」を中心とした授業への転換

第1節　課題設定

　学校改革が教師や管理職、そして子どもにとって真に意味のある変化となるために、学校教育の変化のプロセスに学校構成員が積極的に関与することが必要であるということには異論の余地がない。その中でも、学校教育の変化を主導する最も重要な主体は教師である。教育改革の言葉が、学校の現実や教師の要求とは遊離し、改革の言葉だけが独り歩きしている現状について本書では指摘してきた。学校教育の変化は、学校と教師と子どもと離れたところで語られるべきではなく、学校構成員の日常的な学びと成長に資する方向で展開し、教師と子どもの言葉として学校と教室の固有の文脈に根ざしたものでなければならない。特に学校教育における変化が学校構成員にとって有意味でかつ持続可能であるためには、教師が日々の教育実践をいとなむ中で感じる変化への要求が動機となり、教師と子どもの日々の学習と成長を支援する方向性における改革の方略が用いられるべきである。教師と子どもの実質的な学習と成長とかけ離れたところで語られ、考案された教育改革のアイデアと方略は、教師を多忙への追い込み、アイロニカルにも教師の日々の教育実践の充実と専門家としての成長を阻む方向へと展開される場合も少なくない。

　それでは教師が学校教育への変化への動機を持ち、日々の実践を変化させるための、納得された理念や方略を用いて行われる学校改革はどのような様相を示すのか。本章では、自らの教職生活を通して授業や子どもとの関わり

に違和感を持ちそれを変化させるために具体的なヴィジョンと方略を追求し実践している1人の高等学校の教師にフォーカスを当てる。そして、その教師が、(1)置かれた固有の状況の中でどのような変化の必要性を感じてきたのか(学校改革への動機)、そして(2)変化のためにどのようなヴィジョンと方法を採用したのか(学校改革のヴィジョンと方略)、最後に(3)変化を現実のものとする中で直面した困難は何であり、どのように乗り越えたのか(実践過程における困難と授業改革の可能性)について、その教師の固有の物語に即して検討したい。対象となる教師は、前章の事例で登場した京畿道のF高等学校に勤務する理科の教師であるユ先生である。ユ先生は2014年度に教職13年目を迎えた30代女性の教師であり、教職生活を通して感じていた授業や子どもとの接し方に対する違和感や葛藤を背景に、授業の改革に着手し、同僚教師とともに学校改革に取り組んでいる。ユ先生が授業改革及び学校改革のための方向性と方略として採用しているのが「学びの共同体」としての学校改革である。2010年の日本の「学びの共同体」実践校への訪問をきっかけに「学び合い」を中心とした授業を実践し始め、2011年にF高等学校に赴任し教育研究部長として学校単位における「学び」を中心とした授業公開と校内研修の組織と実践に関わっている。本章ではユ先生の2010年度から2012年度における学校改革の経験に即して、上記の3つの課題、つまり、学校改革の動機、学校改革のヴィジョンと方略、そして実践過程における困難と授業改革の可能性について検討することとする。ユ先生の学校改革の物語を紡ぎ出すための資料として、2010年5月17日、2010年9月30日、2011年5月24日、2012年4月23日に実行したユ先生への集中的なインタビュー記録と、ユ先生が自信の授業改革について記述した文章を参考にした。

第2節　授業と学校の改革に取り組むようになった背景

ユ先生は2014年度に教職13年目を迎えた30代女性の教師である。京畿道内の公立中学校で化学を教えていた先生は、2011年度に開校2年目のF高等学校に異動することになった。異動を簡単に決めたわけではなかった。

同校は新設学校であると同時に「革新学校」であり、入学してきた生徒たちの中には学力や生活の面で困難を抱いている生徒が多いということをよく理解していた。異動について悩んでいたとき、周囲の同僚、特に先輩教師たちは、「大変だろうけど、教師として成長できる」と励ましてくれた。ユ先生が教職に入って10年間勤務した学校は、学力や生活面で困難を抱いている生徒たちの割合が高い学校だった。学校文化や授業が変わらなければならないと感じる場面は多かったが、問題意識を共有し、変化のための実践を共にする仲間を校内で見つけるのは難しかった。そのような中、授業や生徒指導に関して研究を共にしてきたF高等学校校長のカン先生の進める学校改革の哲学に共鳴し、異動を決心することになった。恐れとともに期待感を抱いての異動だった。ところで、ユ先生は、これまでの教職生活の中で、学校と授業を変なければならない、という思わせるさまざまな経験をしてきたという。実は、ユ先生はF高等学校に赴任する1年前の2010年に、自身の教育観が大きく変わる経験をする。その契機を与えてくれたのは、日本において進められている「学びの共同体」としての学校改革を実践している学校への訪問であった。しかしユ先生の授業や生徒に対するまなざしの転換は、日本への学校訪問という出来事によって突発的に行われたのではなく、転換の基底には、教職生活を通して蓄積されてきた学校や授業、そして教師のあり方に対する疑問や葛藤が存在していた。ユ先生が抱いていた学校教育のあり方に対する違和感や葛藤は、「学校の子どもたちに対するまなざし」、「教師間の関係」、「授業における教師－子ども間の関係」という3つの領域において主に生起するものであった。

　まずユ先生は、これまでの教職生活を通して、教師たちの子どもに対するまなざしに違和感を覚えていた。たとえば、以前勤務していた公立中学校の教室の窓には、開閉ができない網戸が設置されていた。全校の教室の窓に網戸を設置するようになった理由は、子どもたちが教室の窓から外へゴミを投げ捨てることが日常化し、それを防止するためだったという。学校で子どもたちが問題となる行動を頻繁に起こした場合、学校側は時間をかけて彼、彼女らを説得し、教育することで問題を解決しようとするよりは、物理的に子

どもたちの行動を制限する場合が多かった。教師たちも、子どもたちの問題となる行動への対処に疲れてしまい、子どもたちとの対話や教育にエネルギーを注ぐことを躊躇していたという。管理と統制という方法以外に、子どもたちの態度や行動に変化をもたらす方法はないのかについて、先生は悩み始めた[1]。

　また、同僚教師間の関係性についても違和感を覚えていた。同じ学校に勤務する教師たちとは、決して仲が悪い訳ではなかった。一部の同僚教師たちとは趣味を中心とした同好会や食事会などで交流を深めることがあるが、授業や生徒指導をめぐって悩みを共有したり研究交流をすることはなかった。ユ先生へのインタビューの中には、教師間の関係の断絶を物語るエピソードもあった。前任校にある新任教師が赴任した。前任校では、学年全般に言えることだが、3年生については特に、「教師が授業で生徒を掌握しなければならない」という暗黙の合意が形成されていた。そしてその新任の教師は、「生徒を掌握する」ことに苦労し、毎時間、その教師の授業中には子どもたちが教室を歩き回るという事態になっていた。このことは管理職や他の同僚教師にも知られるようになる。ユ先生もこれを知り、新任の先生を助け、支えたいと思っていた。しかしそこには大きな壁があった。「同僚教師の授業に口を出す」のはタブー視されているのである。問題を抱えている本人も、周りで問題であると感じている人も、それを語ることはしない。相互に授業を公開し、自分の授業の詳細を曝け出すことは簡単ではない。他の教師の授業に干渉しないことが、同僚教師のプライドを尊重することであると考えられている側面もある。このようにユ先生と同僚教師たちは何重もの「暗黙のルール」は共有しながらも、それを明るみに出して、共に語り、解決に向かうということはしてこなかったのである。ユ先生は教師間の交流の必要性を感じ、前任校において、自主的な研修を呼び掛けたこともあるが、同僚教師の勤務時間以外に時間を費やすことに対する抵抗は大きく、実現には至らなかった[2]。

　また、日々の授業の中での教師と子どもたちの関係性についても、もどかしさを感じていた。しかし授業の中での教師と子どもの関係に違和感を覚えたのは最近であり、「もともとは授業に関しては自信を持っている方だった[3]」

と語る。「授業の中で、子どもたちの好奇心を刺激し、ときには面白い話をして笑わせ、興味を引くこともできるし、人前で話をすることもどちらかというと得意である[4]」という。そのようなユ先生は、子どもたちからも同僚教師からも、「教え方が上手い」、「授業が面白い」という評価を得ていた。教師として、授業に関する自己効力感が高いと言える。しかし学校外の教育関係者と交流をしたり、海外の学校の事例に接する中で、自身の授業は外面的には上手くいっているが、子どもたちとの相互作用や対話はほとんど起きていないということに気づいた。教師は流暢に授業を進めるが、子どもたちは観客のようにそれを見ているだけだと感じたのだ。子どもたちの表情はまるで、テレビに映っている有名講師の話を聞いているかのようだった。授業中子どもたちとのコミュニケーションが全くないわけではなかった。授業中によく発言し、反応をしてくるのは、クラスで学力が高い子どもたちだったため、彼、彼女たちとはやりとりをしていた。授業についてくることができない子どもたちが、授業中に何の言葉も発しないこと、教師とのやりとりがないことに違和感すら持っていなかったという。しかしこのように教師側の発信が授業のほとんどを占め、子どもたちとのコミュニケーションが希薄な授業は、どこか問題があると自覚し始めた[5]。

第3節　授業の改革のきっかけと授業観と子ども観の変化
―F高等学校における「学びの共同体」としての授業改革の始動―

(1) 授業と子どもへのまなざしの変化と葛藤

　ユ先生は誰よりも教職に対するプライドと、子どもの教育に対する熱情を持つ教師であり、日々の教師としての仕事を楽しむ教師であった。しかし前記のような教職生活における違和感は、ユ先生自身の授業や子どもへの接し方に対する省察を促した。自身の教育実践を具体的に省察するきっかけを、日本を中心として展開し、韓国でも活発に実践が進められ始めていた「学びの共同体」としての学校改革が与えた。ユ先生が自身の教育実践を振り返る上で最も大きなインパクトを与えたのは、2010年1月、日本の学びの共

同体実践校を訪問し、教師と子どもたちの学びと成長の様子に直接触れたことである。訪問校の授業や教師の研修においては「教師がどのように教えるか」ではなく、「子どもがどのように学んでいるか」、「子どもがどのように共に学んでいるか」、そして「教師はどのように子ども一人ひとりの学びと協同的な学びを支えるか」といった観点が徹底されていたことに衝撃を覚えた。当時の訪問を振り返って、ユ先生に最も響いたのは、「私は教えたけれど、もし子どもたちが学んでいないなら」という問いであったという。「どのように教えるか」という問題については絶えず悩み、研究してきたが、「子どもがどのように学んだか」といった観点は、これまでのユ先生の教育実践の中であまり意識されてこなかった。新しい観点に出会って、これまでの授業のあり方を反省するユ先生の語りからは、これまでの観点と新しい観点との間の衝突も垣間見える。

　　「私は、良い先生になるためには、よく教え、多く教え、面白く教えるべきであると考えていた。どのようにすれば子どもたちがよく理解できるように説明できるのか。どのようにしたら子どもたちがつまらないと思わないように、面白く説明できるだろうか。どのようにしたら多くの内容を、与えられた時間内に最大限教えることができるのか。授業に関する私の悩みは、子どもたちは知識を受け取り、教師は伝える、といった枠を超えていなかった。子どもたちには知識が不足しているため、私が教えてあげなければ解決できない、という強い思いがあった[6]。」

　各種研修と教材研究を通して子どもたちにどのように「よく教えるか」について悩み、授業の準備をし、よく準備された授業計画を持って子どもたちの前に立った。それにもかかわらず子どもたちの学習が進まないのは、教師の問題ではなく、子どもたちの学習の基礎が足りないか、学習への熱意がない、あるいは学習に対して怠惰であるからといった、子どもたちの問題であると認識してきたのである。しかし2010年1月の日本への訪問で「子どもがどのように学ぶのか」といった観点に徹した教育実践に出会ってから、3月

の新学期を迎えたときに、授業の準備を完璧にした教師の姿で再び子どもたちの前に立つことに躊躇いを覚えたという。教師の声が大部分を占めていた授業、そしてそのような授業が当たり前であると捉えていた教師の観点をどのように変化させればいいのか。そのような新たな問いを抱えつつ、授業づくりと子どもたちとの関係づくりの見直しを行った。ユ先生は授業や子どもとの関係づくりにおいて、「教師がどのように教えるか」、「教師がどのようにアプローチするか」ではなく、「子どもがどのように学ぶか」、「子どもの声にどのように耳を傾けるのか」といった観点の転換を経験し、それを自身の授業の中で実践することを始めた。しかし当時勤務していた中学校でこのような授業改革の課題を共有できる教師を見つけることはできず、実践の中で直面する困難を交流する場は、学校を越えた形で持たれている「学びの共同体」研究会や以前からユ先生が関わっている教師の自主的研究ネットワークである「参与疎通教育の会」に求めていた。そうしているうちに、2010年開校したF高等学校の校長を始め同校の教師から、子どもを中心とした民主主義的な学校づくりに共に取り組まないかという提案を受けるようになった。

(2) F高等学校への異動
―「学びの共同体」の構築に困難を覚えた1年目

　教職生活の中で遭遇してきた、子どもと同僚教師の間を塞いでいるさまざまな壁を、この学校でなら、同僚と共に壁を少しずつ崩していけるのではないかという期待を抱いて、2011年、開校2年目のF高等学校へ赴任した。そこでは1年早くから学校改革に着手していた教師たちが、子どもたち一人ひとりと向き合って、学習や進路のきめ細かい指導を行っていた。ユ先生が赴任した当初教師たちはとても多忙に見えたという。ユ先生自身も、赴任して2ヶ月の時点で、前任校では1年間で行う相談件数をこなした。学力の基礎が確立していない子どもも多く、授業中に机に向かってさえいれば、鉛筆と教科書さえ出してくれればそれでいい、と思える教室も少なくなかった。授業中だけでなく、休み時間や放課後も使って子ども一人ひとりのための学習、生活、進路のケアを行う、という学校の方針に従って実践を行うのは、

簡単ではなかったが、管理職と教師が一丸となって、取り組んでいることもあって、短い期間でも手ごたえを感じつつあるという。小学校、中学校と進む中で、勉強や将来について自信を持てなくなってしまった子どもたち、教師との関係の中で不信感を募らせている子どもたちに、少しでも希望を持ってもらいたい、必ず良い大学に進めないとしても、将来に対して肯定的な視野を持ってもらいたい、と願いながら先生は実践をしている。子どもたち一人ひとりに応じたきめ細かい学習と生活、進路指導、同僚教師での授業研究、「革新学校」の拠点学校としての学校公開や説明会といった行事など、教師たちは大量の業務をこなしていた[7]。

「参加とコミュニケーションを通した希望と信頼の学びの共同体」をヴィジョンとして掲げる同校には、子どもたちの参加とコミュニケーションが充実した授業と学校生活を創造するためのプログラムが多数準備されていた。また、個々の教師の関心に応じて、授業の中で子どもの参加やコミュニケーションを促すためのさまざまな方法論が受け入れられていた。ユ先生のように「学びの共同体」としての学校改革といった改革のヴィジョンと方略を実践する形で変化を追求している教師もいれば、特定の学校改革のヴィジョンや方略を実践するのではなく、自身のこれまでの実践経験に基づいて新しい授業のあり方を模索する教師もいた。また、「学びの共同体」以外にも、「協力学習の理論」[8]や「教育人類学に基づいた授業批評」[9]、「フィンランドなどの北欧の教育実践」など学校改革をめぐるさまざまなアイデアが同校の学校改革の方向性を語り、考える上で参照されている。校長のカン先生も参加とコミュニケーションがある民主主義的な学校といった揺るぎない学校像を中心に据えた上で、それを実現する方法に対しては多様性を認めるスタンスである。しかし教師の研修や授業公開に関しては、「学びの共同体」が行っている公開や研修のスタイルに賛同し、同校の公開授業や授業研究会の重要な参照例としている。また「学びの共同体」を自ら実践しているユ先生を赴任初年度の 2011 年度から 2012 年度にかけて教育研究部長として任命することで、同校の公開授業と研修スタイルの基礎を築く上で「学びの共同体」としての学校改革が参考にされた。ユ先生は教育研究部長として学校内の公開授

業や研修の基礎づくりをするだけではなく、「学びの共同体」としての授業づくりに賛同する教師たちを集め、校内にインフォーマルな勉強会を組織した。この勉強会は、2011年から現在まで隔週に1回の頻度で開催されている。

　このように学校内において「学びの共同体」としての学校づくりを精力的に推進しているユ先生であるが、F高等学校に赴任後、自身の授業の中に「学びの共同体」を築くことには苦労をしたと振り返っている。特に同校の子どもたちの基礎的な学力が著しく低く、学習に向かう習慣が形成されていないこともあり、赴任して初めて授業をしていた頃は、授業開始時に子どもたち全員が教室に揃っていることが少なかったという。欠席している子も多く、授業に遅れて席に着くことが日常化している子どもたちだった。また、文字を読むことに慣れていない子どもが多く、「学び合い」を実現するのはとても遠い課題のように思えた。先生は、まず子どもたちが授業時間に席に着くことができるように子どもたちを励まし、教科書を一緒に読む練習を反復的に行いつつ、学び合いに向けて実践を始めた。「学びの共同体」を自身の教室に構築するために、ユ先生は授業のあり方、教師のあり方、子どもたちの関係のあり方など、教室の文化を1つひとつ変えていくための努力を行った。まずユ先生の理科の授業におけるコンセプトを「自ら学び、共に成長する理科室」と決め、先生がいつも授業を行う理科室にこの文句を掲示した。理科の授業において「学びの共同体」を実践するために「(1) わからなければ自分から仲間に聞く、(2) 聞かれたら教えてあげる、(3) 互いの声をよく聴く、(4) 声のトーンを下げる、(5) 自分の考えを表現する」という方針を日々の授業で意識するように子どもたちと共有した[10]。しかし現実的には変化のための努力が実を結ぶことは望めず、実践の過程の中で、何度もこれまで採用してきた授業方式である教師による一方的な講義形式に戻したいという誘惑に陥った。赴任初年度の2011年の1学期を終え、自身の授業改革の実践を振り返る文章でユ先生は次のように記している。

　「F高等学校で1学期間行った授業を振り返ると、『どうすればいいだろう』を毎日口癖としていた、苦悩の日々だったように思う。基礎学力

があまりに不足している子どもたちに、グループ活動は可能なのか。講義式で説明してしまった方がいいのではないか。それでも最後まで学びの共同体を実践するために努力せざるをえなかったのは、子どもたち一人ひとりの学びを保障することが、私の一方的な説明だけでは不可能であることを知っていたからである。子どもたちの学びを保障するための教師の悩みは、教師には重要な悩みであると思える[11]。」

教師自身の子どもと授業を見る観点を変えること、そしてそれを授業において現実のものとすることの難しさを日々経験しつつも、ユ先生は「学び合い」の関係を教室の中に構築することを諦めず、試行錯誤を重ねていった。

第4節 「学び合い」へと向かう子どもと教師の変化
―F高等学校での実践2年目

(1) 子どもたちの「学び合い」への道のり―葛藤と変化

F高等学校に赴任して初年度に、「学び合う関係」を教室の中に築く課題は、ユ先生にとって困難な道のりだっただけではなく、子どもたちにとっても受け入れるのが難しかった。初年度の1学期の授業に対するフィードバックを子どもたちから受け取った結果、学力の高低を問わず、子どもたちはこれまで受けてきた教師による講義形式の授業に戻して欲しいという希望を表出していた。講義形式の授業にして、その授業に興味があり意欲がある人は参加し、そうでない人にまで参加を強要しないで欲しいというのが大部分の子どもたちの言い分であった。1学期間教室の中に「学び合う」関係を築くための努力にもかかわらず手ごたえを感じられないまま1学期が終了したが、それでもユ先生は教師の一方的な講義よりは、子どもたちが参加して学ぶ授業が長期的には子どもたちに大きな成長をもたらすということに対して確信を持っていたため、2学期にも協同的な学習を授業に導入することを決意した。2学期には、1学期のときよりは子どもたちの間に信頼関係が形成され、授業の中で互いの声に耳を傾け、わからないことを聞き、それに応答する関

係性が見られるようになった。2学期を終えて子どもたちに授業のフィードバックを受け取った結果、小グループによる協同的な学びが子どもたち自身の学習に役に立っているという実感を得ていることが明らかになったという。子どもたちは初等学校時代から、教師が教科内容を整理し、説明してくれることに慣れている。彼ら、彼女らはその整理された情報や知識をもって暗記することで「勉強した」という感覚に慣れている。したがって最初に協同的な学習を実行しようとすると、自ら問いを持ったり、他人にわからないことを聞いたり、わからないことを一緒に考えることに違和感を覚えることが多い。教師が答えを教えてくれるまで待つ子どもも多い。そのような状況で、教師がまず子どもたちの自ら学ぶ力、問いを持つ力、子ども同士で解決できる可能性を確信し、忍耐強く待ってあげることが重要であることに気づいていったとユ先生は振り返る[12]。

　赴任2年目になり、協同的な学習を授業の中で続ける中で、子どもたちの大きな成長に出会うことが増えていった。ソンミン[13]という子どもは、ユ先生が赴任1年目のときに1年生だったが、当時は授業の時間には突っ伏して寝ていることが多く、学校に適応することに困難を覚え、さまざまな問題を抱えていた。小グループの活動の時も、1人寝ていることが多々あった。しかし協同的な学習を続けて1年が経過した時点で、彼女は1年間最も学び合いにおいて大きく成長した生徒としてクラスメイトたちに認められたという。授業に参加し始めたソンミンは、自身もクラスの仲間に受け入れられ、難しい問題でも仲間に支えられるなら自分でも解決できるという経験を重ねたことが、自信につながったという。そしてその自信は学習への意欲につながった[14]。

　ユ先生がF高等学校に赴任して2年が過ぎ、教室の中に学び合いを組織することを、苦しいとは感じなくなってきた。教師も子どもたちも、わからない時に友だちに聞くこと、わからない課題を友だちと共に考えること、他者の声に耳を傾けることが、不自然なことではなくなった。それでも未だ100％の子どもたちが学び合う関係を通して質の高い学習をしているわけではない。中には「自分にはこの教科は難しすぎる」、「自分の将来には必要な

い」と言い、授業への参加を拒んでいる子どもが存在する。しかしそのような学習への無気力さを示していた子どもが、周りの子どもや教師に支えられ、学びへと向かっていく事例も数多く存在する。2014年に出会った1年生のミンソは、学習への意欲が低く特に理科の中でも物理を苦手としていた。ユ先生の授業である物理の授業で初めて出会ったミンソは、最初から物理の授業への参加を拒み、起こしても起きないほど深い眠りに入っていた。彼は高等学校を1年留年していたので、周りの子どもたちより年齢も上で、クラスメイトたちも容易に彼に近づくことができなかったという。しかし2学期に入ってミンソの学びに向かう態度は大きく変化していた。授業での教師と仲間とのコミュニケーションを一切拒否していたミンソは今では「先生、今日はグループ活動が終わったらひょっとしたら寝るかも知れないよ」と先生に言いつつも、決して学び合いを拒否することはないという。そのような彼の変化には1つのきっかけがあった。F高等学校は「革新学校」の中でも成功的な事例として取り上げられている上に、数少ない高等学校の「革新学校」事例であるがために、全国から多くの参観者、訪問者を迎えている。また、「学びの共同体」としての学校改革が国際的に注目を浴びるにつれて、東南アジアの教師や行政官を中心とした視察団が日本だけではなく韓国の実践校にも訪問をするようになった。2014年10月には台湾の視察団がF高等学校を訪れた。視察団はユ先生の物理の授業も参観したのだが、ミンソは海外からの参観者を前に、寝ることができず、その日の1時間の物理の授業に十全に参加した。その日ミンソは初めてグループ活動を経験し、難しい物理の問題を解決することに成功した。その日以来、ミンソは授業における教師と仲間とのコミュニケーションと学習を避けることがなくなった[15]。

　「学び合い」を自身の授業に導入して2年が経過した時点でユ先生が子どもたちから受け取った授業に対するフィードバックの中には、1人で学ぶより、仲間と学ぶことのメリットを経験した子どもたちの声が表現されていた。

ユ先生の「協同的な学習」の授業方法に対する子どもたちのコメント[16]

- 友だちと話をしながら考えると、自分が、何がわからなかったのかがより明確になる。
- 互いにわからないことやわかったことを共有することで、色々なことを学ぶことができる。
- わからないことを放置せず、わかるようになる機会が多い。
- わからないことを友だちから学んだり、友だちに教えてあげられるのがいい。
- 友だちにわからないことを聞いても良いということを知り、負担が減った。
- わからないことをめぐって友だちと一緒に考えることができる。
- 友だちの意見を通して、自分の意見とは異なる意見について知ることができる。
- 勉強が好きそうではない友だちも、自分も知らないうちに授業に参加していたのでそれが良い。
- 先生がすべて教えるのではなく、私たちの役割もあるのでこのような授業方法は意味がある。
- 対話しながら学ぶので、記憶に長く残る。
- 先生が説明するのをただ聞くだけではなく、友だちと話し合いながら考えるので、理解しやすく、記憶に長く残る。

「どのように教えるか」を悩み、実践する授業から、「子どもたちの間に学びを生起させる」ための授業づくりと教師の役割の模索への転換を経験して2年で、上記のような変化を導き出すことができたのは、ユ先生単独の力ではなく、学校生活全般において教師－子ども、子ども－子ども間の関係性を大切にするF高等学校の学校改革の方針があるからであるとユ先生は述べている。

「授業の中で決して見逃してはならないことが関係の問題である。『学びの共同体』の授業は、一方的に教える関係ではないので、子どもたちと教師の関係がさらに重要である。学びの関係を創っていくために切実に必要なのは、信頼と配慮に基づいた関係である。良い関係の中で、良い学びが起こる。F高等学校での授業では、その関係性が重視される。『こんなに一生懸命勉強したことはない』と言う子どもたちの変化のように、子どもたちと私の関係性も緊密であたたかくなっていっていることを感じる。これからの授業は、教師の熱情的な講義では十分ではない[17]。」

中学校までの学校生活において経験した挫折感、低学力、将来の展望の喪失で苦しむ子どもたちが多く在学するF高等学校において、困難な状況にもかかわらず学び合いの関係を築き始め、「1人で勉強するより仲間と共に学ぶことの楽しさと意味」を教師も子どもと実感できるようになった背景には、参加とコミュニケーション、ケアを重視した学校文化を創造しようとする同校の学校改革のヴィジョンがある。そして教室と教科の壁によって教師間の関係が断絶していることが多い韓国の高等学校の学校文化を乗り越えることを意識し、子どもの学びを中心として連帯する教師の取り組みは、子どもたちの関係性と学習に向かう態度の変化を支えていた。

(2) 教師の視点の変化と子どもを中心とした教師の協力の芽生え

子どもの学びを中心とした教師の連帯は具体的にどのように行われていたのか。F高等学校では、「学びの共同体」としての学校改革の理念と方略を参考にした授業公開と授業研究会を開校当初から持続的に開催している。そして授業公開と授業研究会における教師の意見交流以外にも、日々授業をする中で経験している困難や悩みを同僚教師と交流するインフォーマルな集まりも持たれているという。たとえば、ユ先生が教科の基礎や知識が足りない子どもたち、あるいは学習に対して意欲がない生徒たちについて悩んでいたとき、同教科の理科の教師たちとそのような悩みを共有する機会があったという。その話し合いで話題になったのは、「子どもたちが学ぶことを諦めるのか、それとも、教師が子どもを諦めるのか、どちらが先なのだろうか」ということである。そして教師たちは子どもたちが学ぶことを諦める前に、教師が「あの子は学べないだろう」、「あの子は学ぶことをすでに諦めたのだろう」という偏見を先に持ってしまっているのではないかという反省をしたという。そしてユ先生自身が、「学び」を中心とした授業をデザインし、実践する中で子どもたちから学んだのは、子どもたちはこれまで自ら学ぶ方法、共に学び、共に成長する方法を知らなかっただけで、学ぶことを諦めた訳ではないということであると振り返った。そしてそのような方法を知り得なかったの

は、教師たちが授業の中で「学び合う」場を十分提供してこなかったからであると語っていた[18]。

　また、特定のクラスの授業を担当する教師たちが自主的に連帯して、当クラスの子どもたちと子どもたちの学習を詳細に検討する自主的な勉強会を持った経験についてもユ先生は語っている。2012年ユ先生は1年生を中心に指導していたが、学年の中でも1年5組は、指導が困難であると感じるクラスであった。学力だけではなく、生活指導の面でも、そのクラスの指導に困難を感じている教師が多かった。教師の教え方ではなく、子どもの学びと成長を中心に授業を見つめる実践を公開授業や授業研究会で積み重ねているF高等学校の教師たちにとって、授業の中で経験する困難を共有すること、子どもの学びを中心に語ることは徐々に自然ないとなみとなってきた。1年5組の授業が困難であるということに口を揃えていた教師たちは、ある日の放課後に具体的な課題を共有するために集まった。1年5組に対する学習指導だけではなく生活指導に困難を感じていた教師たちは話し合いの中で「授業と生活指導は別個ではなく、授業の中でコミュニケーションや学習が進むようになれば、基本的な生活態度の問題も改善するだろう」という結論に至った。まず1年5組の担任の先生から子どもたちに対する情報を聞き、現在子どもたち一人ひとりがどのような状況に処しているのか理解できるようにした。そして、各教師が1年5組で授業をしながら「失敗したこと」ではなく、「上手くいったこと」について共有し始めた。どのようなグループ構成のときにグループ活動が進展したのか、グループ活動をよく支える子どもは誰なのか、苦手な子どもは誰なのかというように、具体的な学習の状況と子どもの特徴を中心にして協議を行った。具体的な授業の場面の中で、たとえば「ヒョンソンは数学の時間にAという活動をしたときに集中し」、「ミホは国語の時間のBという課題について発言をし」、「美術の時間にはスジ、ミンア、ユソク、ジェヒョンの班で創造的なアイデアが発表された」など、具体的な授業の場面の中の子どもたちの様子や反応について共有し始めた。このような「1年5組の事例研究」を数回重ねた。学期の初めには、1年5組の子どもたちは自ら「うちのクラスは『できない』クラス」と評価していた。しかし2学期のあ

る日、5組のある子どもがユ先生に「先生、教科の先生の中でうちのクラスを嫌がる先生はいないようです」と言った。1年5組の指導に困っていた教師たちも、5組の指導が楽しくなり、学びに積極的に向かう子どもが増えてきたという手ごたえを感じている。授業の中の子どもたちを細やかに見取りたいと思う教師たちの協力が、子どもたち一人ひとりとクラスの学習を変化させた事例である[19]。

このように、ユ先生は自身の教育観への転換を迫られる経験をしてから、追求する教育観を共有できる管理職と教師との連帯が可能な学校で実践を続けていた。教師自身の教育観を変化させることや、それを現実の授業の中に実現することは、教師自身の教育的な熱意だけで実現するものではなく、変化を支える学校文化と同僚教師との関係の中で行われるということを確認することができた。

注

1 2011年5月24日カン先生に対して実施したインタビューによる。
2 2010年5月17日ユ先生を対象に行ったインタビューによる。
3 同上。
4 同上。
5 第2回学びの共同体研究会「授業事例研究会高等分科2、高等学校1年理科」(第2回学びの共同体研究会資料集、2011年8月16日、94頁)。
6 ユ「自ら学び、共に成長する理科室」(幸福授業第7号、京畿道教育庁、2012年)。
7 2011年5月24日ユ先生を対象に行ったインタビューによる。
8 韓国では1990年代後半からKaganらの協力学習理論の関連書籍が翻訳出版され、多くの教師により受け入れられ、実践されている。(Kagan, S. & Kagan, M. (1997) *Kagan Cooperative Learning*, Kagan Cooperative Learning.)
9 イ・ヒョッギュ (2008)『授業、批評の目で読む』ウリ教育、ソ・グンウォン (2013)『授業をどのように見るか』教育科学社など。
10 2011年5月24日ユ先生に対して実施したインタビューによる。
11 第2回学びの共同体研究会「授業事例研究会高等分科2、高等学校1年理科」(第2回学びの共同体研究会資料集、2011年8月16日、94頁)。
12 ユ「自ら学び、共に成長する理科室」(幸福授業第7号、京畿道教育庁、2012年)。
13 子どもたちの名前はすべて仮名である。

14 同上。
15 同上。
16 同上。
17 第2回学びの共同体研究会「授業事例研究会高等分科2、高等学校1年理科」(第2回学びの共同体研究会資料集、2011年8月16日、94頁)。
18 ユ「自ら学び、共に成長する理科室」(幸福授業第第7号、京畿道教育庁、2012年)。
19 同上。

第5部　総括と考察

第9章　教育行政と学校による連携的学校改革の可能性と学校改革における教師の自律性

第1節　総括と考察

　本書では1990年代後半以降の韓国の学校改革に関連する文献の調査と、2003年から2014年まで、韓国における教師が中心となった学校改革の実践学校及び教師に対して筆者が行ってきた調査に基づき、次の3つの課題について論じた。第1の課題は、1990年代後半以降韓国における学校教育に対する改革要請はどのような社会的な状況の中で起こったのかを明らかにすることであった。第2の課題は教師を始めとする学校の当事者が中心となる学校改革が具体的にどのように展開したのかを検討することであった。そして第3の課題は、学校改革の個別事例の内部構造に注目し、教師はどのような学校改革の必要性を感じ、実践の中でどのような困難と可能性を経験しているのかを明らかにすることであった。以上を踏まえ、本章では、次の3点に関して、総括的な考察を行いたい。第1に、1990年代後半以降の韓国の学校改革の特徴としての「連携的学校改革のモデル」を提示することである。第2に、韓国における「学びの共同体」としての学校改革が持続性と有効性を示していることと関連して、その特徴と時期別の焦点の推移について検討することである。第3に、教師が民主主義的な学校と教室を創造する際に遭遇する困難についてである。この3点の課題は、韓国の学校改革を複層的の捉えるためのマクロの視点(第1の課題)、メゾの視点(第2の課題)、マイクロの視点(第3の課題)の設定とも対応するものである。以下ではこの3点の課題を通して総括的な考察を行うことで、1990年代以降の韓国における新し

い学校を求める運動と実践の特徴と意義について再考したい。

(1) 教育行政と学校の連携的学校改革

　第1の課題は、「学校改革についての物語」、つまり、学校改革をめぐるさまざまな動向や言説と、「学校改革の物語」、すなわち学校改革を実際遂行する当事者たちが学校内部において紡ぎ出す物語という枠組みを、本研究の事例に即して再解釈することによって、従来のトップダウン対ボトムアップという構図を越えた教育改革のあり方の可能性を示すことである。本書では、学校改革といういとなみは管理職、教師、子どもなど学校構成員を始めとし、親、地域、教育行政関係者などさまざまな主体の願いや希望、意志を反映するものであること、そして、学校改革の対象は学校のシステムやカリキュラムの一部ではなく、学校のカリキュラム、システム、人間関係、文化を含む総合的なものであること、さらに、学校改革のプロセスは葛藤、交渉などを含む複雑なものであるという観点を示し、学校改革の複層性と複雑性を強調してきた。そして教師の声と経験を中心に据えながら学校改革の複雑で複層的な特質を捉えるために、本研究では、クレイグ（2009）の「学校改革についての物語（stories of school reform）―学校改革の物語（school reform stories）」の概念の対や、菊地（2003a）の「教育改革における教師の声」に注目することの重要性に関する論考を、参考すべき論として取り上げた。また、クレイグ（2009）の提示した「学校改革についての物語―学校改革の物語」という枠組みを援用することによって、1つの学校が改革を行うことは、その学校の当事者たちだけの問題やいとなみにとどまらず、特定の学校改革プログラムを意図した学校外部機関の意図や、学校改革を行う当時の社会経済政治的な情勢、また保護者や地域住民など学校と関連する人々の意志や願いが複雑な形で影響を及ぼしている様子を浮き彫りにしようとした。そして菊地の「教育改革における教師の声」への注目という考え方は、大統領を中心とした強力なリーダーシップを中心とした教育改革が主流であった韓国において、しばしば教師の声が看過され、中央政府と学校現場の乖離や齟齬が教育改革の恒常的な課題となっている中で、参考にすべきアイデアであると考えた。

しかし、これらの枠組みに、本書が対象としている韓国の1990年代以降の新しい学校づくりの事例を照らし合わせてみることを通して明らかになったのは、クレイグ(2009)と菊地(2003a)を含む、これまで教師の経験を中心として学校改革を捉える枠組みの大部分が、改革の主体と推進の方向性という側面において、中央政府及び地方教育行政対学校現場、または学校の中においても校長対教師といったように、「上」と「下」の対立構造を基本前提としている点であった。もちろん上記の論は、トップダウン対ボトムアップという二項的な学校改革のあり方の問題を意識し、その中の教師の主体性の重要性や学校改革をめぐる多様な風景と語りの存在を強調しているが、事例として取り上げられている学校改革は「上」と「下」の間のコミュニケーションの不足やヴィジョンの不一致を特徴としているものであった(図9－1)。

一方本書の検討の対象とした1990年代以降の韓国の新しい学校づくりのための動向は、教育行政と学校、または校長と教師の学校改革への意志、ヴィジョンが対立しているというよりはむしろ、連携が図られ、学校改革のヴィジョンにおいて一致を示している事例であることが明らかになった。それを端的に見せてくれる事例が、2009年以降の「革新学校」をめぐる公立学校改革の動向である。「革新学校」を中心とする民主主義的な公立学校を建設するための動きは、学校教育に関する法的な基盤の整備から、学校構成員の教師による具体的な実践に至るまで、さまざまな方面における変化と動きが絡み合いながら進行していた。2006年の地方教育自治に関する法律の改訂以降、地方教育監が住民の直接選挙によって選ばれるようになったことは、教師と市民が地域の学校教育に対して持つ意思が教育行政に反映される通路を開くものとなった。また、既存の昇進による校長の任用方式ではない、公募を通して校長の任用を可能とする「校長公募制」が2007年から一部の学校に導入されたことや、校長の裁量で全体教員の10－20％の割合で特定の教員を招聘できる「教員招聘制[1]」が実施されたことによって、学校改革のヴィジョンを共有できる校長と教師が同じ学校で働ける可能性が開かれることになった。このような学校教育に関連する法的、制度的基盤の整備が進んだ上に、民主主義的な学校への市民の要望が教育監選挙によって爆発的に表出されたこと

によって、競争主義を止揚し、民主主義、共生、ケアなどをキーワードにした公立学校づくりが全国的な範囲において教育行政と学校現場の連携の下で推進されているのである。

　1990年代以降の韓国の新しい学校づくりが教育行政と学校または教師の間で一致したヴィジョンと方向性を示していることの背景として、個々の学校、教師の願いを汲み取った学校改革を可能とする社会的、政治的な環境の整備に加えて、もう一点、重要な事実を指摘することができる。それは、教育改革において、最も重要な要素の1つであるにもかかわらず、財政、人員の確保や、政策の樹立などの緊急性に追われ、その優先性が見過ごされがちな、学校改革の内容や哲学に関する問題である。学校改革の目標を設定し、プログラムを企画する教育行政と、それを実践する個々の学校、また教師の間に埋められない乖離が生じる原因として、どのような学校を創造したいのかといった学校改革のヴィジョンの不在、あるいは学校改革のヴィジョンが教師の日々の悩みと願いを十分に反映していない点、教師の日常的な勤務環境を十分に考慮していない点などが挙げられてきた。学校改革のヴィジョンと方法をめぐる「言葉」、「モード」、または、クレイグ(2009)の言葉を借りれば「ヴァージョン」が教育行政と学校現場で一致しないこと、と表現できるかも知れない。このような問題は、学校改革の最も主要な主体である教師が、自身の言葉で「学校改革」の必要性とヴィジョンを語り、実践することができるかどうかの問題であるとも言える。それは学校改革における教師の動機、さらには学校改革の持続可能性とも関連する事案である。「革新学校」も同様に、それが広がる際に、もし学校改革の内容、哲学が準備されておらず、教育行政の言葉で用意された一方的な政策的文言が学校に「下りて」来たならば、これまでの教育改革と変わらないものであったかもしれない。しかし「革新学校」の公立学校改革においては、教育行政と学校及び教師が民主主義的な学校づくりという理念の下で一致した方向性を保持することができている。その背景には次のような原因が関連していると考えられる。

　現在の公立学校をめぐる学校改革の直接的なルーツを探るとすれば、民主主義的な学校を求める教師たちの闘争と議論は、時代を遡り、1980年代

の民主化運動において活性化したと言える。そして1990年代に入って登場した学校を民主主義的な空間へと再編するための一連の動き、つまり、代案学校運動、新しい学校運動、「学びの共同体」としての学校改革、「革新学校」の展開における積極的な推進メンバーの多くは、1980年代に学生運動や教育民主化運動に関わった人物である。そして代案学校運動、新しい学校運動、「学びの共同体」としての学校改革、「革新学校」の展開は、推進の時期や学校改革の形態や詳細において、各々独自の展開を遂げてきたが、それぞれの中心的メンバーは、1990年代後半以降の民主主義的な新しい学校の建設のための議論や実践の蓄積を共有してきた経緯を持つ。またこれら一連の新しい学校を追求する中心的メンバーには、行政官、管理職、教師、親など学校と関連するさまざまな層の主体が含まれていたことも、現在の教育行政と学校現場が共通的なヴィジョンを持つことを可能にした要因と考えられる。そして本研究で注目した「学びの共同体」としての学校改革の韓国における展開は、1990年代以降の民主主義的な学校の創造に向けて行政官、管理職、教師が議論と実践を重ねる上で、学校改革のヴィジョンと方略をより理論的で具体的に捉えることに大きく寄与した。「学びの共同体」は、盧武鉉政権当時の「教育革新委員会」の海外の参考にすべき主要な革新事例として取り上げられ、2009年以降の「革新学校」の主要参考モデルとなり、政策的に影響を及ぼしただけではなく、上記の新しい学校を求める行政官、管理職、教師は民主主義的な学校のあり方が模索され、日本の「学びの共同体」としての学校改革が韓国に紹介された当初である2000年代の初め以降、持続的に日本の実践校を訪問し、「学びの共同体」としての学校改革が標榜しているヴィジョン、理念、方略を、実際の教師と子どもの学びと成長の様子から確認してきた。すなわち、政策、制度、学問（教育学）、教室における実践という複層において、また行政官、管理職、教師、親という多様な主体によって学校改革の方向性とヴィジョン、方略が語られ、共有されてきたことが、学校と教師の意志と言葉を汲み取った形の、教育行政と学校が連携した形の学校改革の始動を可能にしたと思われる。

　本論で扱った韓国の1990年代以降の新しい学校づくりの事例は、教師

〈中央政府、地域教育行政主導の学校改革〉

トップダウンの学校改革の場合、学校改革の主なアイデアやプログラムは行政機関で立案され、個々の学校へと伝達される。この際、個々の学校と教師がどのように実践し、どのような効果があったのかに対するフィードバックは十分ではない。

コミュニケーション・連携の壁

〈個別学校、教師が中心となった学校改革〉

個別学校や教師が中心となった学校改革は、学校当事者である管理職、教師、子どもたちの日常的なニーズを反映しており、実質的な変化へと結びつく可能性が高いが、中央政府、地域教育行政の支援が弱く地域との連携が取れない場合、改革が持続されない場合が多い。

図9−1 トップダウン対ボトムアップの二項対立的学校改革の捉え方

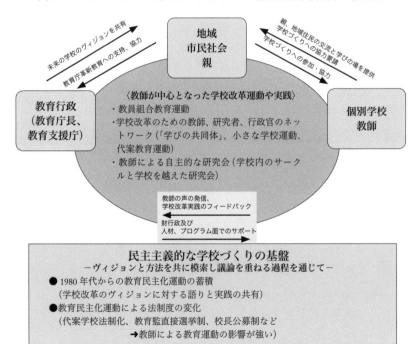

図9−2 教育行政と学校による連携的学校改革のモデル[2]

が中心となった学校改革の運動や実践が個々の具体的な「学校改革の物語（school reform stories）」を編み出していると同時に、学校改革の運動や実践が「学校改革についての物語（stories of school reform）」の形成に積極的に関わっている点において特徴的であり、これは、クレイグ（2009）が「学校改革についての物語」と「学校改革の物語」の間に学校改革のヴィジョンの不一致や対立、葛藤が生起する事例を扱っている点との差異であると言える（図9－2）。

(2) 韓国における「学びの共同体」としての学校改革の特徴と焦点の推移

　本書の総括的考察の2点目の課題は、韓国における「学びの共同体」としての学校改革が持続性と有効性を示していることと関連して、その意味と時期別の焦点の推移について検討することである。この課題は、他文化、他地域の学校改革事例からどのように学ぶことができるのか、といった問題とも関連するものである。自国の教育改革を行う際に、他国の先進的な教育改革の事例を参考にすることは、どの国においても行われてきたことである。しかし、海外の教育改革の先進事例が、皮相的な参考事例にとどまり、流行のように時期によってさまざまな教育改革事例が紹介されては消えていくといったことも、またよく目にする。韓国の教育改革の歴史を振り返ると特に、アメリカやヨーロッパを中心とした国々の教育改革が多く紹介され、特定の流行がある時期の教育界を風靡するが、学校や教師、子どもの実質的な変化へとつながるような実を結ぶ前に消えてしまい、教師の間に混乱を招く結果で終わる教育風土があるように思う。この問題は、学校教育の近代化とともに、植民地期や軍事政権期を経験し、独自の民主主具的な学校をデザインし、構築する経験を奪われ、「自分たちの理想の学校」を追い求めてきた韓国にとっては特に切実な問題である。また、市場経済のグローバル化や危機社会の到来など、教育をめぐる諸問題においてもグローバル化を経験している現在、ローカルな教育改革を構想し、実践する際に、他文化、他地域の教育改革から互恵的に学び、教師や学校が地域や文化を越えて連携する必要性と可能性も出てくるのではないだろうか。そういった意味で、韓国における「学びの共同体」としての学校改革の展開は、これまでの韓国の教育改革には見

られなかった特徴を呈していると思われる。

①教師の専門性と自律性を基盤とした学校改革
　―マニュアル主義の受動的学校改革を越えて

　一点目の特徴として、「学びの共同体」としての学校改革は、「輸入された、私たちの現実とは距離がある海外事例」としてではなく、地域を越えて、韓国の民主主義的で対話的な学校教育を追求する教師、管理職、行政関係者の「具体的な悩みと願いを共有できる理論と実践」を提示した点を挙げることができる。上でも述べたように、韓国の教育改革の歴史を振り返ると、海外における先進的で成功的な改革事例は時代を問わず、教育改革の参照例として紹介され、実践されてきた。しかし、海外からの先進的教育改革モデルは、最初は行政関係者と教師から脚光を浴び、研究指定校が設定され、教室で実践されるが、しばらくしたら流行のように消えていく。

　一例に英米を中心に発展してきた「開かれた教育（open education）」の理念と方法論は、1970年代に韓国で初めて紹介され、1986年に韓国内でモデル学校を運営することで全国的に拡散した。その背景には「韓国の学校教育は画一的、硬直的な方法で正解だけを求める人間を養成している。今後は学校で創造的で主体的な人材を育成する必要がある（ソウル大学校教育研究所、1995）」という韓国の学校教育のあり方への問題意識があった。1991年には「韓国開かれた教育研究会」が設立され、1990年代中盤には教育部や教育庁が中心となって「開かれた教育」政策が活発に展開された。教育部や教育庁は、主にアメリカにおいて成功した「開かれた教育」の事例を参考にしながら、小グループによる活動の導入、教室の壁を無くすなどの開かれた学校空間づくり、弾力的な授業時間運営などを各学校が実行できるように支援した。しかしながら現在韓国では、「開かれた教育」のための試みは失敗で終わったと評価されている。その理由は、「開かれた教育」の理念は当時の韓国の学校教育の必要に応じたものであったが、学校改革の方法が教育部や教育庁が主導し学校はそれに応じるトップダウンのもので、教師たちの教育実践の状況を十分に考慮し、教師の動機を導き出すことに成功できなかったからである。さ

らに、当時の開かれた教育の政策が、学校空間や教室空間の壁を無くし開かれた環境をつくるといった表面的な学校の整備に力点が置かれる傾向を示し、また、小グループの活動や授業時間の運営に関しての「方法論」が外部から教室へと伝えられる側面を持っていたことも十分な改革の成果をあげられなかった理由である。

　このような海外の学校改革実践の国内への移植とその失敗の事例から考えたとき、本書で取り上げた「学びの共同体」としての学校改革はどのような意義を持つのだろうか。まずは日本で生起し、実践され続けてきた「学びの共同体」としての学校改革は、それ自体が学校改革のための方法論ではないという点を確認しておきたい。「学びの共同体」としての学校改革は、子ども、教師、そして親が学び合う場所としての学校像を示し、教師一人ひとりが学校のあり方へのヴィジョンを持ち、同僚と協力しながら学び合う場所としての学校を築いていく実践である。学校外部で考案された学校像と教育方法が伝達される形での学校改革ではなく、教師自身が学校のあり方に関するヴィジョンと哲学を持ち、自身の授業の中で学び合うコミュニティを築いていく学校改革であるという点で、「学びの共同体」としての学校改革は教師の自律性と専門性を基盤としている。

　2000年代初めから現在に至るまで韓国における「学びの共同体」としての学校改革に関わる教師への調査の中で、多くの教師たちが口にしていたのが、「学びの共同体の理念には深く共感する。しかし、自分の教室に戻って実践しようとしたら、どのようにすべきかわからなくなる。明確なマニュアルや方法論を明示して欲しい」ということであった。これまで教師たちは、マニュアル化された教育方法によって授業を組み立ててきた経験を持っている。また教師自身が管理職や他の同僚に評価を受ける「教員能力評価」においてもマニュアル化された評価項目によって自身の能力を評価される。このような外部から与えられるマニュアルの実行が日常化していた教師たちにとって、教師自身が学校教育に対するヴィジョンを持ち、それを同僚教師と共有した上で改革に取り組むことは簡単なことではなかった。しかし、韓国における民主主義的な学校づくりの動きが活発化し、「学びの共同体」としての学校

改革の実践が積み重ねられていく中で、民主主義、公共性、そして卓越性を追求する学校づくりにおいて教師が自律的に授業づくりに臨み、教師と連帯するといった具体的な事例を目にすることが多くなってきた。学校教育の変化に対する問題意識を持っていた教師の多くは、学校改革に着手した当初は、教師自身の学校改革を語る言葉、教師自身の実践の空洞化を経験しており、外部から与えられるマニュアルや方法論を求める傾向があったが、同僚とともに目指すべき学校教育の哲学の基盤の上で、学校独自、教師独自の学校の変化を語り、それを実行していくための言葉と実践が徐々に編み出されていった。

　事実、「学びの共同体」としての学校改革が提示した学校改革の哲学的な側面（民主主義、公共性、卓越性の追求）と方略的な側面（小グループによる協同的な学び合い、子どもの声を聴き、つなぐ教師の役割、授業公開と授業研究会を通した同僚性と教職専門性の開発など）は、韓国の教師を中心とした学校改革の「言葉」を形成する上で大きな貢献をした。本書第4章に登場するN初等学校の学校改革に携わったイム先生は2014年6月の筆者とのインタビューの中で、「1990年代後半以降の学校改革の動きの中で教師たちの間には『学校を変えなければならない』という切実な思いはあったものの、実際学校教育をどのような内容で埋めていくのかに対するアイデアが不足していた」と振り返りながら、「『学びの共同体』としての学校改革は、そのような学校改革を語る言葉を教師たちに与えてくれた」面で意味があると語っていた。現在では、「学びの共同体」としての学校改革の中心的なアイデアを表現している「学び(배움)」、「ケア(돌봄)」、「学び合い(서로 배움)」、「聴き合う関係(서로 듣는 관계)」、「同僚性(동료성)」、「背伸びとジャンプ(발돋움과 점프)」などは、「学びの共同体」を実践する学校を越えて、民主主義的な学校を追求する学校改革の場で、教師が同僚とともに授業について語る際の共通言語となっている。それは、日本語の翻訳語としてではなく、外部から与えられた言葉でもなく、教師自身の学校教育への問題意識と日々の教育実践の変化への願いを基盤にして紡ぎ出された、教師たち自身の言葉となっていることに意味がある。このように教師たち自身が学校、教師、子ども、授業のあり方と変化を語る独自

の言葉を持っていることは、持続可能な学校改革という観点からも重要なことではないだろうか。

②韓国における「学びの共同体」としての学校改革の時期別焦点の推移

2点目の特徴として、これまでの教育改革における海外事例の紹介は、単発的に終わっていたことに対して、「学びの共同体」としての学校改革は、初めて紹介された2001年から現在に至るまで約15年間、韓国の行政関係者と教師に持続的に支持されている点である。その語られ方や焦点は、韓国の全体的な学校改革の動向との関連で推移してきた。

まず「学びの共同体」としての学校改革が韓国に初めて紹介された2000年代の初めは、新しい学校を求める運動の初期段階でもあり、主に公立学校の外部における学校教育の代案が模索された時期であった。1990年代に社会問題化した「学校崩壊」、「校内暴力」、「学校を離れる子どもたち」、「受験対策に偏重した学校教育への批判」といった課題を受け、「学校における子どものケア」や「全人的、創造的カリキュラム」の可能性が模索された。この時期に「学びの共同体」は、授業における「教師－子ども」、「子ども－子ども」の関係性やケアのマインドを重視していることにおいて注目された。大学研究者であり、代案学校の運営に深く関与し、ソウル市代案教育センター長を務めたジョハン・ヘジョン（趙韓惠浄）は、次のように述べながら、「学びの共同体」における子どものケアの重要性について触れている。

> 「1990年代中盤、日本を訪問した（中略）そのとき私は『学びの共同体』の実験学校を訪問した（中略）（そこでは）子どもたちが通う学校は家庭と違い過ぎてはいけないと話され、多くの子どもたちには学校は家庭の役割をしてあげなければならないとした。また教師たちは勇気づけられながら教育改革を進めていた。教師たちが自律性を持って、授業を自分の空間として創造し、十分に創造的になれるようにすること。そのために子どもたちを観察しながら進めることが、「学びの共同体」の教育改革の核心であった（ジョハン、2005: 58）。」

1990年代後半から2000年代初めは、韓国国内の公教育に対する失望が特に大きい時期であり、学校のオルタナティヴを求める動きは、代案学校や農村部の小規模の公立学校で活発になっていた。「学びの共同体」としての学校改革も、代案学校の教師によって実践されることが多かった。本研究で取り上げた代案学校のE学校はその代表的な実践校であり、「学びの共同体」としての学校改革に立脚した授業の改革と教師の授業研究会を実施し、他の代案学校や公立学校の教師に学校改革のヴィジョンを発信する役割を果たした。E学校の実践を振り返ると、公教育から疎外された子どものケア、教師の子どもを見つめるまなざしの転換（競争主義、成果主義から、学び合う関係へ）と、公教育におけるカリキュラムで軽視されてきた子どもの体験、生活、労働、生態などを含む全人的で創造的なカリキュラムの開発に学校改革の焦点があったことがわかる。

　また、2001年には、個別代案学校を越え、ソウル市代案教育センターの設立や地方自治体が代案教育を公教育の中に位置づけようとする動きが起き、2005年には一部の代案学校の学歴が認定される代案教育法制化などの動きがあった。これらの学校教育のオルタナティヴを追求する教師や市民運動家の動きに、「学びの共同体」としての学校改革のヴィジョンや哲学が連動し、韓国の公教育にオルタナティヴへの発信が活発に行われたが、公立学校の直接的な変化に結び付くには至らなかった。

　そうした中、教育監の市民直接選挙制の導入や校長公募制などの学校教育に関する法制度の整備を基盤に、2009年の「革新学校」が始動することで、新しい学校を求める動きは一挙にその舞台を公立学校に移すことになった。2000年代の初めから積み重ねられてきた代案学校を中心とする新しい学校を模索するための議論と実践は、「革新学校」の始動と運営へと引き継がれ、「学びの共同体」としての学校改革も自然と「革新学校」のモデルとして位置づけられるようになった。政策的なレベルでは、京畿道教育庁が2011年開催した「国際革新教育シンポジウム」で「学びの共同体」としての学校改革が主要な参考事例として位置づけられることによって、明示的なモデルケー

表9-1 韓国における「学びの共同体」としての学校改革への焦点の推移

時期	2000年～	2009年～	2014年～
背景となる教育的動向	代案教育運動 小さな学校運動 （公立学校）	「革新学校」導入 「韓国学びの共同体研究所」の設立	「革新学校」の全国的拡散
「学びの共同体」への主な焦点	ケア、いじめ、疎外された子どもへのまなざし 教室の中の関係性の修復 共生の側面からの学校共同体議論 全人的なカリキュラム、創造的なカリキュラム	共同体、民主主義的な学校、幸せな学校、責任ある教育 「一人も残らず」子どもの学びの権利を保障 市民性の教育 協同的な学習	教職専門性、質の高い学習 教職専門性におけるコミュニティ 協同学習
主な参加者	代案教育関係の教師、教育関係者 公立学校を改革しようとする教師のネットワーク	公立学校教師 教育庁関係者	公立学校教師 教育庁関係者（自治体の数が2009年～に比べさらに拡大）

スとされることになった。各地方教育庁による表現に違いはあるが（表6-5を参照）、参加、コミュニケーション、民主主義、共同体、幸せな学校を共通的なキーワードとして「革新学校」について語り、実践する上で民主主義、公共性、卓越性の追求を主要な理念とする「学びの共同体」としての学校改革は有効なヴィジョンと哲学として採用されている。

「革新学校」の特徴（ソン・イ、2011）

> 革新学校は「学びとケアの責任教育共同体」である。
> ①学びは試験点数を取るための一斉型、競争中心の教育方式から抜け出し、生徒たちが学習の意味と成長の喜びを味わうことである。
> ②ケアは教師-生徒間の配慮と尊重の関係を造ることであり、これを通して生徒の全面的な発達を図るための条件としてのケアである。
> ③責任教育は一人の子どもも疎外されずよく学べるように協力と参加の教育を実現することである。
> ④共同体は学校構成員が民主主義と信頼を基盤にしてすべての生徒がすばらしい市民として成長できるようにする生活の場である。

「学びの共同体」としての学校改革のヴィジョン・哲学・原理と方略(佐藤、2011)

〈「学びの共同体」のヴィジョン〉
＊定義＝学びの共同体としての学校＝子どもたちが学び合う学校、教師たちが専門家として学び合う学校、親や市民が参加し協力し学び合う学校
＊学校(教師)の使命と責任は、一人残らず子どもの学びの権利を実現することと、質の高い学びを保障すること。
＊一人残らず教師の教育専門家としての成長を促進すること。

〈「学びの共同体」の3つの哲学〉
＊公共性の哲学(public philosophy)＝開かれていることと協同すること＝私事化、部族化との闘い
＊民主主義の哲学＝子どもも教師も親も主人公(protagonist)民主主義は「他者と共に生きる生き方」(a way of associated living)＝個人の尊厳と多様性の尊重
＊卓越性(excellence)の追求＝最高のものへの挑戦＝質(quality)の追求＝ジャンプとしての学び

〈学びの共同体の原理と方略〉
＊原理
①学びの共同体づくりは対話的コミュニケーションの実践によって構成される。
②対話的コミュニケーションは〈聴き合う関係〉によって実現する。〈他者の声を聴く〉ことが学び合う関係づくりの基礎となる。
③学びは〈対象(テクスト)との対話〉であり〈他者との対話〉であり〈自己との対話〉である。
＊方略
教室＝協同的な学びの実現、職員室＝同僚性(collegiality)の構築、地域＝「学習参加」(責任の共有と連帯の形成)の実現

　「革新学校」の理念と方向性には、民主主義、公共性、共同体、ケア、幸せな学校といったものが含まれる。このような学校の方向性を示す「革新学校」を推進する教育監が、2014年の地方同時選挙では17の内13の自治体で当選した事実は、民主主義、公共性、卓越性を追求する学校モデルが、現在の韓国国民に大きくアピールするものであることを意味していると言っても過言ではない。
　「革新学校」が定着するにつれ、公立学校の教師たちの多くは同僚教師とともに実践を創造する際の有効な理論と方略として「学びの共同体」としての学校改革を参照するようになり、教師の専門家共同体を成して授業を公開

し、同僚教師とともに授業について語り合う経験を積み重ねている。授業研究会に代表される教師の専門家共同体における語りは、成立初期においては授業中に子どもたちの皮相的な関係性や、教材と子どもの関係性を見取ることを中心としているが、共に語り、研究する経験を積み重ねていくうちに、たとえば、子どもたちが協同の中で教材をどのように共に理解するのか、学力の差がある子どもたちがどのように学習を媒介に支援し合うのか、教師は子どもの協同とケアをどのように支援することができるのか、同僚教師と授業について深く語るためにはどのようにすればいいのかといったように、その実践的ディスコースにおける成長が見られるようになる(佐藤、2014)。

「学びの共同体」としての学校改革は、2000年初めに韓国に紹介されて以来、韓国の学校教育をめぐる社会的な必要に応じて、強調点がシフトされながらも教育行政と教師たちの学校改革を支える哲学と言葉としての位置を獲得してきた。2000年代初めの代案教育運動が活発な時期には、公教育がそれまで疎かにしてきたとされるケア、聴き合う関係などの学校における関係性の再構築という側面が特に強調され、それ以降公教育圏内においても民主主義と公共性を基盤とした学校改革の言葉が徐々に定着するとともに、「学びの共同体」としての学校改革への焦点は協同的な学習、教師の授業における専門性(たとえば授業において質の高い課題をどのように組織し、すべての子どもたちの学びを保証することができるかといった問題など)、教師の同僚性(collegiality)など、子どもと教師の学びにより深くアプローチするものへとシフトしている。

学校制度の成立と同時に数多くの外国の教育改革事例が紹介され、また消えていった韓国において、一定のヴィジョンと哲学を含んだ学校改革の方針が10年以上教育行政と教師たちに支持され、政策と実践において採用された事例は稀である。これは、「学びの共同体」としての学校改革が標榜するヴィジョンと哲学が、韓国社会が必要としている学校像、教師像また子どもの理解、学習の意味などを含んでいることを意味している。また、10年以上韓国の教育行政と学校で支持され、政策と実践に反映されている事実は、「学びの共同体」としての学校改革が単なる教育学の理論や実践のための断片的ノウハウにとどまるのではなく、学校教育の当事者たちを主人公とする学校

改革の実践的な理論であることを物語っていると言っても過言ではないだろう。また、「学びの共同体」としての学校改革が提唱された日本以上に、韓国において各地域教育庁の教育政策に強力な影響を与えており、全国の教師のネットワークが力動的に機能している点は興味深い。

(3) 韓国の教師たちが学校改革を持続する上で遭遇する壁

　三点目の課題は、韓国において民主主義的で対話的な新しい学校を築く実践を個々の学校と教室の中で、教師が実践する過程で遭遇している困難と関連する問題である。上述の韓国における「学びの共同体」としての学校改革の展開と焦点の推移からもわかるように、韓国の新しい学校を求める運動と実践は、最初は公教育制度の周辺からスタートし、現在では公立学校を舞台として全国において活気を見せている。そして民主主義的で対話的な新しい学校を求める学校における改革への挑戦は、拡散し、成果を出してきただけではない。一部の学校においてはさまざまな壁に阻まれ停滞し、また、現在挑戦を続けている学校や教師も、理想とする民主主義的な学校と、実践における障壁の間で葛藤し、苦悶している場合も少なくない。本書の検討の対象となった実践学校である代案学校や公立の「革新学校」で学校改革の実践をしていた教師たちの経験と語りからは、民主主義的で対話的な学校を築く改革を進める上で遭遇する壁には、①大学進学への有効性に囚われた教育観と②学校改革におけるマニュアル・方法論主義の2つがあることが明らかになった。以下ではこの2つについて述べる。

　①大学進学神話の呪縛と崩壊
　そもそも1990年代に韓国において新しい学校を構想し、実践する運動が起きた背景には、公教育全体が大学入試の対策に偏った教育を行っている点を見直し、大学入試へのプレッシャーによる教師、子ども、家庭への負担を軽減するために、どのような学校を構想する必要があるのか、さらには、大学の進学の成功と失敗だけを学校教育の目標とする教育風土をどのように変えるのか、といった問題意識があった。しかし、そのような問題意識からス

タートし、競争意識と個人主義を止揚し、協同的な学習とケアを中心とした学校改革を進めながらも、各実践学校の教師たちは、大学入試という足かせから決して自由にはなれない様子が見られた。第3章で取り上げた代案学校であるE学校は、韓国のどの学校よりも学校単位における民主主義的で公共的な学校改革に積極的に着手した学校であり、一定期間においては、授業の公開、授業研究会における教師の同僚性の構築、大学受験に囚われない創造的なカリキュラム、代案学校と公立学校の連携などにおいて、現在の公教育革新の動向を生み出す上で大きな役割を果たした。しかしその学校改革の学校内部におけるプロセスを約2年間観察してみると、子どもたちの学力や能力を越えた協同的な学習、教科や学年の壁を越えた教師の授業研究会など、具体的な学校改革の方略を遂行する上で、それを持続する壁になっていたのが「大学入試」であった。「小グループによる協同的な学習の意義や良さは認めるけれど、高校3年生だけは入試を目前にしているので例外とする」といった事例や、「高校においては各教科の専門性が高いので、教科の壁を越えた教師の授業研究会はむしろ専門性を低下させるのではないか」といった疑念が教師の間で見られ、これらは学校改革の動機を低下させる原因としても働いていた（図9－3－①）。

　また、親の大学進学への期待と「協同的な学習」や「探究型学習」への懸念も、教師が学校改革を進める際の壁となっていた。韓国では一般的に、高校では「入試対備」と呼ばれる大学受験に必要な知識や情報が短時間に効率よく伝達される授業が最優先に行われる必要があると考えられており、教師、生徒、親はグループによる学習やプロジェクト型の学習では、受験に必要な知識が短時間に身に着かないのではないか、また、時間の無駄なのではないかという懸念をする傾向がある。特に親のこのような不安は、放課後や休み中の私教育へとつながり、「学校で大学入試への対策ができなかったとしても、塾や家庭教師を通して強化された対策を行ったら何とかなる」という信念の下、子どもたちを塾に送り、家庭教師を迎えて勉強させる。本書の中でも指摘したように、韓国の大部分の子どもたちは、私教育を受けている。ところがE学校の場合は、学校教育の充実をねらい、学校の方針として私教育を禁じて

いる。充実した学校教育だけを通して、有名大学に進学した実績を持っている。E 学校の親たちは私教育に頼れない状況であるため、学校における協同的な学習などの新しい試みに対して、さらに不安を持っていたと予想できる。

　このように学校改革における試みが大学入試のために阻まれる状況は代案学校の話だけではなかった。公立の「革新学校」の教師たちも、同様の葛藤と悩みを経験していた。公立の「革新学校」である F 高等学校の教師たちはこれを「高 3 の壁」と表現しながら、「大学受験が人生の一大事を捉えられる韓国の高等学校において、3 年生の授業で何か新しい取り組みを始めることは至難」と語っていた。理解を示してくれる親の存在がないわけではないが、3 年生の教室で協同的な学習を試みるとすぐに親から不安や不満の声が寄せられることもあるという。このような状況に対しては校長も教師たちも妥協し、F 高等学校では、全学年において競争主義的で大学受験対策に偏重した授業を乗り越える実践をするという方向性を打ち立てているが、高等学校 3 年生については、大学受験や親の反応を気にせざるを得ないという立場を取っていた。

　韓国人は根強く「教育出世論（オ、2001）」を信奉していると言われている[3]。特に「良い大学を出れば、良い職に着き、豊かな人生を送ることができる」歴史的に代々受け継がれてきた大学進学神話はしかし、現世代においてはその崩壊が確実に進んでいることにも留意しなければならない。韓国人の大学進学率は 2008 年に 83.8％でピークに達した以降、緩やかに減少を続けてはいるものの、2014 年度の大学進学率は 70.9％で、世界トップレベルの高い進学率を示している（韓国統計庁）。OECD の調査によると、韓国の大学教育履修者の割合は 2011 年基準 64％で OECD 加盟国の中で最も高い数値を示した。しかし一方で 2014 年の大学卒業者の就職率は 58.6％にとどまっており（韓国教育部）、また、韓国の若者のうち、仕事を持たず、学校教育や職業訓練を受けていないなど、事実上働く意欲がない状態にある「ニート（NEET）」の割合は 15.6％で、OECD 加盟国のうち、トルコ（24.9％）、メキシコ（18.5％）に次ぐ 3 番目に高かった（日本は 4.6％）。初等学校段階から「大学進学」が意識され、「大学進学対策」が学校教育の主な機能とされている韓国において、良い大

学に進学しても職に就くことができない、あるいは、働く意欲そのものを持てないでいる青年層が増えている現実は、これまでの学校教育のあり方を根本的に問い直し、現在と未来の社会に対応した学校へと再編成すべき早急な課題を突き付けている。21世紀の社会が必要としている力量が、競争主義と個人主義に閉ざされた知識伝達型、暗記型の学習ではなく、他者との協同と探究による創造的、協同的な高次の能力であるとするならば、韓国の子どもたちの多くは依然と、大学入試対策に偏重した学校教育の中で、他者と学び合い、他者と教材に媒介され探究する、より質の高く深度ある学習をする機会を奪われているのではないかという危機意識を持たなければならない。

しかし、現在の学校教育の当事者である教師と親のほとんどは、「良い大学に進学すること」を最高の目標とした学校教育のシステムの中で成長しており、競争主義的に、個人主義的な勉強が身体化されている。そのような競争主義的で個人主義的な学校文化の経験と記憶は、彼らが民主主義的で共生的な学校を求める強い動機となっているのも事実であるが、民主主義的な学校の価値と理想を思い描きながらも、協同的、共生的、創造的な学習の経験とイメージが貧弱であるがゆえに、自らの実践を行う上で苦労している要因の1つになっていることもまた事実であると考えられる。教師自身の中に身体化されていない「他者との協同による学び」、「対話的実践としての授業」を、どのように自身の教室で子どもたちとの関わりの中で具現するのかが大きな課題となっている。

②教師が受動的な実行者から、創造的な専門家となる学校改革へ
　——同僚教師と共に言葉と実践を紡ぎ出す学校改革の必要性

学校と教師を民主主義的で対話的な空間へと編み直す課題を遂行する上で教師たちが遭遇していた困難の2点目は、学校改革における教師の自律性の問題である。ここで自律性というのは、学校と教室、学習と教師－子ども間の関係など、学校を民主主義的で対話的な空間へと編み直すプロセスにおいて、教師が、受動的、技術的な役割から抜け出し、創造的で自律的な専門家としての役割を果たすことができるという意味での自律性である。「革新学

校」の全国的拡散が物語っているように、現在韓国には民主主義的な学校を追求する強く活発な動きが存在し、その中で学校を改革するための実験が活発に行われている。前節でも触れたように、本書で取り上げた事例学校で学校改革に携わる教師の大部分が、学校を民主主義的な空間へと変化させるべきであるということについては強い意志を持っているが、実際に授業を変え、子どもとの関係性、同僚教師との関係性を変えるための実践に着手したとき「どのようにすればいいかわからない」という当惑に陥ったという。たとえば民主主義的な学校への改革を支えるヴィジョンと方略として、「学びの共同体」としての学校改革を採用し、実践したE代案学校やF高等学校の教師たちは、特に学校改革の初期段階において、「ヴィジョンや方向性、哲学だけでは教室でどのように実践を行えばいいかわからない」、「授業改革のための明確なマニュアルや具体的な方法論を明示して欲しい」という要望を語っていた（図9－3－②）。指摘してきたように、韓国の教師たちは授業の実践において、これまでの教材や教室における人間関係、そして子ども一人ひとりにおける学習の意味や教師の授業における役割を根本から問い直し、批判的で創造的な仕方で授業を構想し、実践し、批評する機会において制限を経験してきた。教科書には教師用指導書が付随しており、そこには教室で教えるべき「正解、正答」が示されている。韓国の授業評価は伝統的に教育庁関係者や管理職が、授業の構成要素が細分化され、提示されている「評価項目」を持って行うものとされてきた。また、地方教育庁は「授業研究発表大会」を各教科別に主催し、「授業優秀教師の授業技術と戦略を発掘し、これを一般化することによって授業を改善」しようとしてきた（カン、2006）。「模範的で優秀な」教師と授業は、教師たちが追求し、模倣すべきものとして位置づけられてきた。

　このように、官僚的、技術的、またはマニュアル主義的な文化と慣習が根付いている学校が、近年の学校革新の急激な動きの中で、民主主義的で開かれたコミュニケーションと文化を備えた空間へと転換しようとしている。混乱や葛藤が起こるのは当然のことかも知れない。韓国の学校では「民主主義」や「公共性」は、韓国社会の主要な価値として教えられているが、学校の中

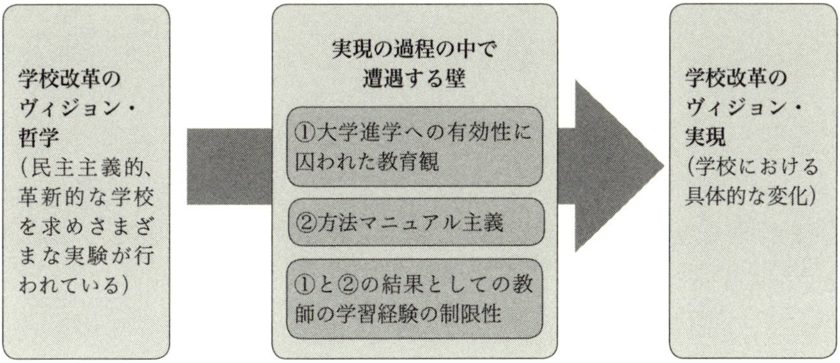

第9章　教育行政と学校による連携的学校改革の可能性と学校改革における教師の自律性　271

```
[学校改革の       [実現の過程の中で       [学校改革の
 ヴィジョン・      遭遇する壁]            ヴィジョン・
 哲学]           ①大学進学への有効性に    実現]
 (民主主義的、     囚われた教育観          (学校における
 革新的な学校                           具体的な変化)
 を求めさまざ     ②方法マニュアル主義
 まな実験が行
 われている)     ①と②の結果としての教
                師の学習経験の制限性
```

図9－3　韓国の教師たちが学校改革を持続する上で遭遇する壁

のコミュニケーションや活動の様式は、依然として官僚的で、一方的で、成果（成績）主義的な面が強かった。新しい学校を追求する運動と実践が進む中で、教師たちは初めて「自分が思い描く学校と教室はどのようのものか」という問いに直面し、個々の教師の豊かな個性が表現される授業を求められ、権威的な教師の姿を脱ぎ、ケアし、サポートする役割へ転換することについて悩み、教科や学年を越えた教師同士の専門的な協議の経験の中で戸惑いながらも充実感を味わっている。民主主義的で開かれた空間へと変化するためのこのような活動1つひとつは、教師たちが子どもの頃から経験してきた学校の文化とコミュニケーションの様式とは異なったものであり、1つひとつの実践において、教師たちは身体化、意識化された学校における慣習や行動との間で衝突と葛藤を経験している。

しかし、韓国の学校が表面的だけではなく、真に民主主義的なコミュニケーション様式と文化を備えた空間へと変化するために、上記のような葛藤や混乱は避けられない過程であるだろう。また、教師が権力者、伝達者という居方から、公共的な使命を備えた、創造的な専門家へと転換するための過程の中にあるのだろう。佐藤(1997)が指摘するように、今日の教師の理不尽な権威や権力は、教育の公共的使命の空洞化から生じている。教師は子どもたちを効率的に管理し、目先の試験や大学受験の対策を行う役割以上に、未来社

会の良識のある市民を養成すべき高い公共的な使命を持っていることを自覚し、それに相応する教育実践を創造していかなければならない。公共性の空洞化の問題は、学校の問題だけではない。韓国社会においては「公＝国家」である場合が多く、多様な市民が共に生きるための手段と場である「コミュニケーション」と「コミュニティ」(Dewey, 1927) としての公共圏の概念は脆弱であると言わざるを得ない。イム (2007) によると、1990年代以降の民主化に伴い各種市民団体の活動が急激に活性化するなど、韓国における公共性の成長は見られているが、市民社会の構成員は、民主主義社会において要求される公共の精神を未だ十分に内面化できていない。新しい学校を創り上げる過程において教師と子どもたちが民主主義的で公共的なコミュニケーションと学び方を学び、身につけることは、韓国社会の公共性の成熟にもつながる重要な課題でもある。

第2節　残された課題

　最後に残された課題を指摘したい。最初の課題は、本研究で取り上げた教育行政と学校現場の協力によって生まれた「革新学校」を捉える視点と、「革新学校」を対象とした研究課題に関するものである。本書では韓国社会が政治的な民主化を果たした1990年代以降、教師を始めとする親、市民の新しい学校を求める活発な動きが2009年に誕生した公教育における学校改革の「革新学校」の誕生を支えたことを指摘してきた。くり返し強調しているように、1990年代までは教師たちが思い描く「民主主義的な学校」、「子ども中心的な学校」、「教師の学習と成長が保障される学校」を公教育内に築くことは極めて困難なことであると認識されていた。その状況を物語るのが、代案教育運動による代案学校の設立が公教育の外部において行われたことである。また、子どもの生活と体験を重視した「理想的な教育」は、教育熱が高く大学受験への意識が高い都市部では実践困難であり、農村部など自然が豊かで受験による競争意識が比較的緩やかな地域で行わなければならないといった認識も存在していた。したがって新しい教育を求める学校改革の実践は、都

市から離れた場所で行われるのが通常だった。代案学校の多くは、都市から離れた農村部に設立されることが多く、都市部に設立された学校は「都市型代案学校」と呼ばれ、区別されていた。公立学校における民主主義的な学校文化の創造を目指す小さな学校運動を実践する学校もまた、農村部に所在していた。しかし「公教育が変わらなければならない」という問題意識は、1990年代後半以降、新しい学校を求める動きが活発化する時点から語られており、代案学校運動も、小さな学校運動も、また「学びの共同体」としての学校改革も、究極的には公教育の学校が新しく生まれ変わらなければならないという面では一致した観点を持っていた。そして「受験があるからできない」、「親が反対するからできない」、「これまでの学校文化を変えるのは困難である」というさまざまな理由で阻まれていた公立学校を中心とした民主主義的な学校づくりは、2009年の教育監選挙を機に「可能な改革」として語れるようになった。筆者が本書を作成する中で出会った韓国の教育関係者の多くは、「『革新学校』の誕生は予想できなかった出来事」であると語っていた。実は京畿道における「革新学校」を推進するキム・サンゴン氏は、当選が有力視される候補ではなかった。しかし住民選挙の結果は、競争主義と個人主義を乗り越えた民主主義的な学校への爆発的な希望を反映していた。この事態についてある評論家は「国民は知事選挙では『政党』を選んだが、教育監選挙では『進歩』を選択した。後者の投票において国民は『親』の視線から公約をよく見て選択した。それが「キム・サンゴン効果」であった。「キム・サンゴン効果」が重要なのは、彼が（公約において）ヴィジョンを示したことである[4]」と分析している。2014年の同時選挙で、17の地域中13の地域で「革新学校」推進派の教育監が当選したのも、この希望の表れであると解釈して良いだろう。

　したがって、「革新学校」の誕生そのものは、韓国の市民社会の「新しい学校」への希求の表現であり、教師を中心とした親、市民の教育運動や教育実践の蓄積に支えられたものとして韓国の教育改革において大きな意義を持つ。しかし、「革新学校」が誕生したことがすなわち、韓国社会における民主主義的で質の高い学校教育の実現を保障すると見ることには注意を払わなければ

ならない。そこでいくつか今後の動向を注視しながら検討すべき課題を述べる。

まずは、「革新学校」は各地方の教育監選挙という政治的な文脈の中で登場したものであるだけに、政治的な状況の変化や、特定の政治的な立場を批判する人々との葛藤状況に影響を受ける可能性がある。2014年6月の地方同時選挙以降、「革新学校」が全国13自治体に拡散することが決まってからすでに、多方面から「革新学校」に対する批判や懸念が表明されている。これまでの韓国においては政権交代など政治状況の変化や政策の変化などによって教育の現場が混乱に陥るという事例が多く存在した。どのようにすれば「革新学校」が政治的な変動に左右されることなく、それぞれのクラス、学校、地域に根づき、一人ひとりの子ども、教師、親の成長と学習を実現する学校改革へと実を結んでいくのか。そのために親、市民、地域、大学などの研究機関はどのように学校改革をサポートすべきなのかについて追究していかなければならない。

また、「革新学校」がこれまでの教育改革と区別される最も重要なポイントの1つは、学校と教師の学校改革に対する動機を教育行政が汲み取り、それをサポートする形で学校改革が行われるということである。「革新学校」を推進する各地方の教育庁は、「これまでの官僚主義的な学校改革の推進方法から抜け出し、学校と教師の具体的な必要と声を反映する学校改革」を標榜している。しかし、実際、教育庁は適切な役割を果たしているのか。本書では、「革新学校」を最も精力的に推進している京畿道教育庁の「革新学校」導入初期における構想と支援方法について検討したが、今後の研究において、教育庁が学校と具体的にどのように連携しながら改革を支えているのかを明らかにする必要がある。

さらに、2015年度から全国13の広域自治体において1835校の「革新学校」が運営開始する。本書では、2014年までの調査資料に基づいて「革新学校」の政策と実践学校について検討しており、対象地域も京畿道に限られている。今後の課題として全国における「革新学校」がどのような様相を示しながら展開するのか、その内実、可能性、課題を詳細に追跡していきたい。「革新

第9章 教育行政と学校による連携的学校改革の可能性と学校改革における教師の自律性　275

学校」と関する課題の最後に、学校改革の主人公である教師の経験世界により詳細に迫ることの必要性を挙げたい。社会的に期待を寄せられている「革新学校」であるが、「革新学校」に指定され、教育庁の支援を受けるだけで学校が変化する訳ではない。教師が学校改革の主人公として、民主主義的で質の高い学校教育の創造に向けて明確なヴィジョンと方略を持ち、日々の授業の中で同僚と連帯しながら実践を積み重ねていかなければ、子どもと教師の学習と成長に資する実質的な改革は望めない。本書では、学校改革における教師の具体的で独特の経験の重要性を強調しながら、教師個人の学校改革経験を明らかにしようとしたが、今回の論考では「なぜ学校が変わらなければならないか」、「どのような方略を用いて学校改革に関与したか」など、学校改革経験の一部を取り上げるのにとどまった。今後は、教師の授業実践や同僚との授業研究など、より具体的な場面を取り上げながら、教師が学校文化と授業を変えていく中で出会う可能性や葛藤についてさらに詳細に探究していきたい。

　2つ目の残された課題は、韓国における「学びの共同体」としての学校改革を実践する学校と教師に対する体系的な研究に関するものである。2000年に初めて韓国に紹介された「学びの共同体」としての学校改革は、約14年の時間を経て、韓国国内で飛躍的な展開を示している。「韓国学びの共同体」に所属する会員教師は約3600人であり、実践学校の数は300校以上（うち17校は4年以上実践を続けた拠点学校）に上る。全国の24の地域研究会では月例授業研究会が行われ、24人のコンサルタント[5]が全国の学校の授業研究会を訪問し、学校改革に協力している。毎年の全国研究会には1000人以上の教師や行政官、研究者が参加し授業実践を中心とした学校改革の経験が交流されている[6]。このような「学びの共同体」としての学校改革の全国的な展開の様子を描くことや、そのネットワークが教師たちの具体的な学校改革と授業改革の実践にどのように寄与しているのかという課題については今回は十分に扱うことができなかった。また、「学びの共同体」としての学校改革が紹介された当初から14年の年月が経過する中で、「学び合い」を自身の授業と学校に創造することを願う教師個人と、教師のコミュニティにおける実践の

知恵の成熟が見られると考えている。前節においても、「学びの共同体」としての学校改革を語る言葉が、教師自身のものとして定着していくことの意味について触れたが、実践を語る言葉や実践を捉える視点が、教師個人の中で、また教師のコミュニティの中でどのように成長し成熟していくのかについても探究する必要があるだろう。韓国の教師たちが「学びの共同体」としての学校改革を海外から移入した学校改革の理論や実践として捉えるのではなく、その学校改革の哲学や方略から学ぶ様子、また、試行錯誤や葛藤を経て、韓国特有の文脈、個々の学校の独自の文脈の中で一人ひとりの教師が自身の言葉と実践として「学び合い」を紡ぎだしていく過程を記述することを今後の課題としたい。

注

1　李明博政府（2008年－2013年）当時学校の「自律性」と「競争システム」を強化する目的で「教員招聘性（校長の裁量で全体教員の10－20％の割合で特定の教員を招聘できる制度）」が実施された

2　「教育支援庁」は「教育庁」の傘下にあり、自治体内の各地区の教育行政支援を担当する機関である。

3　韓国における「教育出世論」とその弊害についてオ（2000）は次のように述べている。

「韓国の生徒たちは点数と学歴への圧迫で苦しんでいる。韓国社会では家庭、学校、社会などすべての領域において生徒たちを利己的な競争体制へと追い込んでいる。生徒たちは家庭と学校で絶えず『勉強しなさい』という命令を聞いている。韓国社会で『勉強』は教科の学習だけを意味し、生徒たちはそれをさらに狭義に捉え『試験対策』としてだけ認識している。初中等学校の教室ではもちろん、大学の教室でも学生たちは授業の内容の中で試験に出題される問題だけに敏感に反応する。学校と教室で生徒たちは点数だけに囚われることで教育から疎外されている。生徒たちが知的好奇心を喪失したまま自発的な学習から疎外されているのである（オ、2000：37）。」

「世代を繰り返しながら教育熱は過熱され教育は機会としてよりも圧迫として作用している。父母の教育熱に煽られ高い学歴を持つようになった世代は自分の父母よりも高い熱情により子どもたちに勉強するように励まし、教育競争はより熾烈になっている。彼らは自分たちが直接経験した成功事例を通して、ま

たは近くにいる人たちの事例を目撃したことによって『教育出生論』を確信している（オ、2000：390）。」
4 メディアス「6.2地方選挙が見せてくれる不便な真実」（2014年6月14日）。
5 コンサルタントの大部分は教師であり、研究者や退職校長が積極的にコンサルタントを務めることが多い日本の状況とは異なっている。その背景には「学びの共同体」としての学校改革に精通する専門家の不足という現実がある。
6 「韓国学びの共同体研究会」代表の孫于正氏の情報提供による（2015年1月現在）。

参考文献・引用文献

【日本語】

秋田喜代美「教師の力量形成―協同的な知識構築と同僚性形成の場としての授業研究―」(21世紀 COE プログラム東京大学大学院教育学研究科基礎学力研究開発センター編『日本の教育と基礎学力』明石書店、2006 年、193-234 頁)。

安彦忠彦他編『新版現代学校教育大事典』(ぎょうせい、2002 年)。

有田伸「韓国社会における課外授業問題と『7.30 教育改革措置』」(『年報地域文化研究』第 2 号、1998 年、1-19 頁)。

稲垣忠彦、佐藤学『授業研究入門』(岩波書店、1998 年)。

稲葉継雄「韓国(主題:社会の変化に対応する学校教育)」(『学校教育研究所年報』第 44 巻、2000 年、54-57 頁)。

石川裕之「韓国における国家カリキュラム革新とグローバル化」(『教育学研究』第 81 巻第 2 号、2014 年、214-225 頁)。

乾彰夫「東京都の教育改革:分権改革下における教育と教育行政の専門性・自律性をめぐって」(『教育学研究』第 71 巻第 1 号、2004 年、16-27 頁)。

乾彰夫、和井田清司、前田一男「特別課題研究 2 教育改革の総合的研究」(『教育学研究』第 71 巻第 1 号、2004 年、82-89 頁)。

上野正道、北田佳子、申智媛、齊藤英介編(2014)『東アジアの未来をひらく学校改革―展望と挑戦―』(北大路書房、2014 年)。

大瀬敏昭『学校を創る―茅ヶ崎市浜之郷小学校の誕生と実践―』(小学館、2000)。

大槻健「韓国における教育改革の動向と問題」(『早稲田大学大学院文学研究科紀要 哲学・史学編』第 35 号、1989 年、35-49 頁)。

馬越徹「学校教育の質的転換に向けて―韓国の場合―」(『比較教育学研究』第 16 巻、1990 年、152-161 頁)。

――――『韓国近代大学の成立と展開―大学モデルの伝播研究』(名古屋大学出版会、1995 年)。

――――『韓国大学改革のダイナミズム―ワールドクラス(WCU)への挑戦―』(東信堂、2010 年)。

馬越徹、大塚豊『アジアの中等教育改革―グローバル化への対応―』(東信堂、2013 年)。

江原武一、山﨑高哉編『基礎教育学』(放送大学教育振興会、2007 年)。

尾花清「韓国の教育改革と全教組の批判」(『教育』第 46 巻第 2 号、1996 年、120-122 頁)。
尾花清「韓国の自生の『もう一つの学校』としての『プルム学校』―解説にかえて―」
　(『民主教育研究所年報』第 12 号、2011 年、329-339 頁)。
苅谷剛彦、安藤理、内田良、清水睦美・藤田武志、堀建志、松田洋介、山田哲也『教
　育改革を評価する (岩波ブックレット No.685)』(岩波書店、2006 年)。
苅谷剛彦、諸田裕子、妹尾渉、金子真理子『「教員評価」―検証地方分権化時代の
　教育改革』(岩波書店、2009 年)。
菊地栄治「教育改革の〈公共性〉と公教育の未来像―中学校教師たちの声を聴く(特
　集これからの公教育と学校像)」(『教育展望』第 49 巻第 1 号、2003a 年、22-29 頁)。
菊地栄治「新しいコミュニティ・スクールの模索 (12・最終回) 教育改革の現在とコ
　ミュニティ・スクールの未来像」(『教職研修』第 31 巻第 2 号、2003b 年、126-129 頁)。
金泰勲「世界の動き韓国の教育改革―地方分権化の現状と課題―」(『内外教育第
　6014 号』、2010 年、11―13 頁)。
金顕宰「韓国の教育改革の現状」(『ホリスティック教育研究』第 2 号、1999 年、1-19
　頁)。
久冨善之「日本の教師―今日の『教育改革』下の教師および教員文化―」(『一橋大学
　研究年報社会学研究』第 41 号、2003 年、137-187 頁)。
権五定「教育文化の移転と変容―韓国における新しい授業モデルの導入と実践―」
　(『龍谷大学国際社会文化研究所紀要』第 6 号、2004 年、195-207 頁)。
髙吉嬉「韓国の教育政策動向 (教育改革と地方自治)」(『日本教育政策学会年報』第
　13 号、2006 年、211-220 頁)。
小島優生「韓国における教育改革 ―「自律的学校経営」と「教育自治」―」(東京大
　学大学院教育学研究科教育行政学研究室紀要第 22 号、2003 年、65-72 頁)。
佐伯絆、藤田英典、佐藤学編『学び合う共同体 (シリーズ学びと文化 6)』(東京大学
　出版会、1995 年)。
佐藤雅彰編『授業を創る―富士市立広見小学校の実践―』(ぎょうせい、2001 年)。
佐藤雅彰、佐藤学編著『公立中学校の挑戦：授業を変える学校が変わる (富士市立
　岳陽中学校の実践)』(ぎょうせい、2003 年)。
佐藤学「学びの対話的実践へ」(佐伯絆、藤田英典、佐藤編学『学びへの誘い (シリー
　ズ学びと文化 1』東京大学出版会、1995 年、49-91 頁)。
―――『カリキュラムの批評―公共性の再構築へ―』(世織書房、1996a 年)
―――『教育方法学』(岩波書店、1996b 年)。
―――『教師というアポリア―反省的実践へ―』(世織書房、1997 年)。
―――『学びの快楽―ダイアローグへ―』(世織書房、1999 年)。
―――『授業を変える学校が変わる―総合学習からカリキュラムの創造へ―』(小

学館、2000a 年)。
――――『学びから逃走する子どもたち』(岩波書店、2000b 年)。
――――『教師たちの挑戦――授業を創る学びが変わる――』(小学館、2003 年)。
――――『学校の挑戦――学びの共同体を創る』(小学館、2006 年)。
――――「学校再生の哲学――『学びの共同体』のヴィジョンと原理と活動システム――」(『現代思想』第 35 巻第 5 号、青土社、2007 年、93-105 頁)。
――――「学びの共同体の改革の現在」(韓国学びの共同体研究会講演資料、2011 年 8 月 14 日)。
――――『学校改革の哲学』(東京大学出版会、2012a 年)。
――――『学校見聞録――学びの共同体の実践』(小学館、2012b 年)。
――――「子どもの学び・教師の学び――学びの共同体の学校改革――」(韓国清州教育大学校・講演資料、2014 年 12 月)。
佐藤学、和歌山大学教育学部附属小学校『質の高い学びを創る授業改革への挑戦――新学習指導要領を超えて――』(東洋館出版社、2009 年)。
志水宏吉・徳田耕造編『よみがえれ公立中学：尼崎市立「南」中学校のエスノグラフィー』(有信堂高文社、1991 年)。
志水宏吉『教育のエスノグラフィー：学校現場はいま』(嵯峨野書院、1998 年)。
志水宏吉『のぞいてみよう！今の小学校：変貌する教室のエスノグラフィー』(有信堂高文社、1999 年)。
志水宏吉『公立小学校の挑戦――「力のある学校」とはなにか (岩波ブックレット No. 611)』、(岩波書店、2003 年)。
申智媛「統制行為を中心とする教師の役割の研究――韓国の初等学校の観察から」(『東京大学大学院教育研究科紀要』第 46 巻、2004 年、391―400 頁)。
申智媛「韓国の『革新学校』を拠点とする教育改革に関する研究」(『人文科学』第 18 号、2013 年、18-29 頁)。
ショーン，D『専門家の知恵――反省的実践家は行為しながら考える――』(佐藤学・秋田喜代美訳、ゆみる出版、2001 年)。(原書名：*The Reflective Practitioner: How professionals think in action*, Basic Books, 1984.)
ジョハン・ヘジン「韓国・東アジアの教育改革：韓国の代案学校運動を中心に」(東京大学教育学研究科教育研究創発機構講演会配布資料、2005 年 12 月 14 日)。
孫于正「韓国における『学びの共同体』と学校改革」(和井田清司、張建、牛志奎、申智媛、林明煌編『東アジアの学校教育』、三恵社、2014 年、266-273 頁)。
高井良健一「教育研究の現在」(『教育学研究』第 74 巻第 2 号、2007 年、251-260 頁)。
鄭廣姫「韓国の教育改革と教育三法 (教育基本法と教育政策)」(『日本教育政策学会年報』第 10 号、2003 年、50-66 頁)。

鄭廣姫「韓国における『学力』問題と教育改革―実態・対応と今後の課題を中心に―」(『比較教育学研究』第 29 巻、2003 年、25-41 頁)。

鄭在貞「韓国の教育改革と歴史教科書の改編」(『歴史学研究』第 706 号、1998 年、14-20 頁)。

東京都練馬区立豊玉南小学校『一人ひとりの学びを大切にした授業の創造』(2006 年)。

二宮祐子「教育実践へのナラティヴ・アプローチ―クラディニンらの『ナラティヴ探究』を手がかりとして―」(『東京学芸大学学校教育学研究論集』第 22 号、2010 年、37-52 頁)。

平塚眞樹「学校改革を支援する自治体教育行財政改革：高知県における教育改革の施策形成過程に着目して(地方分権政策下における自治体と学校 I、年報フォーラム)」(『日本教育行政学会年報』第 29 号、2003 年、35-50 頁)。

藤田英典、大桃敏行編『学校改革』(日本図書センター、2010 年)。

細谷俊夫編『教育学大事典』(第一法規、1978 年)。

村瀬公胤「授業研究の現在」(『教育学研究』第 74 巻第 1 号、2007 年、41-48 頁)。

諸田裕子、金子真理子「教育改革の社会学―地方分権化時代の教育課程と教師―」(『東京学芸大学紀要総合教育科学系』第 60 号、2003 年、523-545 頁)。

文部科学省「義務教育の構造改革―中央教育審議会答申の概要―」(2005 年)。

油布佐和子「新自由主義的教育改革下の教師の意識―教員政策を中心として―」(『早稲田大学大学院教職研究科紀要』創刊号、2009 年、63-82 頁)。

油布佐和子、紅林伸幸、川村光、長谷川哲也「教職の変容―『第三の教育改革』を経て―」(『早稲田大学大学院教職研究科紀要』第 2 号、2010 年、51-82 頁)。

油布佐和子、紅林伸幸「教育改革は、教職をどのように変容させるか」(『早稲田大学大学院教職研究科紀要』第 3 号、2011 年、19-45 頁)。

【英語】

Akita, K., "Building Sustainable Learning Community," Keynote Speech, The First International Conference of School as Learning Community, Gakushuin University, March 25, 2014.

Arendt, H., "What is Authority?," In Arendt, H., *Between Past and Future*, Penguin Books, 1968, pp. 91-141.

Asian Development Bank, *Asia 2050: Realizing the Asian Century: Realizing the Asian Century*, Executive Summary, 2011.

Chen, P. "Creating an epistemological network for learning communities: Taipei's experience," Keynote Speech, The First International Conference of School as Learning Community, Gakushuin University, March 25, 2014.

Clandinin, D. J., & Connelly, F. M., "Teachers professional knowledge landscapes: Teacher stories-stories of teachers-school stories-stories of schools, " *Educational Researcher* 25 (3) , 1996, pp. 24-30.

Connelly, F. M. & Clandinin, D. J., "Stories of Experience and Narrative Inquiry". *Educational Researcher* 19 (5) , 1990, pp. 2-14.

Craig, C., "Story constellation: A narrative approach to contextualizing teachers' knowledge of school reform, " *Teaching and Teacher Education* 23, 2007, pp. 173–188.

Craig, C., "Research in the midst of organized school reform: versions of teacher community in tension, " *American Educational Research Journal* 46 (2) , 2009, pp. 599-600.

Cuban, L., "Transforming the Frog into Prince: Effective School Research, Policy, and Practice at the District Level, " *Harvard Educational Review*, 54 (2) , 1984, pp. 129-151.

Datnow, A., Hubbard, L. & Mehan, H., *Educational Reform Implementation: A Co-constructed Process (Research Report 5)*, Center for Research on Education, Diversity and Excellence, 1998.

Datnow, A., & Stringfield, S., "Working together for reliable school reform, " *Journal of Education for Students Placed At Risk* 5 (1) , 2000, pp. 183-204.

Datnow, A., L. Hubbard, & H. Mehan, *Extending Educational Reform: From One School to Many*, London: Routledge Falmer, 2002.

Dewey, J., *Democracy and Education: An introduction to the philosophy of education*, Macmillan, 1916.

Dewey, J., *The Public and its problems*. New York: H. Holt and Company, 1927.

Dollar, D., "Asian century or multi-polar century?, " Paper prepared for the Global Development Network Annual Conference: 'The Rise of Asia' , Beijing, 12-19 January, 2007.

Elbaz, F., *Teacher Thinking: A Study of Practical Knowledge*, Nichols Publishing, 1983.

Goodson, I. ed., *Studying Teachers' Lives*, Routledge, 1992.

Kagan, S. & Kagan, M., *Kagan Cooperative Learning*, Kagan Cooperative Learning, 1997.

Kennedy, J. K. & Lee, J. C., *Changing Roles of Schools in Asian Societies: Schools for the Knowledge Society*, Routledge, 2010.

Kim, J., "Education Reform Policies and Classroom Teaching in South Korea, " *International Studies in Sociology of Education* 14 (2) , 2004, pp. 125-146.

Kim, K., "Public and Private in South Korea' s Education Reform Vocabulary: An Evolving

Statist Culture of Education Policy, " *International Education Journal* 5 (4), 2004, pp. 521-530.

Kim, M., "Teaching and Learning in Korean Classrooms: The Crisis and the New Approach?, " *Asia Pacific Education Review* 4 (2), 2003, pp.140-150.

Lieberman, A., *The Work of Restructuring Schools: Building From the Ground Up*, New York: Teachers College Press, 1995.

Lo, W. & Gu, J., "Reforming School Governance in Taiwan and South Korea: Empowerment and Autonomization in School-Based Management, " *International Journal of Educational Management* 22 (6), 2008, pp. 506-526.

Fullan, M., *The New Meaning of Educational Change*, New York: Teachers College Press, 2001.

Hahn, D., Son, W. & Jeon, H., "Possibilities and Limitations in Building a school community, centered on improving classroom instruction and teacher professional collegiality: a case study of action research project of an urban public elementary school in Korea, " Papare prepared for The 7th International conference on Education Reaserch, Seoul National University, November 20-21, 2006, pp. 506-507.

Hargreaves, A. & Fink, D., "The three dimensions of reform, " *Educational Leadership* 57 (7), 2000, pp. 30-34.

Hargreaves, A. & Fink, D., *Sustainable leadership*, Jossey-Bass, 2005.

Hargreaves, A. & Goodson, I., "Educational Change Over Time? The Sustainability and Nonsustainability of Three Decades of Secondary School Change and Continuity, " *Educational Administration Quarterly* 42 (1), 2006, pp. 3-41.

Hendayana, S. "Challenges in promoting schools as learning community in Indonesia, " Keynote Speech, The First International Conference of School as Learning Community, Gakushuin University, March 25, 2014.

Lortie, D. C., *Schoolteacher: a sociological study*, University of Chicago Press, 1977.

McLaughlin, M. W., "Learning from the experience: lessons from policy implementation, " in A. R. Odden, ed., *Education Policy Implementation*, New York: State University of New York Press, 1991.

Moon, Y., "Education Reform and Competency-Based Education, " *Asia Pacific E ducation Review* 8 (2), 2007, pp.337-341.

OECD, *Review of National Policy for Education*, OECD Publishing, 1998.

OECD, *Mathematics Teaching and Learning Strategy in PISA*, OECD Publishing, 2010.

OECD, *PISA 2012 Results: Ready to Learn: Students' Engagement, Drive and Self-Beliefs (Volume III)*, PISA, OECD Publishing, 2013a.

OECD, *PISA 2012 Results: What Makes Schools Successful? Resources, Policies, and Practices (Volume*

Ⅵ), PISA, OECD Publishing, 2013b.

Park, J. & Joeng, D., "School Reforms, Principal Leadership, and Teacher Resistance: Evidence from Korea," *Asia Pacific Journal of Education* 33 (1), 2013, pp. 34-52.

Saito, E. "Lesson study for learning community: School reform against colonization, " Keynote Speech, The First International Conference of School as Learning Community, Gakushuin University, March 25, 2014.

Schön, D., *The Reflective Practitioner: How Professionals Think in Action*, Basic House, 1984.

Shimahara, N. K. & Sakai, A. *Learning to Teach in Two Cultures; Japan and the United States*, Garland Publishing, 1995.

Sato, M., "Vision, Strategies and Philosophy for School Innovation in Japan ; Designing School as Learning Community, "Paper prepared for Korean Presidential Committee on Educational Innovation, Future, and Educational Strategies, 2006.

Sato, M., "Retrospect and prospect of school as learning community in Asia, " Opening Remark, The First International Conference of School as Learning Community, Gakushuin University, March 25, 2014.

Shen, X., "School as learning community in Shanghai: Progress and current issues, " Keynote Speech, The First International Conference of School as Learning Community, Gakushuin University, March 25, 2014.

So, K., Shin, J. & Son, W., "A Comparative Study of Classroom Teaching in Korea and Japan: A Case Study on Reforming Schools into Learning Communities, " *Asia Pacific Education Review* 11 (3), 2010, pp. 273-283.

Son, W. , "School as Learning Community and School Reform in Korea", Keynote Speech, The First International Conference of School as Learning Community, Gakushuin University, March 25, 2014.

Son, W. & Shin, J. "A case of English lesson in Korea, " The Second Conference of the International Network for School as Learning Community: Refleciton and Deliberation on Classroom Practice of School as Learning Community, Gakushuin University, November 7-9, 2014.

Stoll, L. & Fink, D., *Changing our Schools: Linking School Effectiveness and School Improvement*, Open University Press, 1996.

UNESCO, *Teaching and learning: Achieving quality for all*, 2013.

Varkey Gems Foundation, *Global Teacher Status Index*, 2013.

Yeom, M. & Ginsburg, M., "Professionalism and the Reform of Teachers and Teacher Education in the Republic of Korea & the United States of America, " *Asia Pacific Education Review* 8 (2), 2007, pp.298-310.

Yonezawa, S., & Stringfield, S., *Special Strategies for Educating Disadvantaged Students Follow-up Study: Examining the Sustainability of Research Based School Reforms,* Johns Hopkins University CRESPAR, 2002.

【韓国語】

アジュ経済「現場の教師77％カリキュラム改編反対」（2014年9月11日）。

イ・インヒョ『人文系高等学校教職文化研究』（ソウル大学博士学位論文、1990年）。

イ・ウォングン「2013年予想される主要教育政策の争点及び法案処理の展望」（『教育開発』40(1)、2013年、72-77頁）。

イ・ギュファン「教育改革における保守主義と急進主義―韓国を中心として―」（『韓国教育研究』3(1)、1996年、7-67頁）。

イ・クァンウォン、ホン・ヨンヘ「学父母教育運動団体の教育運動主張に関する研究」（『教育理論と実践』12(1)、2002年、121-140頁）。

イ・クァンヒョン『学びの共同体運動を通じた数学に対する生徒の実態調査研究―数学10―カの複少数を中心として―』（東国大学校大学院碩士学位論文、2013年）。

イ・ジェチャン『学校教育の形式性と学びの共同体の無形式性―状況学習論から見た順理と背理―』（仁河大学校教育大学院碩士学位論文、2013年）。

イ・ジェチョル『青少年期教養教育としての中等課程哲学教科教育研究―イウ学校中高教育課程の事例を中心として―』（東国大学校大学院碩士学位論文、2012年）。

イ・ジョンガク『学校授業方法の社会文化的脈略』（教育科学社、1998年）。

イ・ジュヨン『イ・オドク生活と教育思想』（ナラマル、2006年）。

イ・ジョンテ「代案教育分野特性化高等学校の運営実態及び発展の方向」（『教育振興』12(4)、2000年、18-29頁）。

イ・ジョンテ「代案教育をどのように見るべきか」（『国会報』2001年4月、80-83頁）。

イ・スグァン「誰が誰を悲しむのか―当代教育主体の生の断章―」（『共にひらく教育』15、共にひらく教育研究所、2010年、127-131頁）。

イ・ソンヨン『386世代の理念傾向の研究―16代、17代総選挙政策争点別理念傾向の比較分析を中心として』（高麗大学校大学院政治外交学科碩士論文、2005年）。

イ・ダルゴン「参与政府一年の批判的評価と課題―政治改革と国政運営を中心に―」（国家経営戦略研究院政策懇談会資料集、2004年）。

イ・ヒョッギュ「イウ学校授業共同体活動の意味」（『共にひらく教育』14、2009年、70-75頁）。

イ・ヒョンヨン「2年目にさしかかる『学びの共同体』運動」（『共にひらく教育』7、2007年、17-25頁）。

「3 年目にさしかかる『学びの共同体』運動」(イウ学校国際ワークショップ資料集、2008 年 9 月 26 日)。
　　　　　「学業成就水準は高いのに授業は崩壊している！？」(『共にひらく教育』20、2014 年、28-45 頁)。
イ・ヨンマン、パク・ドンソプ「学びの共同体の認識論的背景探究」(『初等教育研究』23 (1)、2010 年、183-209 頁)。
イム・ヒソプ (2007)「韓国市民社会の自律性と公共性に関する研究」(『大韓民国学術院論文集 (人文、社会科学編)』46-1, 189-221 頁)。
仁川広域市教育庁『仁川型革新学校』(2015 年)。
ウォン・ヘオン『学びの共同体哲学を活用したグループ主導型学習モデルの開発及び適用に関する研究：中学校 1 年生平面図形の単元を中心に―』(慶南大学校碩士学位論文、2014 年)。
オーマイニュース「革新学校を準備する教師の会」(2010 年 11 月 22 日)。
オーマイニュース「革新学校へ行く 5 京畿龍仁 F 高在学生座談会」(2014 年 11 月 10 日)。
オ・ウクファン『韓国社会の教育熱：起源と深化』(教育科学社、2000 年)。
オ・スンヒョン『学びの共同体英語授業に対する生徒及び教師の認識に関する研究』(淑明女子大学校教育大学院碩士学位論文、2014 年)。
オ・セジェ『386 世代の世代効果に対する経験的な研究―政治的機会構造と動員による世代効果の条件的表出を中心として―』(西江大学校大学院政治外交学科博士論文、2014 年)。
オム・キホ『教師も学校が怖い』(タビ、2013 年)。
韓国教育開発院『2006 韓国の教育・人的資源指標』(2006 年)。
韓国教育課程評価院「授業専門性一般規準案内」(2007 年)。
韓国教育学術情報院『教員研修資料『よい授業づくり―授業技術 100 選―』』(2005 年)。
韓国教育新聞「教師、誰でも教科書の著者になれます」(2015 年 1 月 19 日)。
韓国教育部、韓国教育開発院『2014 年教育基本統計』(2014 年)。
韓国近現代辞典 (カラム企画、2005 年)。
韓国統計庁『韓国人の社会指標』(2014 年)。
韓国方定煥財団、延世大学校社会発展研究所「2011 韓国子ども、青少年幸福指数国際比較調査」(2011 年)。
江原道教育庁江原幸福プラス学校ホームページ。http://happyplus.gwe.go.kr/
江原道教育庁『2011 年江原幸福プラス学校推進計画』(2011 年)。
カン・ギウォン「授業葛藤と対応戦略：初等学校社会科 5 年の四人の教師の授業ジレンマ」(『初等教育研究』16 (2)、2003 年、182-209 頁)。

カン・ビョリ、ジョ・ソンヘ『野花が咲く学校で遊ぼう』(プルンナム、2010年)。
キム・インヒ「教育改革と教師参加」(『韓国教員教育研究』20 (3)、2003年、55-76頁)。
キム・サンゴン、ジ・スンホ『キム・サンゴン、愉快な教育革新を語る』(シデエチャン、2011年)。
キム・ジョンウン「韓国の青少年の生徒としてのアイデンティティの受容過程」(『韓国社会学』43 (2)、2009年、85-129頁)。
キム・ジョンヒ、カン・ヨンウォン「教師の専門的能力開発のための現職研修制度の発展方向の探索」(『韓国政策科学会会報』3、2003年、411-436頁)。
キム・ジョンヒョン『学校改革の動因と意味に関する質的事例研究』(ソウル大学校大学校博士学位論文、2011年)。
キム・ソンチョン『学校革新の哲学』(幸せな学校をつくる会、2010年)。
キム・ソンチョン『革新学校とは何か』(マメドゥリム、2011年)。
キム・ソンチョン、ヤン・ジョンホ「教育運動家を通して見た韓国の教育市民運動」(『教育社会学研究』15 (3)、2005年、79-103頁)。
キム・ソンヨル「教師中心教育民主化運動とその争点」(『社会科学研究』2、1990年、99-126頁)。
キム・テヨン『特性化代案学校政策研究』(弘益大学校教育大学院博士学位論文、2008年)。
キム・デヒョン、ソン・ウジョン「授業を中核とした学びの学校共同体に関する研究」(『教育課程研究』23 (4)、2005年、131-155頁)。
キム・チウォン「イウ英語教育に対する素描―第4回授業公開の日に参加して―」(『共にひらく教育』14、2009年、49-54頁)。
キム・チョルウォン「第1次京畿道革新学校教師ワークショップ」(『共にひらく教育』15、2010年、48-57頁)。
キム・ヒジュ『学びの共同体授業が数学の学習態度と学業達成度に及ぼす影響―高校1年生の「多項式と演算」を中心として―』(東国大学校大学院碩士学位論文、2013年)。
キム・ヒョジョン『教師の学校改革実行影響要因間の構造的関係』(ソウル大学校大学院博士学位論文、2011年)。
キム・ヒョス『学びの共同体学校の社会科授業実践事例比較』(韓国教員大学校大学院碩士学位論文、2012年)。
キム・ヒョンソプ「革新学校運動のための授業革新モデル比較研究」(『開かれた教育実行研究』14、2011年、55-78頁)。
キム・ミンア『革新学校の教育課程再構成事例研究―学びの共同体授業実践事例を中心として―』(慶熙大学校教育大学院碩士学位論文、2014年)。

キム・ヨンウ「三通の手紙」(『共にひらく教育』19号、2013年、24-32頁)。
キム・ヨンスク『初等学校の教師文化に対する解釈的な接近』(慶尚大学校教育大学院教育社会学専攻碩士学位論文、1995年)。
キム・ヨンチョン『四つの学校の物語―韓国の初等学校の教室生活と授業』(文音社、1997年)。
教育科学技術部「自律学校成果分析研究―革新学校モデルを中心に(中間研究報告書)」(2013年)。
教育人的資源部『代案教育白書』(2007年)
教育部「『未認可代案教育施設』185校運営現況調査結果」(教育部報道資料、2014年5月23日)。
京仁日報「キム・サンゴン京畿道教育監就任式―京畿教育改革の総合的モデルを提示―」(2010年7月2日)。
京畿道教育庁革新学校情報センターホームページ。http://hyeoksinschool.goe.go.kr/
京畿道教育庁『5大革新課題細部事業推進計画』(2010年)。
京畿道教育庁『2010、2011「革新学校」推進計画』(2010年)。
京畿道教育庁学校革新課『2011年革新学校推進計画』(2011年)。
京畿道教育庁『2012年革新教育地区推進計画』(2012年)
京畿道教育庁『2014年革新学校運営基本計画』(2014年)。
京畿道教育庁『2014年革新教育地区運営基本計画』(2014年)。
京畿道教育情報記録院『学校総概況』(2014年)。
慶尚南道教育庁『慶南革新学校づくりの正しい理解』(2014年)。
慶南道民日報「子どもの心に『響き』を与えること、それが革新教育の始まり」(2014年10月1日)。
京郷新聞「公教育から再生させよ」(1998年1月17日)。
京郷新聞「済州型革新学校『タホンディ学びの学校』5校指定へ」(2014年11月25日)。
キョン・テヨン『私は「革新学校」に行く』(マメドゥリム、2010年)。
光州広域市教育庁ビッゴウル革新学校ホームページ。http://newschool.gen.go.kr/main/main.php
国民日報「公教育崩壊、解法はないのか―EBS特別企画『教育を告発する』」(2003年2月9日)。
コ・ユハ『学びの共同体に基づいた授業事例参与観察研究』(江原大学校教育大学院碩士学位論文、2013年)。
佐藤学『教育改革をデザインする―教育の公共性と民主主義のために』(ソン・ウジョン訳、コンカム、2001年)。(原書名:『教育改革をデザインする(シリーズ教育の挑戦)』、岩波書店、1999年)。

───「学びとケアの共同体=協同的な学びを支える教師の同僚性」(第 5 回ソウル市代案教育センター主催シンポジウム「あたたかいケアと学びが可能な小さな学校づくり」資料集、延世大学校、2005 年)。

───「活動システムとしての学びの共同体=学校改革の事例研究」(釜山大学校教育研究所主催シンポジウム「学びとケアの学校共同体構築のための国際学術フォーラム」資料集、釜山大学校、2004 年)。

参与疎通教育の会ホームページ。
http://www.chamtong.org/moim/association/AI017_VP_002.do?comtySeq=C200812251625093190

シン・ジェヨン「教育改革体験の研究―イ・ヘチャン 1 世代のナラティヴを中心に―」(『教育社会学研究』15(1)、2005 年、163-187 頁)。

シン・ミョンホ「教育と貧困脱出―低所得層青少年の学力低下現象を中心として―」(『都市研究』(9)、2004 年、29-65 頁)。

J 中学校『2010 年度学校教育計画』(2010 年)。

───『2011 年度学校教育計画』(2011 年)。

───『2010 年度学校教育年次報告書』(2010 年)。

───『2011 年度学校教育年次報告書』(2011 年)。

───『2010 年度授業公開及び授業コンサルティング運営計画』(2010 年)。

───『2011 年度授業公開及び授業コンサルティング運営計画』(2011 年)。

ジャン・フン、キム・ミョンス「京畿革新学校運営事例分析―初等学校事例を中心として―」(『学習者中心教科教育研究』11(5)、2011 年、311-333 頁)。

ジョ・デヨプ「韓国の社会運動世代、386」(『季刊思想』秋号、2002 年、125-147 頁)。

ジョハン・ヘジョン『学校を拒む子どもたち、子どもを拒む社会』(トハナエムンファ、1996 年)。

───『学校を求める子ども、子どもを求める社会』(トハナエムンファ、2000 年)。

───「ケアと学びが可能な小さな学校づくり」、第 5 回ソウル市代案教育センターシンポジウム「ケアと学びが可能な小さな学校づくり(韓国延世大学校)資料集」(2005 年 11 月 26 日)。

ジョ・ヨンファン「教室崩壊の教育人類学的分析」(『教育人類学研究』3(2)、2000 年、43-66 頁)。

ジョン・グァンピル『イウ学校物語』(ゲリオン、2008 年)。

ジョン・ジンファ『教師主導学校改革運動に関する研究』(ソウル大学校大学院博士学位論文、2013 年)。

ジョン・バウル、ファン・ヨンドン「自生的学校革新の拡散経路と過程に対する研究」

(『教育行政学研究』29 (2)、2011 年、313-338 頁)。

ジョン・ヘジン『プルム学校の近代教育史的意義』(韓国教育学研究 19 (3)、2013 年、233-268 頁)。

全羅南道教育庁ムジゲ学校ホームページ。http: //rainbow.jne.go.kr/main/main.php

全羅北道教育庁全北革新学校ホームページ。 http: //www.jbe.go.kr/02education/12_01.asp

ジン・ドンソプ、ホン・チャンナム、キム・ドギ『学校経営コンサルティングと授業コンサルティング』(教育科学社、2009 年)。

全国教職員労働組合ホームページ。http: //www.eduhope.net/

全国教職員労働組合『教育希望』(2011 年 3 月 26)。

ソウル大学校教育研究所『教育学用語辞典』(1995 年)。

ソウル特別市教育庁『ソウル型革新学校運営基本計画』(2015 年)。

ソウル特別市教育庁ホームページ。http: //www.sen.go.kr/law/index_a.html

ソ・グンウォン『初等学校討議式授業の文化記述的研究』(ソウル大学校大学院教育学科博士学位論文、1997 年)。

ソ・グンウォン「授業改善の代案的方案探索―教育人類学の授業対話」(『アジア教育研究』9 (1)、2008 年、95-132 頁)。

ソ・グンウォン『授業での疎外と実存』(カラム文化社、2007 年)。

ソ・グンウォン「学びの共同体は学校革新の道となりうるか」(『京畿道教育庁主催国際革新教育シンポジウム資料集』、京畿道教育庁、2011 年)。

ソ・ジョンファ「李明博政府の教育改革推進の診断及び示唆」(『教育行政学研究』27 (2)、2009 年、481-499 頁)。

ソ・ヨンヒ、カン・ソクボン、ジュ・チョルアン「開かれた教育改革過程に関する分析研究」(『教育行政学研究』26 (2)、2008 年、259-285 頁)。

ソン・ウジョン「『学びの共同体』を基盤とした授業改革に関する研究―日本の浜之郷小学校の実践を中心として―」(『教育学研究』42 (3)、2004 年、375-396 頁)。

ソン・ジュンジョン「90 年代教育改革の社会的性格に対する論議」(『教育学研究』34 (1)、1996 年、149-167 頁)。

ソン・スンジェ、イ・ミンジョン他『革新学校運営過程質的研究 (教育政策研究課題報告書)』(ソウル特別市教育研究情報院、2011 年)。

ソン・ヨルグァン、イ・スンチョル『韓国教育の希望と未来―革新学校』(サルリムト、2011 年)。

小さな学校教育連帯『小さな学校、幸せな子どもたち』(ウリ教育、2009 年)。

中央日報「大学入試で人性評価誘導、自由学期制今年全国中学校 70%」(2015 年 1 月 22 日)。

チェ・ジェソン、ファン・ジス「生徒の学業達成度に高校選択制が及ぼした影響―韓国の政策変化を根拠として―」(韓国社会学会第 2 回韓国不平等研究シンポジウム資料集、2014 年)
チェ・ジャンジプ『韓国労働運動と国家』(ナナム出版、1997 年)。
チェ・ビョンホ『革新学校参加教師たちの教育観再構成とネットワークの分析』(韓国教員大学校碩士学位論文、2012 年)。
チェ・ユラ『ヴィゴツキー理論に基づいた学びの共同体授業が高校生の社会性と達成動機に及ぼす影響』(昌原大学校碩士学位論文、2013 年)。
忠清南道幸福共有学校ホームページ。http://www.chungnamilbo.com/news/articleView.html?idxno=314187
忠清北道教育庁ホームページ。http://www.cbe.go.kr/site/pledge/sub.php?menukey=429&mod=view&no=395862
朝鮮日報「『自由、個性を求めて』代案学校がブレイク：入試倍率 10 倍のところも」(2000 年 11 月 20 日)。
東亜日報「第一回アメリカ留学博覧会に、初・中・高校生の親が殺到した」(1994 年 3 月 6 日)。
統計庁「2010 年人口住宅総調査」(2010 年)。
統計庁「2007 年私教育費実態調査結果」(2008 年)。
統計庁「2012 年私教育費調査結果」(2013 年)。
共にひらく教育研究所『共にひらく教育』3 (2006 年)。
共にひらく教育研究所『共にひらく教育』6 (2007 年)。
共にひらく教育研究所『共にひらく教育』7 (2007 年)。
共にひらく教育研究所『共にひらく教育』9 (2008 年)。
共にひらく教育研究所『共にひらく教育』19 (2013 年)。
共にひらく教育研究所ホームページ。http://www.ceri.re.kr/
ナ・ビョンチュン『1980 年代教師運動に関する研究：全国教職員労組運動を中心に』(慶煕大学校経営大学院碩士論文、1990 年)。
ニューシス「世宗市教育庁、世宗革新学校 3 月開校準備完了」(2015 年 2 月 16 日)。
ネイル新聞「教育は言葉や文章ではない、行動から起こります」(2014 年 4 月 22 日)。
ハン・ジュンサン、『韓国教育評論 1997：文民政府の教育改革の評価』(韓国教育開発院、1998 年)。
ハン・デドン「授業と教師協議会を中心とした学校革新事例研究―韓国と日本のパイロットスクールの比較―」(『比較教育研究』18 (1)、2008 年、141-169 頁)。
ハンギョレ新聞「次は学校教育が変わる番だ」(1996 年 11 月 22 日)。
ハンギョレ新聞「私教育費特別対策委員会発足」(1998 年 6 月 4 日)。

ハンギョレ新聞「私教育の議論よりも先に公教育の不実を見直さなければ」(1998年9月1日)。
ハンギョレ新聞「第7次教育課程、外面的な変化だけ。学校は絶対塾に追い付けない」(2003年11月11日)。
ハンギョレ新聞「親が開いた校門：子どもが楽しめる学校」(2005年2月27日)。
パク・ウンヒョン、チェ・ドゥジン、ジョ・ソンジャ、コ・ジョンスン「教育革新の概念、動向及び発展方向」(『教育革新研究』10(1)、2009年、1-24頁)。
パク・サンワン「学校改革と学校構成員の役割」(『地方教育経営』11、2006年、91-116頁)。
パク・ジェホン「世代概念に関する研究―コーホート的視角から―」(『韓国社会学』37(3)、2003年、1-23頁)。
パク・ジョンソン『学びの共同体に基づいた創作表現活動が体育授業における疎外に及ぼす影響』(韓国体育大学校碩士学位論文、2013年)。
パク・ジョンチョル『革新学校教師の民主的コミュニケーションの経験に関する研究』(ソウル大学校大学院碩士学位論文、2013年)。
パク・ヨンスク『教職活性化のための教職文化変化戦略開発』(韓国教育開発院、2003年)。
バン・ジヒョン「革新学校ともにした授業公開の日」(『共にひらく教育』15、2010年、25-29頁)。
ファン・ギウ『韓国の初等学校の教師文化に関する解釈的研究』(高麗大学校大学院博士学位論文、1992年)。
ファン・ギウ「学校改革のための教師リーダーシップの研究」(『教育問題研究』31、2008年、23-47頁)。
釜山広域市教育庁釜山革新学校ホームページ。http://hyeoksinschool.pen.go.kr/main.php
F高等学校「F高教育課程計画書―参加、コミュニケーション、信頼の学び共同体」(2013a年)。
F高等学校「2013年度第2回公開授業」(2013b年)。
F高等学校ホームページ。http://www.hd.hs.kr/wah/main/index.htm
ヘラルド経済「学校の外にいる子どもたち、これからは行動で支援しよう」(2014年2月14日)。
ホ・スク「新しい学校文化の創造と教授―学習の質的な改革」(『教育課程研究』17(1)、1999年、31-43頁)。
ホ・ヨンシク「ドイツの教育市民運動を通じた教育改革事例」(『韓国教育研究』5(2)、1999年、129-140頁)。

毎日経済「暗記式教育に未来はない」(1999年5月4日)。
毎日経済「私教育費20兆ウォン」(1997年5月13日)。
学びの共同体研究会「授業事例研究会高等分科2、高等学校1年理科」(第2回学びの共同体研究会資料集、2011年8月16日)。
メディアス「6.2地方選挙が見せてくれる不便な真実」(2014年6月14日)。
ヤン・ギホ「韓国市民団体の政治的機能分析」(『21世紀政治学会報』10(2)、2000年、61-77頁)。
ユ「自ら学び、共に成長する理科室」(幸福授業第7号、京畿道教育庁、2012年)。
ユ・ギルハン「韓国の政府時期別教育改革政策に対する教師の政策実践効果性に関する構造分析」(『教育行政学研究』26(4)、2010年、109-137頁)。
ユ・サンドク「日本の『学びの共同体運動』事例研究」、韓国教育研究11(1)、2006年、85-110頁)。
ユン・ジョンイル「教育改革のための中央と地方の関係」(『教育行政学研究』14(3)、1996年、18-39頁)。
ユン・ジョンイル「学校教育崩壊危機の総合的分析と対策に関する研究」(『教育行政学研究』21(2)、2003年、1-30頁)。
ユン・ジョンイル、ハン・スンヒ、オ・ホンソク「知識基盤型自律的革新体制構築方案研究」(教育人的資源部、2004年)。
ユン・チャンハ「京畿革新教育成功のための政策ヴィジョンの模索」(『京畿道教育庁主催国際革新教育シンポジウム資料集』、2011年)。
ユン・スンヒ『学びの共同体学校運営を通した多文化教育実践方案研究:京畿道教育庁の革新学校運営を中心として』(京畿大学校教育大学院碩士学位論文、2012年)。
龍仁市民新聞「革新学校F高校力強い出発『歓迎』―生徒、教師、親の期待の中で公教育への新しい挑戦」(2010年3月10日)。

【韓国語文献リスト(韓国語)】

아주경제(2014년 9월 11일). 현장교사 77% 교육과정개편 반대.
양기호(2000). 한국 시민단체의 정치적 기능 분석. **21 세기정치학회보** 10(2), 61-77.
이인효(1990). **인문계 고등학교 교직문화연구**. 서울대학교 대학원 박사학위논문.
이원근(2013). 2013년 예상되는 주요 교육정책의 쟁점 및 법안처리 전망. **교육개발**, (40) 1, 72-77.
이규환(1996). 교육개혁에 있어서의 보수주의와 급진주의 - 한국을 중심으로. **한국교육연구**, 3(1), 7-67.

イ・クァンウォン、ホン・ヨンヘ「学父母教育運動団体の教育運動主張に関する研究」
(『教育理論と実践』12(1)、2002年、121 – 140頁)。

이광현 (2013). 배움의 공동체 운동을 통한 수학에 대한 학생의 실태 조사 연구 : 수학 10- 가의 복소수 중심으로. 동국대학교 석사학위논문.

이선영 (2004). 386 세대의 이념성향 연구 : 16 대, 17 대 총선 정책쟁점별 이념성향 비교분석을 중심으로. 고려대학교 석사학위논문.

이재창 (2013). 학교교육의 형식성과 배움의 공동체의 무형식성 : 싱황학습론에서 본 순리와 배리. 인하대학교 교육대학원 석사학위 논문.

이채철 (2012). 청소년기 교양교육으로서 중등과정 철학교과 교육연구 : E 학교 중, 고등교육과정의 사례를 중심으로. 동국대학교 석사학위 논문.

이종각 (1988). 학교수업방법의 사회 - 문화적 맥락. 율산 이용걸 교수 **정년기념논문집간행위원회**. 교육과학사.

이주영 (2006). **이오덕 삶과 교육사상**. 서울 : 나라말.

이종태 (2000). 대안교육분야 특성화 고등학교의 운영실태 및 발전 방향. **교육진흥**, 12 (4), 18-29.

이종태 (2001). 대안교육을 어떻게 볼 것인가. **국회보**, 2001 년 4 월, 80-83.

이수광 (2010). 누가 누구를 슬퍼하는가 : 당대교육주체의 삶의 단상. **함께여는교육**, 15 호, 127-131.

이달곤 (2004). 참여정부 1 년의 비판적 평가와 과제 : 정치개혁과 국정운영을 중심으로.

국가경영전략연구원 정책간담회 자료집.

이혁규 (2009). E 학교 수업 공동체 활동의 의미. **함께여는교육**, 14 호, 70-75.

이현영 (2007) 2 년째 접어드는 배움의 공동체 운동. **함께여는교육**, 7 호, 17-25.

이현영 (2008) 3 년째 접어드는 배움의 공동체 운동. 2008 년 9 월 26 일 E 학교 국제워크숍 자료집.

이현영 (2014) 학업성취수준은 높은데 수업은 붕괴하고 있다 !?. **함께여는교육**, 20 호, 28-45.

이영만, 박동섭 (2010). 배움의 공동체의 인식론적 배경탐구. **초등교육연구**, 23 (1), 183-209.

임희섭 (2007). **한국 시민사회의 자율성과 공공성에 관한 연구**. 대한민국 학술원 논문집 (인문, 사회과학편), 46 (1), 189-221.

원혜언 (2014). **배움의 공동체 철학을 활용한 모둠주도형 학습 모형 개발 및 적용에 관한 연구 : 중학교 1 학년 평면도형 단원을 중심으로**. 경남대학교 석사학위 논문.

오마이뉴스 (2014 년 11 월 10 일). 혁신고에 가다 5 경기 용인 F 고 재학생 좌담회.

오세제 (2014). 386 세대의 세대효과에 대한 경험적인 연구 : 정치적 기능구조와 동원에의한 세대효과의 조건적 표출을 중심으로. 서강대학교 박사학위논문.

오승현 (2014) '배움의 공동체' 영어 수업에 대한 학생 및 교사의 인식 연구. 숙명여자대학교 교육대학원 석사학위논문.

오욱환 (2000). 한국사회의 교육열 : 기원과 심화. 교육과학사.

엄기호 (2013). 교사도 학교가 무섭다. 따비

한국교육개발원 (2006). 2006 한국의 교육, 인적자원지표.

한국교육학술정보원 (2005) 교원연구자료 '좋은 수업 만들기 100 선'.

한국교육신문 (2015년 1월 19일). 교사, 누구든지 교과서 저자가 될 수 있어요.

한국방정환재단, 연세대학교 사회발전연구소 (2011). 어린이 청소년 행복지수 국제비교조사.

강기원(2003). 수업갈등과 대응전략: 초등학교 사회과 5학년 네 교사의 수업 딜레마. **초등교육연구**, 16(2), 182-209.

강벼리, 조성혜 (2010). **얘들아 들꽃피는 학교에서 놀자**. 푸른나무

김인희 (2003). 교육개혁과 교사참가. **한국교원교육연구**, 20(3), 55-76.

김상곤, 지승호 (2011). **김상곤, 유쾌한 교육혁신을 말하다**. 시대의 창.

김성천, 양정호 (2005) 교육운동가를 통해 본 한국의 교육시민운동. **사회과학연구**, 2, 99-126.

김성열 (1990) 교사중심 교육민주화운동과 그 쟁점. **사회과학연구**, 2, 99-126.

김정은 (2009). 한국 청소년의 '학생으로서의 정체성' 수용과정 : 또래관계를 비롯한 '의미있는 타자' 들과의 상호작용을 중심으로. **한국사회학**, 43(2), 85-129.

김정희, 강용원 (2003). 교사의 전문적 능력개발을 위한 현직연수제도의 발전방향 탐색.

한국정책과학학회회보, 3, 411-436.

김정현 (2011). **학교개혁의 동인과 의미에 관한 질적사례연구**. 서울대학교 박사학위논문.

김성천 (2011). **혁신학교란 무엇인가**. 맘에드림.

김성천 (2010). **학교혁신의 철학**. 행복한 학교를 만드는 모임.

김대현, 손우정 (2005). 수업을 중핵으로 한 배움의 학교공동체에 관한 연구. **교육과정연구**, (23)4, 131-155.

김치원 (2009). E의 영어교육에 대한 소묘. **함께여는교육**, 14호, 49-54.

김철원 (2010). 제1차 경기도 혁신학교교사 워크숍, **함께여는교육**, 15, 48-57.

김희주 (2013). '배움의 공동체' 수업이 수학의 학습태도와 학업성취도에 미치는 영향 : 고등학교 1학년 '다항식과 그 연산' 중심으로. 동국대학교 석사학위논문.

김효정 (2011). **교사의 학교개혁실행영향요인간의 구조적 관계**. 서울대학교 박사학

위 논문.
김효수(2012). '배움의 공동체' 학교의 사회과 수업 실천 사례 비교. 한국교원대학교 대학원 석사학위논문.
김현섭(2011). 혁신학교 운동을 위한 수업 혁신 모델 비교 연구. **열린교육실행연구**, 14, 55-78.
김민아(2014). 혁신학교의 교육과정 재구성 사례 연구 : 배움의 공동체 수업 실천 사례를 중심으로. 경희대학교 교육대학원 석사학위논문.
김용우(2013). 세통의 편지. **함께여는교육**, 19, 24-33.
김영숙(1995). 초등학교의 교사문화에 대한 해석적 접근. 경희대학교교육대학원 석사학위논문.
김영천(1997). 네 학교 이야기 : 한국 초등학교의 교실생활과 수업. 문음사.
교육과학기술부(2013). 자율학교 성과분석연구 : 혁신학교모델을 중심으로 (중간연구보고서).
교육학용어사전(1995). 서울대학교교육연구소.
교육인적자원부(2007). **대안교육백서**.
경인일보(2010년 7월 2일) 김상곤 경기도교육감 취임식 : 경기교육개혁의 종합적 모델을 제시.
경기도교육청(2010). 5 대혁신과제세부사업추진계획.
경기도교육청(2010). 2010, 2011 혁신학교추진계획.
경기도교육청학교혁신과(2011) 2011 년 혁신학교추진계획.
京畿道教育庁『2012年革新教育地区推進計画』(2012年)
경기도교육청(2014). 2014 년 혁신학교운영기본계획.
경기일보(2012 년 4 월 11 일) 혁신학교에 간다 : 분당 E 학교 자기주도학습으로 해법을 찾아가는 도시형대안학교.
경남도민일보(2014년 10월 1일). 아이 마음에 '울림' 주는 것, 그게 혁신 교육의 시작.
경태영(2010). **나는 혁신학교에 간다**. 맘에드림.
고유하(2013). '배움의 공동체'에 기초한 수업 사례 참여 관찰 연구. 강원대학교 교육대학원 석사학위논문.
사토마나부저 손우정역(2001) 교육개혁을 디자인한다 : 교육의 공공성과 민주주의를 위해서. 공감.
사토마나부(2005). 배움을 뒷받침하는 교사의 동료성. 제 5 회 서울시 대안교육센터 주최 심포지엄 '따뜻한 케어와 배움이 가능한 작은 학교 만들기' 자료집. 연세대학교.
사토마나부(2004). 활동시스템으로서의 배움의 공동체=학교개혁의 사례연구. 부산대학교 교육연구소주최 심포지엄 '배움과 케어의 학교공동체구축을 위한 국제학술포럼' 자료집. 부산대학교.

신재영(2005). 교육개혁 체험 연구 : '이해찬 1 세대'의 내러티브를 중심으로. **교육사회학연구**, 15(1), 163-187.

신명호(2004). 교육과 빈곤 탈출 : 저소득층 청소년의 학력저하 현상을 중심으로. **도시연구**, (9), 29-65.

장훈, 김명수(2011). 경기도 혁신학교 운영사례분석 : 초등학교 사례를 중심으로. **학습자중심교과교육연구**, 11(1), 311-333.

조대엽(2002). 한국의 사회운동세대, 386. **계간사상**, 가을호, 125-147.

조한혜정(1996). **학교를 거부하는 아이, 아이를 거부하는 사회**. 또하나의문화.

조한혜정(2000). **학교를 찾는 아이, 아이를 찾는 학교**. 또하나의문화.

조한혜정(2005). 돌봄과 배움이 가능한 작은 학교 만들기, 제 5 회 서울시대안교육센터 심포지엄 **'따뜻한 돌봄과 배움이 가능한 작은 학교 만들기' 자료집**, 55-63.

조용환(2000). 교실붕괴의 교육인류학적 분석. **교육인류학연구**, 3(2), 43-66.

정광필(2008). **E 학교 이야기**. 갤리온.

정진화(2013). **교사주도학교개혁운동에 관한 연구**. 서울대학교대학원 박사학위논문.

정바울, 황영동(2011). 자생적 학교혁신의 확산경로와 과정에 대한 연구. **교육행정학연구**, 29(2). 313-338.

정해진(2013). 풀무학교의 근대교육사적 의의. **한국교육학연구**, 19(3), 233-268.

진동섭, 홍창남, 김도기(2009). **학교경영 컨설팅과 수업 컨설팅**. 교육과학사.

최장집(1997). **한국 노동운동과 국가**. 나남출판.

서근원(1997). **초등학교 토의식 수업의 문화기술적연구**. 서울대학교대학원 박사학위논문.

서근원(2007). **수업에서의 소외와 실존**. 가람문화사.

서근원(2008). 수업 개선의 대안적 방안 탐색 : 교육인류학의 대화. **아시아교육연구**, 9(1), 95-132.

서근원(2011). 배움의 공동체는 학교혁신의 길이 될 수 있는가. **경기도교육청주최 국제혁신교육 심포지엄 자료집**.

서정화(2009). 이명박 정부의 교육개혁추진의 진단 및 시사. **교육행정학연구**, 27(2). 481-499.

서용희, 강석봉, 주철안(2008). 열린교육 개혁과정에 관한 분석연구. **교육행정학연구**, 26(2), 259-285.

서울대학교교육연구소(2005) **한국근현대사전**

손우정(2004). 배움의 공동체를 기반으로 한 수업개혁에 관한 연구 : 일본 하마노고

소학교의 실천을 중심으로. **교육학연구**, 42(3), 375-396.
손준종(1996). 90년대 교육개혁의 사회적 성격에 대한 논의. **교육학연구**, 34(1), 149-167.
송순재, 이민정 외(2011). **혁신학교 운영과정 질적연구 (교육정책 연구과제 보고서)**. 서울특별시교육연구정보원.
성열관, 이순철(2011). **한국교육의 희망과 미래: 혁신학교**. 살림터.
작은학교교육연대(2009). **작은학교 행복한 아이들**. 우리교육.
중앙일보(2015년 1월 22일) 대학입시에서 인성평가유도, 자유학기제 올해 전국 중학교 70%.
최재성, 황지수(2014). 학생의 학업성취도에 고교선택제가 미친 영향: 한국의 정책 변화를 근거로. **한국사회학회 제2회 한국불평등연구 심포지엄 자료집**.
최병호(2012). **혁신학교 참여 교사들의 교육관 재구성과 연결망 분석**. 한국교원대학교 석사학위논문.
최유라(2013). **비고츠키 이론에 기반한 배움의 공동체 수업이 고등학생의 사회성과 성취동기에 미치는 영향**. 창원대학교 석사학위논문.
통계청(2008). **2007년 사교육비 실태조사결과**.
통계청(2012). **2012년 사교육비 조사결과**.
함께여는교육연구소(2006). **함께여는교육 3호**.
함께여는교육연구소(2007). **함께여는교육 6호**.
함께여는교육연구소(2007). **함께여는교육 7호**.
함께여는교육연구소(2008). **함께여는교육 9호**.
나병춘(1990). **1980년대 한국 교사운동에 관한 연구: 전국교직원조합운동을 중심으로**. 경희대학교 경영대학원 석사논문.
내일신문(2014년 4월 22일). 교육은 말과 글이 아닌 행동에서 일어납니다.
한준상(1998). **한국교육평론 1997: 문민정부의 교육개혁 평가**. 한국교육개발원.
한대동(2008). 수업과 교사협의회를 중심으로 한 학교혁신 사례연구: 한국과 일본의 시범학교 비교. **비교교육연구**, 18(1), 141-169.
박운형, 최두진, 조선자, 고정순(2009). 교육혁신의 개념, 동향 및 발전방향. **교육혁신연구**, 10(1), 1-24.
박상완(2006). 학교개혁과 학교 구성원의 역할. **지방교육경영**, 11, 91-116.
박재흥(2003). 세대개념에 관한 연구. **한국사회학**, 37(3), 1-23.
박종성(2013). **'배움의 공동체' 기반 창작표현활동이 체육수업소외에 미치는 영향**. 한국체육대학교 석사학위논문.
박종철(2013). **혁신학교 교사의 민주적 의사소통 경험에 관한 연구**. 서울대학교대학원 석사학위논문.
박영숙(2003). **교직 활성화를 위한 교직문화 변화 전략 개발 연구**. 한국교육개발원.
방지현(2010). 혁신학교와 함께한 수업공개의 날. **함께여는교육**, 15호, 25-29.
황기우(1992). **한국 초등학교의 교사문화에 관한 해석적 분석**. 고려대학교대학원 박사학위논문.
황기우(2008). 학교개혁을 위한 교사 리더십의 연구. **교육문제연구**, 31, 23-47.
F 고등학교(2013a). **F 고 교육과정계획서 : 참가, 소통, 신뢰의 배움공동체**.
F 고등학교(2013b). **2013 년도 제 2 회 공개수업**.
F 고등학교(2014). **F 고 교육과정계획서 : 참가, 소통, 신뢰의 배움공동체**.
헤럴드경제(2014 년 2 월 14 일). 학교 밖 아이들, 이젠 행동으로 지원을.
허숙(1999). 새 학교문화 창조와 교수 - 학습의 질적 개혁. **교육과정연구**, 17(1), 31-43.
허영식(1999) 독일의 교육시민운동을 통한 교육개혁사례. **한국교육연구**, 5(2), 129-140.
유길한(2010). 우리나라 정부 시기별 교육개혁 정책에 대한 교사의 정책실천 효과성에 관한 구조분석. **교육행정학연구**, 26(4), 109-137.
유상덕(2006). 일본의 '배움의 공동체' 운동 사례 연구. **한국교육연구**, 11(1), 85-110.
윤정일(1996). 교육개혁을 위한 중앙과 지방의 관계. **교육행정학연구**, 14(3), 18-39.
윤정일(2003). 학교교육붕괴위기의 종합적 분석과 대책에 관한 연구. **교육행정학연구**, 21(2), 1-30.
윤정일, 한승희, 오현석(2004). **지식기반형 자율적 혁신체제 구축방안 연구**. 교육인적자원부.
윤창하(2011). 경기혁신교육 성공을 위한 정책 비전 모색. **경기도교육청주최 국제혁신교육심포지엄 자료집**.
윤순희(2012). **배움의 공동체 학교 운영을 통한 다문화교육 실천 방안 연구 : 경기도교육청의 혁신학교 운영을 중심으로**. 경기대학교 교육대학원 석사학위논문.
용인시민신문(2010 년 3 월 10 일). 혁신학교 F 고 힘찬 출발 '환영' - 학생, 교사, 학부모 기대속에 공교육의 새로운 도전……학생인권과 자치 존중.

あとがき

　本書は、1990年代後半以降の韓国において、画一的で競争主義的な学校教育の変化を目指し、教師を始めとして、親、市民が中心となった学校改革の動きが活発化したことに注目し、社会的、政治的な動向と教師の自主的な教育運動や教育実践、また海外の学校改革事例の影響が連動しながら、新しい学校づくりの波が創られていく過程を、教師の経験を中心に据え描き出すことを目的としたものである。

　本書の考察の対象となっている2003年から2015年という時期は、韓国社会が政治的な民主化を果たした後で、個人や社会の間で「真の民主主義的なあり方」が激しく模索された時期である。それは、他律から自律へ、画一性から多様性へと、民主主義の文化を創造し、その価値を個人と社会の生活の中に根付かせるための格闘の時期といってもよいだろう。その中には、本書の主人公となっている教師たちが、公僕や組織のヒエラルキーの末端という立場から脱し、教育の主体として、自らの教育に関する志と構想を、同僚とともに学校の中、そして教室の中に実現するために奮闘してきた物語も含まれている。

　本書の元となった博士論文を書き上げた2015年以降も、韓国は政治的、社会的な激しい混乱を経験している。韓国は政権交代がある度に教育改革の方向性が変化するなど、学校教育が政治的、社会的変化の影響を受けやすいと言われている。しかしそのような中でも教師たちの「みんなにとって良い学校をつくりたい」、「より良い授業をしたい」、「子どもたちの真の成長を支援したい」という熱い思いは冷めることなく、揺らぐことなく継続されている。本書の考察の対象時期以降の学校をめぐる社会的な動向と、「学びの共同体」や「革新学校」など具体的な教師たちの実践のその後をフォローアップし、公表することが現在の私に課されている課題である。

以下では本書が生まれるまでの軌跡を簡略に振り返り、支えてくださった方々にこの場を借りて感謝を申し上げることとしたい。本書は2016年1月に東京大学大学院教育学研究科より博士号を授与された学位論文「韓国における教師を中心とした学校改革に関する研究－1990年代後半以降の韓国社会における学校像の模索過程に注目して－」がベースとなっている。

　日本と韓国の学校を行き来する私の拙い探究の旅は18年前の2000年に始まった。父親の仕事の関係で幼少期から日本と韓国を往復しながら両国の学校での複雑な学校経験を持つ私は、「学校」という場所と「教師」という存在について思いを馳せる機会が多かった。教師を目指し入学した韓国の大学の英語教育科では、流暢で完璧なパフォーマンスとしての授業のトレーニングを受けているように感じることが多く、「学校」とは、「教師」とは何かについて深く考える機会は多くなかった。そのような物足りなさを感じていた大学4年生の時、韓国で東京大学の佐藤学先生のご著書を読んだ際、探していたものを「見つけた」感覚を覚え、何の由縁もなく研究室に電話をかけた。「先生に会いに行きたい」と突然言ってきた私を歓迎してくださったことは今でも感謝している。その後2002年に先生の研究室がある東京大学大学院教育学研究科の修士課程に入学することができた。

　入学した大学院の研究室には、ご自分を教育学と学校を行き来する「二足の草鞋を履く」研究者だと表現される指導教授を始め、ほとんどの大学院生が学校のフィールドワークに赴き、研究室では最先端の教育学の理論を深く追究する姿があった。「理論と実践の往還」としての教育学研究を目指す研究室の中で、自分がこれまで心の深いところで持っていた「学校」や「教師」について抱えていた疑問や関心が、探究すべき研究テーマへと徐々につながっていった。

　韓国の学校でフィールドワークを初めて行ったのは2002年頃であったが、当時は「部外者である大学院生が研究のために学校参観や教師へのインタビューを行う」ことはなかなか理解してもらえず、フィールドの手配や手続きに苦労したのを覚えている。それから約16年が経過して、現在では、本書でも紹介しているように、「学びの共同体」としての学校改革を始めとし、

研究者と教師が協力した学校改革が全国で力強く展開されている。その結果、多くの管理職と教師たちが自ら同僚と研究者に学校と授業を開き、子どもと教師が一人残らず学び、成長できる学校づくりを実践している。本書は韓国の教師が「教室、授業は教師の専有のもの」という考え方から、「教師の成長と子どもたちの学びのために自ら教室を同僚と外部者に開く」という捉え方に転換するようになった韓国の教育界、特に学校の転換と時期を同じにしながら、その転換における教師の経験の一端を描いたものである。

　韓国の教師と子どもの成長と学びを研究者―教師、教師―教師、教師―保護者など、さまざまな関係において語り合える学校文化の創生と深化に大きく寄与してくださったのが、恩師の佐藤学先生である。佐藤先生は大学で教鞭を取られると同時に世界的な学問活動を展開されておられるだけではなく、日本全国、またアジア諸国の学校に直接赴き、教師と協同で学校改革を推進しておられる。そのような極めて多忙なご日程の中でも、毎年8月に韓国で開かれる「学びの共同体研究会」及び「スーパーバイザーの会」に欠かさずご出席され、多くの韓国の教師、管理職、行政官、教育研究者に学校改革のヴィジョンと哲学を共有することを通して韓国の学校改革と授業改革を支えておられる。大学院生時代から、先生の韓国訪問の際ご一緒し、韓国の教師たちに先生のご講演を通訳し、先生と教師たちの対話のお手伝いができたことは、私にとっては大変貴重で嬉しい経験であった。佐藤先生の「一人も残らず学び合う学校づくり」の理念と方略を韓国の教師に伝えられる際に何度も感じたのが、確かに存在するはずの言語の壁がほとんど感じられないほど、内容が韓国の教師たちに浸透していくことであった。そうして韓国の教師たちに吸収された「学び合い」の理念と実践は、2000年代以前には韓国の教育の世界であまり聞くことがなかった「学び(배움)」、「ケア(돌봄)」、「学び合い(서로 배움)」、「聴き合う関係(서로 듣는 관계)」、「同僚性(동료성)」、「背伸びとジャンプ(발돋움과 점프)」などの言葉を、学校教育を語る言葉として韓国に根付かせる結果をもたらしたと信じている。それは、今では、日本語の翻訳語としてではなく、外部から与えられた言葉でもなく、教師自身の学校教育への問題意識と日々の教育実践の変化への願いを基盤にして紡ぎ出された、教師

たち自身の言葉となっている。このように、佐藤学先生には私個人の学恩にとどまらない、大きな恩を受けている。先生から学んだことをゆっくり、少しずつだが生涯教育研究を通して実践することが、私の使命の一つだと考えている。この場を借りて、深い敬愛の意と感謝をお伝えしたい。

また、この韓国の学校教育をめぐる大きな変化を、2000年代初めから現在に至るまで、牽引しておられるのが、佐藤学研究室の先輩で韓国学びの共同体研究所代表の孫于正先生である。韓国全国の学校を一人で駆けめぐりながら教師を支え、学びの共同体のネットワークを築く孫先生の働きがなければ、本書が誕生することはなかった。大きな韓国の学校改革の現場に立ち会わせて頂いたことに感謝し、そのご尽力に敬意を表したい。

博士論文の執筆と審査の労を執って頂いた先生方にも感謝したい。出産後、博士論文をまとめることに躓いていた時に、温かい言葉で励ましてくださり、論文執筆の作業を最後まできるようご指導いただき、主査を引き受けてくださった東京大学大学院教育研究科の秋田喜代美先生、また副査をお勤め頂いた勝野正章先生、恒吉僚子先生、李正連先生、佐藤学研究室の先輩でもありフェミニズム教育学をテーマに現在も共同研究をさせて頂いている浅井幸子先生に深く御礼を申し上げる。

大学院時代から現在まで、たくさんの学問的刺激を与えてくれて、教育学を探究する難しさと楽しさを共有してきた東京大学大学院教育学研究科佐藤学研究室の先輩や同期、後輩の皆さんにも感謝したい。

また、本書の執筆のために多くの韓国と日本の学校を訪れ、先生方の授業を拝見させて頂いた。すべての学校名、教師名を記すことはできないが、訪問させて頂いたすべての学校と、熱い思いをもって日々学び合いを創造しておられた先生方、また教室で目を輝かせながら学び合っていた日本と韓国の子どもたちに感謝したい。

本書の趣旨をご理解頂き、出版を快く引き受けてくださった株式会社 東信堂の下田勝司社長にも感謝を申し上げる。

最後に、愚かで遅い私の歩みを絶え間なく応援し、無条件の愛情をもって支えてくれた夫康博、息子祐新、妹の恵媛を始めとする韓国と日本の家族に

感謝したい。

　2018 年 12 月

　　　　　　　　　　　　　　　　　　　　　　　　申　智媛

　本書は「平成 30 年度科学研究費助成事業（研究成果公開促進費）学術図書」の交付を受け刊行されたものである。

初出一覧

「統制行為を中心とする教師の役割の研究－韓国の初等学校の観察から」（『東京大学大学院教育研究科紀要第46巻』、2007年、391-400頁）。

「韓国における授業を中心とした学校改革への挑戦と課題―以友学校の事例を中心に」（『和光大学現代人間学部紀要第3号』、2010年、59-75頁）。

「学校改革研究における教師の経験を捉える視座」（『東京大学大学院教育学研究科紀要第51巻』、2011年、329-340頁）。

「韓国における授業を中心とした学校改革の展開」（『人文科学第17号』、大東文化大学人文科学研究所、2012年、65-78頁）。

「韓国の『革新学校』を拠点とする教育改革に関する研究」（『人文科学第18号』、大東文化大学人文科学研究所、2013年、18-30頁）。

「第3章　韓国における学校改革の動向：学校文化の革新を求めて」（上野正道、北田佳子、申智媛、齊藤英介編『東アジアの未来をひらく学校改革―展望と挑戦―』、北大路書房、2014年、57-86頁）。

「韓国の学校改革における教師の経験―協同的な学びを中心とした授業への転換―」（『帝京大学短期大学紀要第37号』、2017年、43-58頁）。

事項索引

あ行

圧縮された近代化　5
一斉型の授業　11
ヴァージョン（version）　56
上からの教育改革　32, 51
演劇授業　39
OECD　8
オルタナティヴ　92

か行

改革についての物語（stories of reform）と改革の物語（reform story）　59
学習に対する内的な動機　149
革新学校　8, 44, 70
岳陽中学校　33
学校改革　17, 19
学校改革研究　iii
学校改革についての物語（stories of school reform）　60
学校改革の複層性と複雑性　252
学校改革の物語（school reform stories）　60
学校病理現象　6
学校不適応　91
学校崩壊　71
韓国　7
韓国の教育改革　8
管理と統制　11
官僚主義　37
技術的熟達者　57
教師の声　35
教育の「持続可能性」　61
教育改革　5, 21
教育改革と公共性　30
教育監　8
教育需要者中心主義　73
教育庁　8
教育における市場競争　73
教育民主化宣言　125
教員定年の短縮　76
教員能力開発評価　145

教室崩壊　71
教師のコミュニティ　42
教師文化　38
競争　6
拠点学校　118
グローバリズム　34
グローバリゼーション　8
軍事政権　10
ケア　254
経済成長　6
研究指定校　258
公開授業　215
公教育危機　164
公教育批判　79
公教育不信　79
公共性　142
高校多様化政策　166
高校平準化政策　166
校内暴力　71
効率性重視　6
互恵的な関係　35
5.31 教育改革案　34

さ行

産業主義社会　5
386 世代　9, 10
参与観察研究　11
私教育　79
市場万能主義　34
授業改革　20
授業研究会　215
授業専門性のチェックリスト　38
授業大会　44
授業評価　39
奨学　38
奨学士　39
自律性　33
真教育運動　124
進歩教育監　45
専門性　33
創造力　37

た行

代案教育運動　70
代案学校　70
大学受験　8
対話的関係　16
卓越性　142
脱学校　92
探究学習　51
小さな学校運動　37
小さな学校教育連帯　37
力のある学校　31
知識基盤社会　5
詰め込み型　6
討議式授業　11
同僚性　41
トップダウン　32

な行

ナショナリズム　34
ナラティヴ探究　58
ナラティヴ的認識　58
二項対立的学校改革　308
21世紀の学校　32

は行

パイロットスクール　33
浜之郷小学校　33
パラダイム的認識　58
反省的な実践家（reflective practitioner）　57
東アジア　6
東アジア型教育　6
PISA（Programme for International Student Assessment）　146
開かれた教育（open education）　258
プルム学校　49
文民政権　17
勉強　6
ポスト産業主義社会　5
ボトムアップ　32

ま行

学びの共同体　32, 40
マニュアル化された教育方法　259
民主化運動　10, 81, 91
民主主義　142
問題解決学習　51

人名索引

あ行

秋田喜代美　18
イ・オドク（李五徳）　126
李明博　165

か行

菊地栄一　29
キム・サンゴン　137
金泳三　73
金大中　76
久冨善之　22
クレイグ，C. J.　58

さ行

佐藤学　32

志水宏吉　30
ジョハン・ヘジョン（趙韓恵浄）　261
ソン・ウジョン（孫于正）　41

な行

盧武鉉　77

は行

朴槿惠　167
ハーグリーブス，A.　45

や行

油布佐和子　23

著者紹介

申　智媛（シン　チウォン）

韓国釜山生まれ。幼稚園から大学院まで日本と韓国を往復しながら成長した。2001年韓国梨花女子大学校師範大学英語教育科卒業、2004年東京大学大学院教育学研究科総合教育科学専攻学校教育開発学コース修士課程修了、2016年東京大学大学院教育学研究科学校教育高度化専攻教職開発コース博士課程修了。博士（教育学）。横浜国立大学、大東文化大学等の非常勤講師を経て2016年から帝京大学短期大学専任講師。

代表的著作に『東アジアの未来をひらく学校改革－展望と挑戦－』（共著、北大路書房、2014年）、*Lesson Study and Schools as Learning Communities: Asian School Reform in Theory and Practice*（共著、Routledge、2018）など。

韓国の現代学校改革研究－1990年代後半の教師たちを中心とした新しい学校づくり

2019年2月28日　　初　版第1刷発行　　　　　　　〔検印省略〕
　　　　　　　　　　　　　　　　　　　　　　　　定価はカバーに表示してあります。

著者Ⓒ申智媛／発行者　下田勝司　　　　　　　印刷・製本／中央精版印刷

東京都文京区向丘1-20-6　　郵便振替00110-6-37828　　　　　発 行 所
〒113-0023　TEL（03）3818-5521　FAX（03）3818-5514　　　株式会社　東信堂
Published by TOSHINDO PUBLISHING CO., LTD.
1-20-6, Mukougaoka, Bunkyo-ku, Tokyo, 113-0023, Japan
E-mail : tk203444@fsinet.or.jp　http://www.toshindo-pub.com

ISBN978-4-7989-1538-8 C3037　Ⓒ Jiwon Shin

東信堂

トランスナショナル高等教育の国際比較―留学概念の転換	杉本 均編著	三六〇〇円
チュートリアルの伝播と変容―イギリスからオーストラリアの大学へ	竹腰 千絵	二八〇〇円
[新版]オーストラリア・ニュージーランドの教育―グローバル社会を生き抜く力の育成に向けて	青木 麻衣子／佐藤 博志編著	二〇〇〇円
戦後オーストラリアの高等教育改革研究	杉本 和弘	五八〇〇円
オーストラリアのグローバル教育の理論と実践―開発教育研究の継承と新たな展開	木村 裕	三六〇〇円
オーストラリアの教員養成とグローバリズム―多様性と公平性の保証に向けて	本柳 とみ子	三六〇〇円
オーストラリア学校経営改革の研究―自律的学校経営とアカウンタビリティ	佐藤 博志	三八〇〇円
オーストラリアの言語教育政策―多文化主義における「多様性と」「統一性」の揺らぎと共存	青木 麻衣子	三八〇〇円
英国の教育	日英教育学会編	三四〇〇円
イギリスの大学――対位線の転移による質的転換	秦 由美子	五八〇〇円
統一ドイツ教育の多様性と質保証―日本への示唆	坂野 慎二	二八〇〇円
ドイツ統一・EU統合とグローバリズム―教育の視点からみたその軌跡と課題	木戸 裕	六〇〇〇円
教育における国家原理と市場原理―チリ現代教育史に関する研究	斉藤 泰雄	三八〇〇円
中央アジアの教育とグローバリズム	川野辺 敏編著	三二〇〇円
インドの無認可学校研究――公教育を支える「影の制度」	小原 優貴	三二〇〇円
タイの人権教育政策の理論と実践―人権と伝統的多様な文化との関係	馬場 智子	二八〇〇円
バングラデシュ農村の初等教育制度受容	日下部 達哉	三六〇〇円
マレーシア青年期女性の進路形成	鴨川 明子	四七〇〇円
東アジアにおける留学生移動のパラダイム転換―大学国際化と「英語プログラム」の日韓比較	嶋内 佐絵	三六〇〇円
韓国大学改革のダイナミズム―ワールドクラス〈WCU〉への挑戦	馬越 徹	二七〇〇円
韓国の才能教育制度―その構造と機能	石川 裕之	三八〇〇円
韓国の現代学校改革研究――1990年代後半の教師たちを中心とした新しい学校づくり	申 智媛	四二〇〇円

〒113-0023 東京都文京区向丘1-20-6　TEL 03-3818-5521　FAX 03-3818-5514　振替 00110-6-37828
Email tk203444@fsinet.or.jp　URL:http://www.toshindo-pub.com/

※定価：表示価格（本体）＋税